뇌가
배우는 대로
가르치기

학생을 몰입시키는
교수학습의 새로운 접근

뇌가
배우는 대로
가르치기

레나트 N. 케인Renate N. Caine · 조프리 케인Geoffrey Caine | 지음
이찬승 · 이한음 | 옮김

교육을 바꾸는 사람들 부설
MBE 한국 뇌기반교육 연구소

| 일러두기 |

1. 이 책의 저자가 쓴 주는 번호를 붙여 각 장 말미에 미주로 처리했고, 옮긴이나 편집자가 쓴 주는 용어 뒤에 괄호(-옮긴이/편집자)로 처리했습니다.

2. 본문에 나오는 고유명사(책명이나 인물명 등)는 영문을 병기하되 처음 등장할 때만 표기하였고, 인물명 의 경우 일반적으로 잘 알려진 이들은 성만, 그 외는 풀네임을 영문 병기하였으며, 참고자료의 가치가 없는 필자의 주변사람들은 영문을 병기하지 않았습니다.

3. 도서는 『민주주의와 교육(Democracy and Education)』, 논문은 「영국교육공학회지(British Journal of Educational Technology)」, 영화·노래의 제목은 〈예스터데이(Yesterday)〉 방식으로 구분해 표기했습니다.

4. 일부 주요 단어들은 독자의 이해를 돕기 위해 문맥에 따라 영문과 한자를 병기했습니다.

"뇌·몸·마음이 어떻게 학습하는가?"

"수많은 아동이 수업에 집중하지 못하는 것은 무엇 때문이고 이를 어떻게 해결할 수 있는가?"

"뇌의 학습원리를 바탕으로 교사는 어떻게 지도해야 하는가?"

이 책의 핵심 메시지는 위의 세 가지 질문에 들어 있다. 이 질문을 중심으로 전통적인 교수법이 실패할 수밖에 없는 이유를 살펴보고, 교수학습의 전혀 새로운 길을 제시하려는 데 이 책의 존재 의의가 있다.

처음 이 책을 접했을 때 번역출판을 할 것인가 말 것인가로 고민이 많았다. 크게 두 가지 이유에서였다. 하나는 이 책의 원제 『연결된 세상을 살아가기 위한 자연적 학습(Natural Learning for a Connected World)』이 그리 매력적으로 다가오지 않았고, 또 다른 이유는 앞 1, 2장에 자주 등장하는 '비디오테크(videotech)'란 용어가 그다지 새롭지 않았기 때문이다. 하지만 번역출판을 쉽게 포기할 수는 없었다. 무엇보다도 대단한 저자들이 쓴 책이었기 때문이다. 이 책의 저자들은 '뇌기반학습원리(how the brain learns)

12가지'를 연구해서 세계에 처음 전파한 이 분야의 가장 권위자들이다. 게다가 이 책은 콜럼비아대학 사범대(Teachers College) 출판부에서 낸 책이다. 나는 이 출판사의 책 중에 실망했던 적이 아직 한 번도 없다. 인내를 가지고 끝까지 읽었다. 책을 손에서 놓을 수가 없었고 가슴이 뛰었다. 번역출판을 결정한 것은 참 잘한 일이란 생각이 들었다. 바로 다음과 같은 이유에서였다.

첫째, 이 책은 오늘날 누구나 당연하게 여기는 잘못된 학습관을 깨닫게 해주고 전혀 새로운 대안을 제시한다. 아울러 한국의 학교교육 체제에 대한 깊은 성찰을 요구한다. 우리들(교육자, 정책결정자)은 인간의 뇌가 학습하고 주의를 기울이는 원리에 대해 너무 무지했다. 기존의 정보와 지식을 기억하고 재생하는 것이 학습이란 믿음, 복잡한 개념의 이해는 으레 교사의 설명을 통해 이루어져야 한다는 믿음, 학습은 나중을 위한 것이기에 현재의 삶과 괴리되는 것은 당연한 것이란 믿음, 이는 잘못된 학습관의 대표적인 예다. 이 책은 이런 잘못된 학습관에서 벗어나게 해준다.

이 책은 또 전통적인 교수법을 '전달/직접교수(transmission/direct instruction, TDI)'라고 명명하고 이의 문제점을 뇌과학적으로 분석한다. 전통적인 교수법은 학습자의 질문, 선택, 결정을 철저히 무시하고 공부할 내용을 사전에 다 정해서 강제화한다. 이런 방식은 고등사고력 개발에 최대의 장애 요인이 된다. 이에 대한 대안으로 저자들은 인간의 생물학적 성향을 존중하는 자연적 학습(natural learning)인 '지각/행동 학습법(perception/action learning)'을 제안한다. 이 새로운 접근은 신선한 충격으로 다가온다.

둘째, 이 책의 저자들은 전통적 교수학습법인 전달/직접교수(TDI)를 유지하고 강화하는 힘의 중심에 표준화된 교육과정과 표준화시험이 자리하고 있음을 설파한다. 아울러 이것이 새로운 교육으로 나아가는 것을 막는 최대의 장애 요인이라고 분석한다. 크게 공감이 갔다. 국가가 정해준 성취기준과 교과서 내용에 따라 수업하고, 표준화시험인 현재의 수능과 내신시험이 존재하는 한 학교교육은 전달식/주입식 교육을 벗어날 수 없다. 저자들은 전통적 교수학습법으로는 수동적 적응형 인간을 양성할 뿐이라고 경고한다. 또한 전달식/주입식 교육에서 벗어나 인간 본연의 자연적 학습으로 나아가기 위해서는 탈표준화가 핵심이라는 귀중한 깨달음을 준다.

셋째, 이 책은 지식과 정보의 홍수시대에 개인과 학교교육이 어떻게 대응해야 하는지에 대해 새로운 해법을 제시한다. 저자들은 기하급수적으로 늘어나는 지식과 정보를 학교교육이 다 가르치는 것은 불가능하기 때문에, 배울 내용을 핵심 개념(big ideas) 중심으로 재구조화할 필요가 있다고 역설한다. 이는 2015개정 교육과정이 추구하고자 했던 것과 맥을 같이 한다. 또한 이 책에서 제안하는 '지각/행동 학습법'은 학습자 중심, 프로젝트 수업을 통한 체험 중심이긴 하지만 전통적인 교과내용과의 통합을 강조한다. 이런 면에서 한국에 매우 시의적절한 책이다.

넷째, 이 책은 21세기 새로운 교육목표로 강조되는 고등사고력과 상위인지능력을 어떻게 개발할 것인지에 대한 매우 구체적인 방안을 제시한다. 역량이라는 요소를 전통적인 교육과정에 어떻게 통합하여 가르칠 수 있는지 그 가능성을 고민하고 있는 한국의 현 학교교육에 귀중한 시사점을 준다.

다섯째, 이 책은 유도경험접근법(Guided Experience Approach)의 이론

과 실제를 소개한다. 이는 뇌의 학습원리에 따른 자연적 학습의 대표적 모델이다. 이 접근법은 세 가지 핵심 요소로 구성되며, 뇌기반학습원리 12가지와 함께 뇌기반교수학습원리의 핵심을 이룬다. 유도경험접근법의 구현을 위해서는 기술의 통합이 필수적이다. 저자들은 아동이 게임에 그토록 몰입하게 되는 게임의 원리를 학교교실에도 적용해야 한다며, 성공사례로 학교(미국, 호주) 두 곳을 자세히 소개한다.

여섯째, 이 책은 뇌기반학습원리 12가지를 소개하고 이를 교실수업에 적용하는 방법을 사례를 통해 설명한다. 이 원리는 교사들의 수업계획작성, 수업지도방법이 뇌친화적인지 아닌지를 판단하고 학습자를 몰입시키기 위한 주옥같은 지침이다. 이 12가지 학습원리는 헌법과 같은 것이어서 앞으로 교사 연수, 교과서 개발, 교수법 연수 등에 널리 활용되어야 할 것이다.

일곱째, 이 책은 학생 및 교사의 역할이 왜, 어떤 방향으로 바뀌어야 하는지에 대해 자세히 설명한다. 이제 교사들은 지식전수나 문제풀이지도 기술자(technicians)에서 모든 학생의 잠재력 실현을 책임지는 전문가(professionals)로 거듭나야 한다. 이 책은 교사들을 이런 새로운 길로 안내한다. 특히 창의력을 비롯한 고등사고력이 개발될 수 있기 위해서 교사는 '지각/행동 학습사이클'이 역동적으로 이루어지도록 촉진자 역할을 해야 한다. 교사의 역할 변화 방식에 큰 시사점을 주는 책이다.

이 책이 교육에 대한 인식의 대전환을 앞당기고 한국의 학교교육을 근본적으로 바꾸는 데 하나의 계기가 될 수 있기를 기대해본다.

– 교육을바꾸는사람들 대표 이찬승

| Contents |

최근 몇 년 동안 사람들이 내게 봐달라고 보낸 원고는 대부분 교육개혁에 관련된 내용이었다. 이 자리에서 나는 위험을 감수하고 솔직하게 말하련다. 이 책이 그중에서 가장 낫다. 이 책은 내가 지금까지 읽은 학습, 학교교육, 사회적 위기 등의 주제를 다룬 글 중에서 가장 돋보이는 내용이고 매력적인 저서로서, 인간발달에 관한 깊은 통찰을 바탕으로 교육개혁 방향을 제시하고 있다. 내가 하루라도 더 젊고 기운이 있었다면 당장 뛰쳐나가 이 책을 홍보했을 것이다.

이 책이 중점적으로 다루고자 하는 것은 중대하고 도전적인 과제다. 매우 중요하고 파괴적 힘까지 갖춘 과제이지만 우리 사회는 이 문제를 전반적으로 놓치고 있다. 이 책은 바로 이 점에 주목한다. 저자들은 현재의 공교육에서는 첨단 미디어의 활용 중 특히 '비디오테크'(videotech, 비디오·기술·비디오게임의 세계 – 옮긴이)라고 자신들이 이름 붙인 기술과 현상을 제대로 이해하지도, 교육현장에서 제대로 다루지도 못하고 있다고 폭로한다. 그들은 이런 신기술이 우리 사회 전체를 휩쓸면서 동시대인, 특히 젊은 사람들의 사고방식을 지배하다시피 하고 있고, 역사적으로 유래를 찾아볼 수 없는 엄청난 규모로 전 세계를 풍미하고 있는데도, 이것이 어떤 결과를 가져올지 생각조차 않고 있다는 점을 지적한다.

그들은 무엇이 잘못되었는지를 지적하면서 아예 논지를 뒤집어 기술을 교육에 활용해서 아이들을 도울 수 있는 방안을 제시한다. 하지만 실제로 그렇게 되려면 교육체계 자체가 바뀌어야 하고 학습과정에는 여러 가지 요소가 복잡하게 관련된다는 점을 이해해야 한다.

본질적으로 이 책은 아이가 자연적으로(이 책에서 여러 번 등장하는 'natural/naturally'는 learning이란 어휘와 함께 쓰일 때는 '생물학적으로 뇌가 배우는 방식의/방식대로'란 의미로 쓰임 - 옮긴이) 배우는 방식과, 비디오테크를 비롯한 첨단 멀티미디어를 교육에 활용하는 방안에 관한 전혀 새로운 관점을 제시한다. 특히 생물학에 토대를 두고 지극히 자연스러운 생리적 과정을 설명함으로써 그 관점을 설득력 있게 피력한다. 모든 사람은 생리적 과정에 익숙하다. 이것은 인간의 삶에서 작동하며 인지할 수 있기 때문이다. 하지만 학교는 기존의 학습방식을 고수하려고만 했지 새로운 방식으로 바꿀 생각은 좀처럼 하지 않았다. 다양한 수준에서 기술의 사용에 약간의 유연성만 발휘해도 기존 교육체계를 크게 바꿀 수 있다. 이 책의 저자들이 설명하는 과정은 각종 프로젝트기반 학습과도 양립할 수 있는 동시에, 창의성과 사고력을 함양하는 데에도 도움이 된다. 이런 역량은 이 시대에 태어난 세대에게 학교가 길러주어야 할 핵심적인 재능이다.

이상과 같은 이해를 바탕으로 학습과 학교에 관한 새로운 관점이 필요하다. 이러한 관점에 대한 이해 없이 기술을 도입하는 것은 아이들에게 생각하는 법을 가르치는 것이 아니라, 자본가와 자본주의 체제를 유지시키는 전형적인 소비자가 되도록 가르치는 꼴이 되기 쉽다. 이런 소비충동은 두 저자가 말하는 근본적인 '밈'(meme, 스스로 생명력을 가지고 사람과 사람 사이에 전해지는 문화적 정보단위 - 옮긴이) 중 하나일 것이다. 혹은 물리학자 데이비드 본(David Bohn)이 오랫동안 생각해왔던 암묵적이고 의식 기저의 생각에 영향을 끼치는 장(field)이라는 개념 중 하나일 수도 있다. 이러한 장, 즉 밈들은 폭넓은 사회문화적 수용태도를 낳으며 이것은 다시 마음 깊은 곳에서 무의식적으로 작용해 우리에게 영향을 끼친다. 이것은 실제로 동기로 작용하지만 사람들은 이를 거의 인지하지 못한다.

아이들에게 사고력을 키워주려면 상상을 허용하고 장려하며 훈련하는 것이 필요하다. 또한 의미 있는 질문들을 생각해내고 결정을 내리며 새롭게 이해한 것을 적용해보고 무엇인가 창조적으로 고안해서 피드백을 받아보는 과정도 필요하다. 배운다는 것의 의미를 새로운 관점에서 보는 시각과 제대로 된 길잡이가 없다면, 지구 전체를 휩쓸고 있는 첨단 미디어기술과의 연애는 결국 현실의 문화적 모조품을 만들며 상상력의 바탕까지도 빼앗는 결과를 가져올 수 있다.

이 책의 궁극적인 메시지는 아이들은 무엇에서든 그리고 누구에게서든 배우기 때문에 교육을 결코 학교나 기술에 한정시켜서는 안 된다는 것이다. 부모와 사회를 포함해 문화가 아이들을 가르치는 것이다. 이것이 바로 미국을 문화가 다른 인도나 중국 같은 나라와 시험점수를 가지고 비교할 수 없는 이유이기도 하다. 우리의 도전과제는 단지 시험점수를 올리는 데 있지 않고 그보다 더 원대하다. 시험점수가 낮은 것보다 창의성을 잃는 것이 훨씬 더 참혹한 결과를 낳기 때문이다. 교육이란 여정에는 기술을 창의적으로 쓸 줄 아는 게 필요하며 이 책은 그 방법을 보여준다.

－조셉 칠턴 피어스(Joseph Chilton Pearce)

| 감사의 글 |

이 책은 거인의 어깨 위에서 만들어졌다. 이 책에는 엄청난 양의 연구자료가 종합되어 있으며, 다양한 학문분야에서 핵심 질문을 붙들고 씨름하는 데 평생을 바친 모든 분에게 빚을 지고 있다. 본문에 많은 분의 이름이 나오긴 하지만, 우리의 생각과 이해에 기여한 분들은 그보다 훨씬 더 많다. 그 모든 분께 감사를 드린다.

UCLA의 호아퀸 푸스테르(Joaquin Fuster) 박사의 연구는 많은 의문과 이해하기 어려운 문제를 푸는 데 큰 도움이 되었다. 신경과학과 교육을 연관 짓는 일은 사실 복잡한 문제다. 우리가 볼 때 그는 그 연결다리를 세우는 데 기초를 쌓아주었다.

좀 더 개인적인 차원에서 감사를 표해야 할 분들이 있다. 무엇보다도 친애하는 친구이자 동료인 캐롤 매클린틱에게 고맙다는 말을 하고 싶다. 그녀는 우리가 하는 일을 믿고 오랜 세월 헌신적인 노력을 했기에 이 목록의 가장 맨 위에 위치하는 것이 당연하다.

편집자인 진 워드는 여러 해 동안 계속 우리를 격려했고 결코 포기하지 않았다. 그녀는 우리가 이 책을 쓸 수 있다고 전적으로 믿었다. 그녀의 신뢰가 없었다면 이 책은 결코 끝을 맺지 못했을 것이다.

독일에서 온 장학생으로서 우리가 읽고 생각하는 데 집중하도록 도움을 준 마거릿 아널드와 원고교정을 도운 앤 리처즈에게도 감사를 전한다.

다음은 동료들, 특히 우리가 아이딜 동료들이라고 부르는 이들의 차례다. 이들은 우리의 여름학기 강의뿐 아니라 그 이외의 시기에 아이딜와일드(Idyllwild)에서 모임을 가지면서 오랜 세월 함께 일한 교육자들이다. 안드레아 본드, 랜스 포글, 카를 구스타프손, 애덤 그래트, 마이클 보엘, 조앤 로렌스가 그렇다. 이들은 뛰어난 교육자들이다. 노엘 탠, 베터 무어, 샤론 델가도도 이 집단의 일원이다. 이들은 연구의 취지를 알고 있을 뿐 아니라, 아이들이 주변의 모든 것으로부터 배운다는 점을 이해하고 있다. 이들은 학교와 가정에서 일어나지 않는 일이 무엇이고, 이 시대에 학생들에게 필요한 것이 무엇이며, 미래에 어떤 것이 요구될지를 안다.

우리는 사우스오스트레일리아의 '학습법 배우기(Learning to Learn)' 계획의 책임자인 마고 포스터와 이 프로그램에 참여한 모든 학교 및 교육자에게도 진심으로 감사를 드린다. 또 오스트레일리아 애들레이드에 있는 브리지워터초등학교의 로슬린 셰퍼드 교장, 교사, 학생, 학부모와 캘리포니아 샌디에이고에 있는 하이테크하이고등학교의 래리 로젠스톡을 비롯한 많은 분에게도 감사를 드리다. 그들이 가르치는 방식은 우리가 제시하는 유도경험교수법(Guided Experience Approach)에 가장 근접해있다.

또 우리의 생각에 귀를 기울여주고 어려운 대화에 참여해준 여러 친구와 동료에게도 고맙다는 말을 전한다. 마지막으로 네바다 라스베이거스에 있는 로즈워렌역량강화학교(Rose Warren Empowerment School)의 교사들에게, 그리고 로잔나 갤러거 교장, 교직원, 학부모, 학생들에게도 고마움을 전한다. 그들은 미래에 필요한 교육자 상(像)을 보여준다.

죽는 날까지 뇌가 뉴런을 만들고 뉴런 사이에 새로운 연결망을 형성할 수 있다는 것을 우리는 알고 있다. 최신 연구에 의하면 인간은 때로 행동을 바꾸거나 명상을 하거나 뇌를 재훈련하는 장치를 써서 자신의 뇌를 의도적으로 바꿀 수 있다고 한다.

기술의 역할이 급격하게 커져간다는 점도 분명하다. 이제 더 이상 교사와 학생과 학습내용이 같은 시간에 같은 장소에 있을 필요가 없다. 정교히 잘 만들어진 첨단 미디어와 비디오게임은 우리에게 미래를 보여준다. 즉, 미래에는 원하는 사람 누구나 가상공간, 대안현실 및 우주, 그리고 급증하는 사실지식과 전문지식을 학습에 이용할 수 있을 것이다.

그렇다면 거의 무한한 잠재력을 지닌 이 시대에 우리는 학습을 어떻게 다루어야 할까? 구시대의 모델에 갇힌 오늘날의 교육을 어떻게 하면 시대가 요구하는 교육으로 변모시킬 수 있을까?

이 책이 최신 기술과 뇌과학 분야의 연구결과를 둘 다 포함하고 있긴 하지만, 그 두 가지에 초점을 맞추고 있지는 않다. 그보다는 오히려 학습을 새로운 방식으로 보게 되면, 우리 주변에서 일어나고 있는 것과 조화를 이루며 지금까지의 교육과는 전혀 다른 확장된 유형의 교육으로 나아갈 수 있음을 보여주고자 한다.

학교교육은 지금 무수히 많은 상충적인 힘에 둘러싸여 중심을 잡기 어려운 상황에 놓여 있고 이 책은 그 증거를 제시한다. 이 상황에 대처하려면 코페르니쿠스적인 변화가 필요하다는 점도 분명하다. 우리는 수많은 학교에서 교육프로그램을 실시해왔으며, 캘리포니아 아이딜와일드(Idyllwild)에 있는 연구센터에서 실시하는 교육프로그램을 통해 이 생각이 옳음을 검증해왔다. 하지만 미국이 교육을 표준화하는 쪽에 역점을 두고 있기 때문에, 미국의 학교나 학군과 함께 일하기가 점점 어려워지고 있다. 우리는 호주에서 워크숍과 강좌, 연구를 통해 많은 성과를 올리고 진정한 변화를 이루어왔지만, 현재 미국에서는 시험점수를 학습의 1차 목표이자 유일한 기준으로 삼고 성적을 강조하기 때문에 교육의 본질이 점점 뒷전으로 밀리고 있다. 우리는 이따금 보상과 처벌이라는 엄격한 제도의 시행, 하향식으로 관리되는 정책과 실행 등 법률로 정해진 절차들이 두려움과 무기력감에 의한 체제순응주의로 귀결되는 과정을 수없이 목격해왔다.

다행히도 인류가 본래 타고난 학습법을 제대로 이해하고 학습이 이루어지는 체계를 근본적으로 바꿀 수 있다면, '교육'을 훨씬 더 흥미롭고 의미 있으며 짜임새 있는 과정으로 변모시킬 수 있을 것이다. 방법은 우리 앞에 놓여 있지만 이 일을 해내기란 결코 쉽지 않을 것이다. 하지만 기술·심리학·신경과학 분야에서 놀라운 성과들이 나오고 있기에 그래도 우리는 미래를 낙관한다.

현재 교육을 담당하고 있는 사람에게는 이러한 변화가 고통스러울 수 있다. 교실에서 학습내용의 전문가로서, 진행되는 모든 일의 책임자로서 교사가 지닌 통제권의 상당 부분을 잃을 것이 분명하기 때문이다. 우리는 관행적으로 행해져온 것과 정반대의 방향으로 나아가야 한다. 인간의 뇌에서 학습이 어떻게 일어나는지를 이해하고 활용할 줄 아는 새로운 역량과 지식이 교사에게 필요하다. 그리고 이와 관련해 이용할 만한 연구결과가 매우 많다. 정보화시대에는 교사가 학습자들을 그들 자신의 관심사, 재능, 이해, 전문영역을 토대로 이끌어줘야 한다. 동시에 학생들이 가진 학문적·사회적·정서적 잠재역량을 교육과정에 포함시키고 이를 키워줘야 한다. 이런 역량은 미래사회를 살아가는 데 꼭 필요한 것들이기 때문이다.

다행스럽게도 해결책이 있다. 그리고 그 해결책의 중심에는 모든 사람이 생물학적으로 지니고 태어나는 학습능력에 바탕을 둔 교수법이 있다. 개인으로서 또 집단으로서 우리가 직면한 도전과제는 가능하다고 알려져 있는 것을 실행에 옮기는 것이다. 이 책을 쓴 목적은 그 가능한 미래에 기여하기 위함이다.

우리는 복잡한 개념을 분명히 전하기 위해 말 그대로 새로운 어휘를 만들어 내야 했다. 이러한 개념은 언뜻 볼 때 대단히 복잡하게 여겨지고 여러 분야의 문헌에 등장하며 생리학에 바탕을 두고 있는 것들이다. 우리는 때때로 이 용어들을 짧게 줄이거나 약어로 만들기도 했다.

이 책은 4부로 나뉜다. 1부에서는 학교 안팎에서 학생들에게 어떤 일이 일어나고 있는지를 살펴본다. 1장에서는 오늘날 젊은이들이 전자매체를 어디에서든 사용하고 있다는 점, 전통적인 교육과 첨단 멀티미디어의 장점을 활용해 학습자를 몰입시키는 교육 사이에 간극이 크다는 점을 보여준다. 미국의 학생들은 평균적으로 이런저런 전자매체를 일주일에 50시간 넘게 사용하고 즐기지만, 전자매체 활용률이라는 측면에서 학교는 너무 뒤처지고 있다. 2장에서는 기술이 교육에 실제로 어느 정도로 영향을 미치는지, 또한 교육자가 자신을 보호하고자 어떤 시도를 하고 있는지 상세히 살펴본다. 기술을 차단하기 위해 방화벽을 설치하고 휴대전화 사용을 금지하는 것 등이 그러한 시도의 대표적인 예다. 3장에서는 현행 교육에서 핵심이라고 할 수 있는 신념들을 자세히 검토하며, 이 신념들이 '밈'(meme, 스스로를 복제하는 관념)을 이루고 있음을 보여주고자 한다. 우리는 이것을 '전달/직접교수밈

(transmission/direct instruction meme)'이라고 부른다. 4장에서는 기술적으로 연결된 세계, 즉 '지식시대(knowledge age)'라고도 불리는 이 시대에 학생들에게 요구되는 기술과 역량이 무엇인지 개괄적으로 살펴본다. 그리고 그 기술과 역량을 심리학자들은 '고등사고능력'으로, 신경과학자들은 인간 뇌의 '집행기능'으로 부르는 것과 연관 지어 살펴볼 것이다.

2부에서는 학습과 교육의 새로운 접근법을 소개한다. 이 접근법은 생물학에서 나온 것이며 심리학과 신경과학으로 뒷받침되고 있다. 5장에서는 좀 더 유기적이고 뇌의 학습원리에 맞는 자연적 학습법이 소개되는데, 이 학습법은 생물학에 기반을 두고 있으며 지각에 따른 반응으로 행동이 연속적으로 이루어진다는 의미에서 '지각과 행동의 춤'이라고 표현된다. 또한 역동적인 지각/행동 현상(perception/action dynamic, 항상 작동하고 있는)과 지각/행동 사이클(perception/action cycle, 자연적 학습의 기반)을 이해하는 것이 현재 주류를 이루는 학습 및 교육관점을 지식시대의 교육에 걸맞게 변모시키는 핵심임을 밝힌다. 6장에서 소개하는 과학은 지각/행동이 어떻게 삶으로부터 배우는 학습의 기반이 되는지를 설명한다. 또한 지각과 행동의 병렬기능에 근거하여 뇌의 구성을 살펴보는 방법을 소개한다. 아울러 자연적 학습에서 학습자가 스스로 질문을 하고 상대방의 반응에 따라 조정하는, 즉 행위자 중심의 적응적 질문들이 지닌 핵심 특징을 살펴본다. 비디오게임과 첨단 기술이 이미 이 과정을 어떻게 활용하고 있는지도 보여줄 것이다. 7장에서는 '지각/행동 학습(perception/action learning)'이라고 부르는 것을 소개하고, 비디오게임과 많은 기술이 이 과정을 어떻게 활용하고 있는지 보여준다. 이어서 지각/행동 학습의 핵심 단계를 기술하고 뇌/마음이 원래 학습하는 대로 가르치는 방법의 기본적인 사항을 설명한다. 8장에서는 새로운 학습법에 의한 결과를 새롭게 살펴볼 것이다. 지식망(knowledge networks)이라는 관점에서 뇌가 경험과 지식을 엮는 방식을 설명하고, 풍성한 지식망을 구축하는 것이 학습의 목표가 되어야 한다는 것을 보여준다. 전통적인 교육이 구축한 상대적으로 빈약한 지식망과 풍성한 지식망의 차이점도 기술한다. 9장에서는 소화과정을 주제로 두 가지 교수법을 대비시킨다. 하나는 전통적인 교수법이고 다른 하나는 지각/행동 학습을 모형으로 삼는 교수법이다. 이어서 앞서 소개한 지각/행동 학습 사이클의 단계들에서 도출된 효과적인 학습에 필요한 여러 단계를 설명한다.

3부에서는 학습에 영향을 미치는 뇌-마음의 관계를 탐구한다. 10장에서는 동기부여라는 개념과 '내적 동기(intrinsic motivation)' 및 '외적 동기(extrinsic motivation)'의 차이를 살펴본다. 내적 동기가 지각/행동 사이클을 작동시키는 주된 힘임을 설명하고 내적 동기의 몇 가지 강력한 측면들을 살펴본다. 행동주의가 어떤 식으로 교육을 '왜곡하고 훼손했으며' 그것이 지금까지도 어떻게 영향을 미치고 있는지 살펴보면서, 학습과 동기부여 사이의 상호작용을 좀 더 깊이 탐구한다. 11장에서는 마음의 상태를 논의하면서 '편안한 각성상태(relaxed alertness)'가 학습을 위한 최적의 마음상태임을 설명한다. 이 과정에서 이성을 담당하는 뇌의 판단 및 숙고의 과정을 거치는 경로인 '상위 경로(high road)'와 본능적으로 반응하는 경로인 '하위 경로(low road)'가 있음을 소개하고, 상위 경로가 깊이 있는 학습을 지원하고 하위 경로는 그것을 억제한다는 것을 소개한다. 두 경로가 구분된다는 것을 뒷받침하는 다양한 분야의 연구결과도 소개한다. 12장에서는 표준화된 지도방식에서 표준화시험의 결과에 집착하는 태도에 이르기까지, 오늘날 교육체제가 어떻게 제도적으로 교묘하게 하위 경로로 유도하고, 그럼으로써 상위 경로의 깊이 있는 교수학습을 억누르고 훼손하는지를 보여준다. 13장에서는 우리가 자각하는 영역 너머에서 대체로 반사적으로 이루어지는 타고난 행동을 설명하기 위해 '생물학적 성향(biological predispositions)'이라는 개념을 소개한다. 생물학적 성향이 학교에서 어떤 식으로 계속 발현되고 있는지를 보여주고, 그것을 억누르기보다는 인정하고 활용해서 학습해야 한다는 점을 설명한다. 이어서 생물학적 하위 차원의 행동을 고등사고능력을 통해 관리할 수 있는 의식의 영역으로 끌어올리는 방법을 제시한다. 14장에서는 학습에 내재된 사회적 속성에 초점을 맞춘다. '거울뉴런(mirror neurons)'에 관한 최근의 연구도 소개한다. 이 연구결과에 의하면 유아, 학생, 어른 할 것 없이 우리 모두는 남을 지켜봄으로써, 그리고 자신이 속한 사회적 맥락을 통해 많은 것을 배운다. 또한 거울뉴런과 관련된 몇 가지 요소를 논의하고 모방과 모델이 교육에서 매우 중요하다는 점을 설명하는데, 이로써 우리는 '말보다 행동이 중요하다'라는 격언을 이해할 수 있게 된다.

4부에서는 학습과 교육에서 소위 '유도경험접근법(Guided Experience Approach)'이라는 것을 다룬다. 15장에서는 유도경험교수법을 숙달하는 데 필요한 세 가지 요소를 설명한다. '편안한 각성상태(Relaxed Alertness)' '복잡한 경험에의 몰입(Immersion in Complex Experience)' '경험의 능동적 처리과정(Active Processing of Experience)'이 그것이다. 16장에서는 (미국과 호주에 한 곳씩) 두 학교에서 편안한 각성상태를 일으키는 학습분위기를 어떤 식으로 조성했는지 상세히 설명한다. 17장에서는 위의 두 학교에서 학습자를 복잡한 경험에 몰입시키고 지각/행동 학습의 모든 단계를 이행하도록 사용했던 절차와 과정을 살펴본다. 18장에서는 지속적인 도전과 질문제기를 통해 학습을 더 공고히 하는 데 필요한 과정을 기술한다.

19장에서는 학습의 미래에 대해서, 그리고 지각/행동 학습 및 유도경험교수법의 중요성에 대해서 핵심만 간략히 살펴볼 것이다.

Natural Learning for a
Connected World

1

학습을 대하는
근본적으로 다른
두 가지 견해

우리 아이들에게 누가 무엇을 가르치는가?

1장

휴대전화를 잃어버리면, 뇌의 일부를 잃어버리는 것이다.
– 어느 일본학생(Prensky, 2006, p. 128)

미래는 이미 우리 곁에 와있다.
우리는 뇌와 인간의 잠재력에 대해 혁명적 수준으로 이해할 수 있게 해준 기술혁명의 수혜자이다.
– 샤론 베글리(Sharon Begley, 2007, p. 243)

상상해보자. 누군가가 기술, 혁신, 학업수월성, 지구촌통신, 문화적 다양성이 일상을 지배하는 이 세계에 딱 맞는 탁월한 교육이 가능할 거라고 말했다. 자, 당신은 어떤 생각이 드는가? 그리고 만약 거의 모든 사람이 실시간 정보검색과 정보교환이 가능하고 정보를 건강하게 이용할 수 있게 된다면, 또한 이런 사회에서 시민들이 성공적으로 살아갈 수 있는 교육이 마침내 가능해진다면 당신은 어떻게 하겠는가?

결론부터 말하자면, 문화가 그런 방향으로 바뀌면 그런 교육비전은 실현될 수 있다. 그것을 실현시키는 한 가지 방법은 뇌의 생물학적 학습방법에 대한 과학적 연구결과를 출발점으로 삼는 것이다. 예를 들어, 뇌 연구결과를 진지하게 받아들이고 그것을 인지심리학을 비롯한 다른 분야로부터 나오는 연구성과와 통합한다면, 우리는 아이들이 주변의 모든 것으로부터 배운다는 사실을 알게 된다. 학교에서의 학습과 학교 밖의 삶 속에서 이루어지는 학습을 구분하는 것은 항상 인위적인 것이었다. 하지만 학습을 이렇게 새로운 관점에서 이해하면 학습은 아이들의 관심을 사로잡음으로써 일어나는 것이라는 인식에 도달하게 된다. 우리는 또한 탁월한 교사들이 늘 알고 있었던 사실도 인정할 수 있게 된다. 즉, 학창시절을 회상해보면 누구라도 알 수 있듯이 학교에서의 학습은 나중을 위한 것이라는 왜곡된 렌즈에 의해 현재의 삶과 인위적으로 괴리되었었다. 그 렌즈를 최신 렌즈로 교체하고 현재 나와 있는 연구결과와 기술을 받아들일 때, 지금 우리 곁에 벌어지고 있는 기적 같은 기술을 적극 활용할 기회를 갖게 될 것이다.

이 책에서 우리는 새로운 교육을 요구하는 모든 이들의 편에 서서 목소리를 보낼 것이다. 아이들의 미래를 준비하는 데 공교육이 핵심적인 교육시스템으로 살아남을 수 있도록 교육자와 정책결정자가 받아들여야 하는 핵심적인 변화의 방향을 각 장별로 자세히 설명할 것이다.

충돌하는 두 세계

새로운 교육을 만나러 가는 이 여행은 대부분의 아이들이 적어도 두 개의 서로 충돌하는 세계 속에서 교육을 받고 있다는 사실에서 출발한다.

그 하나의 세계인 텔레비전, 기술, 비디오게임의 세계—우리가 첨단 미디어와 비디오테크(videotech)라고 이름 붙인 세계—는 일반적으로 교육시스템으로 인정받지 못하고 있다. 그곳은 디지털매체에 의존하는 짜릿하고도 도전의식을 자극하는 매혹적이고 '재미있는' 세계이며, 많은 교육자가 학교라고 부르는 곳과는 대개 단절되어 있다. 또 다른 세계, 즉 학교라는 세계는 교육시스템으로 인정받고 있지만, 비디오테크가 활용하는 역동적·상호작용적·창의적·자극적·사회적인 측면을 억압한다.

이제 두 세계의 본질을 파악할 시기가 도래했다. 각 세계가 무엇을 하는지 알아보고, 각각을 구축할 때 토대로 삼은 가설을 검증하며, 지식정보화 시대에 태어난 우리 아이들을 이 시대에 걸맞은 인재로 키우려면 교육이 어떤 기능을 해야 하는지를 받아들일 때가 된 것이다.

첨단 미디어와 비디오테크 세계는 우리 아이들을 어떻게 교육하는가?

두 학생을 살펴보자. 오늘날 대부분의 학교에서 흔히 볼 수 있는 전형적인 학생들이다. 제이크는 만 9세, 댄은 11세다. 두 아이의 부모는 성적이 걱정되어 아이들을 우리에게 데려왔다. 두 아이는 한 과목 이상에서 낙제점을 받았지만 다른 학생들과 교사들에게 인기도 많고 착한 아이들이다. 여러 면에서 급우들과 별 다를 바 없이 표현력도 좋고 솔직하다. 그들의 주된 문제점은 몇몇 과목에서 학습내용을 도무지 이해하지 못한다는 것이다. 말 그대로 그들은 자신이 배우는 능력이 없다고 느끼고 있으며, 강의가 귀에 잘 들어오지 않아서 집중하지 못한다고 털어놓는다.

하지만 대부분 또래 아이들이 그렇듯이 디지털기술을 능숙하게 사용하는 데에는 아무런 문제가 없어 보인다. 그들은 대표적인 정보화기기인 컴퓨터, 비디오게임, 휴대전화, 최신 '장난감' 등을 늘 끼고 자랐다. 특히 제이크는 비디오게임을 좋아한다고 말했고, 댄은 면담을 하는 내내 최신 장난감을 갖고 놀았다. 두 아이 모두 자기 방에 TV와 비디오게임기를 갖고 있다. 미국에서 전형적으로 볼 수 있는 중산층 가정의 아이들이다. 그들은 디지털미디어에 의해 돌아가는 세계에 푹 빠져 있으며 이점은 우리에게 몇 가지 단서를 제공한다.

학생들은 학교 밖에서 전자매체와 기술을 어떻게 활용하는가?

전자매체는 나이에 상관없이 모든 아이의 삶에 구석구석 깊숙이 영향을 미치고 있다. 아이가 잠자는 방을 중심으로 그들의 가정을 살펴보자.

| 아이 침실에 있는 전자매체 | 미국 엔터테인먼트 소프트웨어협회 (Entertainment Software Association, 2010)에 따르면, 미국인은 2009년 한 해에만 105억 달러(약 110조 원)를 들여서 거의 2억 3천만 대의 컴퓨터와 비디오게임기를 구매했다고 한다. 이 매출액은 10년 사이에 약 3배가 늘어난 수치다.

어른들이 구입한 이 기기 중 상당수는 아이의 방에 놓인다. 카이저가족재단(Kaiser Family Foundation)의 연구결과(Rideout, Foehr, & Roberts, 2010)에 따르면, 아이 방은 점점 더 멀티미디어센터가 되어가고 있다. 8~18세의 아동·청소년 중 71%는 자기 방에 TV가 있고 50%는 비디오게임기도 있다. 자기 방에 TV가 있는 아이는 그렇지 않은 아이보다 평균적으로 하루에 거의 90분 이상 TV를 더 본다.

아이들이 자기 방에서 전자매체를 사용하는 실태를 조사한 통계자료를 좀 더 살펴보자.

- 8~18세의 아동·청소년은 오락매체를 평균적으로 하루에 7시간 38분(주당 53시간 이상) 사용한다. 그 시간 중 상당 부분을 '미디어 멀티태스킹(한 번에 두 가지 이상의 매체를 사용)'을 하기 때문에, 사실상 그 7시간 30분에 걸쳐 총 10시간 45분 분량의 미디어내용물에 노출되는 셈이다(Rideout et al., 2010).
- 지난 5년 사이에 휴대전화를 소유한 8~18세 아동·청소년의 비율은

39%에서 66%로, 아이팟을 비롯한 MP3플레이어를 지닌 비율은 18%에서 76%로 급증했다. 그 사이에 휴대전화와 아이팟은 모든 멀티미디어 기능을 통합한 진정한 멀티미디어기기로 발전했다. 현재 젊은이들의 휴대전화 사용은 하루 평균 통화하는 시간(33분)보다 휴대전화로 음악을 듣고 게임을 하고 TV를 보는 시간(총 49분)이 더 길다(Rideout et al., 2010).

비록 케이블방송까지 마음껏 볼 수 있는 것은 아니지만, 제이크와 댄도 자기 방에 TV와 비디오게임기가 설치되어 있다. TV는 DVD용 영화를 보는 용도로 주로 쓰인다.

| 가정의 전자매체 | 연구에 참여한 아이들에 의하면 대다수 가정에서는 TV가 늘 켜 있다며 위 연구를 이끈 비키 라이드아웃(Vicky Rideout) 카이저 가족재단 부회장은 다음과 같이 보고했다(Rideout et al., 2010).

- 아이들의 약 3분의 2(64%)는 '평상시' 식사를 할 때에도 TV를 켜놓는다고 말한다.
- 절반에 약간 못 미치는 아이들(45%)은 집에 있을 때 TV를 보든 안 보든 간에 '거의 대부분' 또는 '온종일' 켜놓는다고 말한다.

근무 중 계속 전자매체를 이용하는 직장인보다도 이 아이들이 더 많은 시간 동안 매체를 접하고 있는 셈이다.

비디오게임을 몇 시간 동안 하는지 슬쩍 묻자, 댄은 잠시 생각하더니 학교에서 돌아와 숙제를 한 뒤 저녁에 3시간쯤 비디오게임을 하고, 주말에는 10시간쯤 할 것이라고 한다. 또한 DVD를 즐겨보는데 공포영화를 좋아한다고 한다. 폭력적이지 않느냐고 묻자, 댄은 그런 건 개의치 않는다면서 "무서울수록 더 좋아요"라고 말한다. 그럴수록 흥미를 자극하기 때문이라는 것이다(여성가족부에서 우리나라 청소년 9~24세를 대상으로 한 생활시간 조사에 따르면, TV시청시간은 하루 1시간 3분으로 감소세이고 게임시간은 45분으로 증가세를 보이고 있다. 2016년 청소년 통계, 통계청·여성가족부 – 편집자).

| 교사 역할을 하는 전자매체 | 아이들은 첨단 디지털미디어가 지배하는 세계에 푹 빠져서 그 속에서 배운다. 이 매체는 아이들의 생활 구석구석까지 뻗어 있고, 아이들의 정신을 사로잡으며, 아이들을 참여시켜 디지털세상을 함께 만들어간다. 그리고 이런 일들은 너무나 자주 어른의 지도와 감시 없이, 즉 아이들의 도덕적·정서적·신체적·지적 건강을 걱정하는 시선이 없는 상태에서 이루어진다.

자료를 토대로 판단할 때, 아이들이 디지털미디어가 만들어가는 세계로부터 무언가를 배우고 있다는 데에는 의심의 여지가 없다. 여기서 제기되는 핵심 질문은 아이들이 배우는 것이 정확히 무엇인가 하는 것이다. 일부 신경과학자들(Christakis, Zimmerman, DiGiuseppe, & McCarty, 2004; Healy, 1998)이 주장하듯이 경험이 정말로 뇌와 몸에 변화를 일으킨다면, 학습자는 비디오테크와 기술세계에 몰입하고 참여함으로써 자신이 하고 싶어 하고 중요하게 여기는 일을 해나간다고 말할 수 있다.

다른 게이머들(gamers, 게임참가자 – 편집자) 및 TV시청자들과 서로 연결되고 문자메시지 프로그램, 휴대전화, 그 외 트위터, 페이스북 같은 SNS(사회관계망 서비스)를 통해 자신이 하고 있는 것을 공유할 때, 아이들은 새로운 기술과 정보를 접하면서 또 하나의 언어를 습득하고 있는 셈이다. 또한 이미지와 아이콘, 즉각적인 상호작용의 세계에서 활동하는 데 점점 능숙해지면서 온라인게임과 사회관계망이라는 문화에 흡수된다. 자연스럽고 자동적으로 학습이 이루어지게 하는 타고난 능력이 발동되면서 무엇에 가치를 부여할 것이고 무엇을 할지 결정하기 때문에 아이들은 주변 세계에 반응하여 변화하고 적응해간다.

이렇게 습득한 것 중 일부는 전통적인 교육의 목표에 비추어보아도 가치가 있다. 다 그런 것은 아니지만 모든 종류의 매체는 전(全) 연령의 학습자가 엄청난 양의 정보에 때로 매우 역동적인 방식으로 접근할 수 있게 해준다. 게다가 많은 비디오게임은 예비조종사를 훈련시키는 비행 시뮬레이터와 유사한 방식으로(훈련방식이 제한적이긴 하지만) 학습자가 역량을 갈고닦을 수 있도록 돕는다. 게임을 하는 과정에서 학생들은 문제가 풀릴 때까지 포기하지 않고, 심지어 압력을 받는 상황에서도 주의를 계속 집중하여, 세부사항에 주의를 기울이면서 분석적 추론과 논리를 문제에 적용하는 능력을 개발할 수 있다.

「영국교육공학회지(British Journal of Educational Technology)」에 실린 한 논문에 의하면, 컴퓨터게임은 학생이 계속 앉아서 집중을 하도록 동기를 부여하기 때문에, ADHD(주의력결핍 과잉행동장애)아이에게 실제 도움이 될 수도 있다고 한다(Farrace-Di Zinno et al., 2001; 다음 문헌들도 참조. Lawrence et al., 2004; Cloud, 2009; Houghton, Milner, West, Douglas, Lawrence, Whiting et al., 2004).

유명한 게임설계자인 윌 라이트(Will Wright)는 최근에 IT전문잡지인 〈와이어드(Wired)〉에 비디오게임이 과학적 연구방법의 핵심을 가르친다는 글을 실었다(Wright, 2006). 게이머가 성공적인 결과를 얻으려면 가설을 세우고 실험을 하며 시행착오를 통해 가설을 검증해야 하기 때문이라는 것이다. 이 과정은 박사학위를 따는 데 필요한 최종 연구단계와 공통점이 많다.

어른의 감독을 받지 않는 TV시청과 비디오게임이 왜 해로울까?

비디오테크는 여러 면에서 도움보다는 해를 끼친다. 정보기술이 아이들에게 끼치는 영향을 다룬 연구결과를 몇 가지만 간추려보자.

- 비디오게임을 하는 아이들의 연령이 점점 낮아지고 있다. 주당 40시간 이상 게임을 하는 '게임중독자(heavy gamers)'의 대다수는 6~17세다 (Jenkins, 2006).
- 놀랄 일도 아니겠지만 게임, 특히 자기 방에서 게임을 하는 시간이 많은 아이일수록 과체중과 비만이 될 가능성이 높다(Vandewater, Shim, & Caplovitz, 2004; Walsh, Gentile, Walsh, & Bennett, 2006).
- 미디어 장시간 이용자(하루 16시간 이상)와 단시간 이용자(3시간 이내) 사이에는 성적에서 유의미한 차이가 나타난다. 중간 이하의 성적(주로 '미' 이하의 성적)을 받는 학생의 비율을 살펴보면, 단시간 이용자는 약 4분의 1(23%)이 그런 반면, 장시간 이용자는 절반(47%)에 육박한다 (Rideout et al., 2010).
- 폭력적인 비디오게임을 하는 아이들이 더 공격적인 성향을 보인다는 증거가 늘어나고 있다. 또 이런 아이들은 폭력을 인식하고 방지하는 데에도 점점 더 둔감해지는 것으로 나타났다(Carnagey, Anderson, & Bushman, 2007; Iacoboni, 2008; Anderson, Gentile, & Buckley 2006).

손꼽히는 신경과학자이자 영국왕립연구소의 소장을 지낸 수전 그린필드(Susan Greenfield, 2008)는 지금까지 봐왔던 상황은 악화일로로 치달을 것이라고 경고한다. 또한 학교가 다음과 같은 특징을 가진 학생들로 가득해질 가능성이 높다고 주장한다.

- 생각이 분석적이기보다는 일화적이다(반성적이기보다는 반사적이다).
- 주의집중 시간이 더 짧다.
- 단어보다 이미지로 의사소통하는 게 편하다.
- 학습장애가 늘어난다.
- 충동과 감정을 조절하는 능력이 떨어진다.

시애틀에 있는 아동전문 지역의료센터의 디미트리 크리스타키스(Dimitri Christakis)가 주도한 연구에서는 폭력적인 비디오게임이 주의력결핍장애(ADD)와 주의력결핍 과잉행동장애(ADHD)의 발병과 관련이 있으며, 과도하게 텔레비전을 시청하면 아이의 신경계가 지나치게 자극을 받아서 뇌 발달에 영구적인 변화가 일어난다고 결론짓는다. 실시간 메시지서비스와 정보검색서비스가 가능한 멀티미디어 환경에 과도하게 노출되면, 올바로 사고하고 결정을 내리는 능력이 제대로 발달하지 못할 가능성이 있음을 강력하게 시사하는 증거들도 있다(Christakis et al., 2004; Small & Vorgan, 2009).

이 마지막 주장은 미디어에의 노출이 아동발달에 미치는 영향을 평가하기가 복잡하다는 것을 보여준다. 폭력적인 비디오게임이 ADD와 ADHD를 악화시킨다는 주장도 있지만, 우리는 앞서 컴퓨터게임이 집중력을 향상시키는 데 도움을 줌으로써 ADHD증상을 완화시킬 수도 있다는 주장을 살펴본 바 있다. 게임의 폭력수준이 긍정적 효과와 부정적 효과의 차이를 낳는 중요한 요소이지만, 여기에는 다양한 요인이 관여한다. 그 요인 중 몇 가지는 뒤에서 다룰 것이다.

문제의 확대: 어른의 지도 부재

이 연구결과와 통계를 보고 대부분의 교육자는 이것을 기술 자체가 문제임을 말해주는 증거로 간주하곤 한다. 이런 관점을 취하는 것도 이해가 가긴 하지만, 기술의 영향을 너무 단순하게 해석한 결론이 아닌가 생각한다.

우리는 텔레비전도 컴퓨터도 비디오게임도 그 자체만으로는 선하지도 악하지도 않다고 본다. 여기서 중요한 한 가지 핵심 논점은 아이들이 디지털기기를 사용하는 환경이다. 아이들이 기기를 이용할 때 주로 혼자 있거나 또래 친구들과 있다는 점이 가장 문제가 된다. 전자매체와 비디오게임에 노출될 때 아이들은 대개 어른의 감독을 받지 않는다. 더욱이 이들 전자매체와 비디오게임은 아동에 맞게 가공된 것도 어른과 함께 선정된 것도 아니다.

| 부모는 어디에 있는가? | 기술은 상당한 수준까지 부모의 역할을 대신하고 있다. 미국의 아동이 18세가 될 무렵까지 지낸 시간을 계산하면, 학교에서 친구들과 관계를 맺으며 교사들과 대화를 하거나, 집에서 부모와 함께 이야기를 나누며 상호작용하는 시간보다 TV 앞에서 보내는 시간이 훨씬 더 많다. 부모가 아이의 매체 사용에 세심하게 관여하고 있다고 보고한 예전의 연구와 달리, 라이드아웃의 연구결과(Rideout et al., 2010)는 다음과 같이 밝히고 있다. "TV를 시청하거나 비디오게임을 할 수 있는 시간을 부모가 정

해두었다고 말한 아이는 10명 중 3명 정도에 불과하며(TV - 28%, 비디오게임 - 30%), 컴퓨터 사용시간이 정해졌다고 말한 아이는 36%였다." 또 "부모가 한계를 정해두면 아이가 매체와 보내는 시간이 줄어드는 것"으로 나타났다며, "어쨌든 매체 사용에 관해 규정하면 그렇지 않을 때보다 아이가 매체를 사용하는 시간이 하루에 3시간가량(정확히 2시간 52분) 줄어든다."

어른의 감독을 받지 않은 채 텔레비전과 비디오게임으로 시간을 보낼 때, 아이들이 얼마나 많은 폭력을 접하는지 알면 경악할 것이다. 프리미엄 케이블채널을 보거나 VCR/DVD기기가 있는 가정이라면 아이가 18세가 될 무렵까지 평균 72,000번 정도 살인미수 장면을 본다는 결과가 있다("Youth crime", 1992). 또 "미국의 아이가 초등학교에 입학할 무렵이면, TV에서 폭력행위는 평균적으로 100,000번, 살인 장면은 8,000번을 보았을 것이다(Phillips, 2007). 또 다른 추정자료에 따르면, 아이가 초등학교를 마칠 무렵이면 TV에서 살인 장면을 8,000번, 18세가 될 무렵이면 폭력행위는 200,000번, 살인 장면은 40,000번 보았을 것이라고 한다(Herr, 2007).

이 통계는 섬뜩함을 안겨준다. 경험에 따라 뇌 신경세포의 연결망이 바뀌는 것을 '신경가소성(neuroplasticity)'이라고 한다. 우리 아이들이 접하는 이렇게 엄청난 양의 폭력이 아이들의 사고방식과 '현실감', 즉 이 정도면 현실로 받아들일 수 있겠다고 보는 기준에 영향을 미치리라는 것은 의심의 여지가 없다. 컴퓨터게임, 이메일, 인터넷, 휴대전화, 문자서비스는 이미 아이들에게 삶의 일부가 되었으며 앞으로도 이들의 삶에서 유리되지 않을 것이다.

| **교육자는 어디에 있는가?** | 대다수 교사와 학교관리자는 교실에서 컴퓨터와 기술의 적정 사용 수준에 대해 한심할 정도로 구시대적인 태도를 보

인다. 교사 대부분은 자신의 교수활동에 페이스북(Facebook)과 링크드인(LinkedIn)과 같은 사회연결망서비스(SNS), 온라인세미나(webinar), 인터넷전화(Skype), 그 외의 화상회의 도구를 아직도 활용하고 있지 않다. 하지만 아마도 가장 문제가 되는 부분은 비디오테크 세계와 기타 기술 활용이 폭발적으로 증가하고 있는 상황에서, 대다수의 교육자가 학생들이 자신의 삶에 필수라고 생각하는 기술을 활용하기보다는 그것을 외면하는 수업방식에 갇혀 있다는 점이다. 정교한 비디오게임은 진화를 거듭하고 있어서 기술을 적극 활용하는 학습모형을 택할 경우, 수업지도가 놀랍도록 풍성해질 수 있음을 입증하고 있다(Gee, 2007; Jukes & Walker, 2009; Shaffer, 2006).

지금세대야말로 디지털세계에서 자란 첫 세대다. 마크 프렌스키(Marc Prensky, 2001a, 2001b)는 오늘날의 대학생들이 평생에 걸쳐 독서를 하는 시간은 5,000시간이 안 되겠지만, 비디오게임을 하는 시간은 10,000시간이 넘을 것이고 TV를 시청하는 시간은 20,000시간에 이를 것으로 추정한다. 그들은 컴퓨터, 게임, 인터넷, 디지털음원, 유튜브동영상, 파일다운로드, 디지털카메라, 휴대전화, 문자메시지 등을 생활화하면서 성장했다.

프렌스키는 '디지털원주민(Digital Natives)'이라고 이름 붙인 오늘날의 디지털에 정통한 학생들과 '디지털이민자(Digital Immigrants)'라고 이름 붙인 교육자들 사이에 단절이 있다고 말한다. 후자는 디지털원주민의 언어로 말하려고 애쓰지만, 사회화과정을 통해 배우다 보니 외국어인 디지털언어를 디지털원주민 수준으로 구사하기는 상당히 어렵다. "오늘날의 교육이 직면한 한 가지 문제는 시대에 뒤떨어진 언어(디지털 이전 시대의)를 쓰는 디지털이민인 교육자들이 새로운 언어를 쓰는 디지털원주민 집단을 가르치려고 고군분투하고 있다는 것이다(Prensky, 2001a, p. 2)."

물론 모든 사람을 이런 식으로 분류하려 한다면 잘못일 것이다. 디지털에 정통하지 않은 학생도 많고 디지털에 정통한 교사도 많다. 뒤에서 말하겠지만, 디지털에 정통한 교사들이 첨단 기술의 활용방향을 모색하고 있는 학교도 많이 있다. 그래도 이 논지가 전반적으로 유효하다는 점에는 변함이 없다.

본질적인 변화가 단순히 기술에 대한 전문성을 획득하는 것만을 가리키지는 않는다. 새로운 사고방식도 필요하다. 기술은 어떤 주제나 과목을 탐구하고 싶어 하는 학생에게 무엇을 어떻게 할지 선택권을 준다. 학생들은 웹과 여러 검색엔진으로 사실상 무제한적인 정보에 접근할 수 있다. 이것은 교사의 역할이 정보의 1차 제공자라는 사실, 즉 오늘날까지 교사가 자신의 직업을 정의하는 데 써온 기준을 포기해야 한다는 의미이다.

현재 당면한 문제 중 하나는 "교사와 학생이 기술과 어떻게 관련을 맺고 있는가 혹은 맺고 있지 않은가"라는 관점에서 쉽게 파악할 수 있다. 하지만 이 문제는 빙산의 일각에 불과하다. 지금 요구되고 있는 것은 훨씬 더 학생 중심적이고 역동적이며 뇌의 학습원리에 맞는 몰입학습이기 때문이다. 예를 들어보자.

우리는 한 교사를 지켜보는 중이다. 교사는 오후에 학생들에게 그들이 원하는 과제를 마음껏 탐색할 시간을 주었다. 몇몇 학생은 중력을 조사하고 있고 한 학생은 새집을 짓고 있다. 많은 학생은 별 어려움 없이 설명서를 보며 함께 전자기기를 조립하고 있다. 2학년과 3학년의 공동수업이 이루어지는 이 교실에서 수업참관자는 교사라면 분명히 머리를 싸매고 해석하느라 끙끙거릴 복잡한 설명서를 학생들이 술술 넘기면서 보고 있다는 사실에 놀란다.

뇌의 학습원리에 따른 자연적 학습방식

대중적 인기가 있는 기술 중에는 아이는 물론 어른까지 몰입시키는 것들이 많다. 이런 기술은 도전적인 시나리오, 짜릿하면서도 적절한 사회적 쟁점, 협력, 자기가 주체란 의식, 통제, 적절한 참여, 경쟁, 그리고 실시간으로 일어나는 활동을 활용한다. 이런 것들은 실시간으로 그리고 빛의 속도로 전개되는 특징이 있다.

현재 나오고 있는 연구결과 중 몇 가지를 살펴보면, 아이들이 비디오게임에 깊이 몰입하는 것 그 중심에 지금까지 알게 된 학습의 주요 원리가 위치한다(앞으로 설명하겠지만 대부분의 정규교육은 이러한 원리를 대체로 무시하거나 적극적으로 억제한다). 학습의 뇌과학적 원리 몇 가지를 예로 들면 다음과 같다.

- 의미추구는 패턴형성을 통해 일어난다(Caine, Caine, McClintic, & Klimek, 2009; Gee, 2007). 모든 사람에게는 외부 자극이나 경험을 이해하려는 선천적인 능력이 있다. 이것을 '설명하려는 욕구(explanatory drive)'라고 부른 학자들도 있다(Gopnik, Meltsoff, & Kuhl, 1999). 다시 말해, 현실세계에서 모든 인간(그리고 살아 있는 모든 유기체)은 생존을 위해 주변 환경을 이해하고 대응해야 한다. 비디오테크의 여러 활동은 인식할 수 있는 설정환경에서 식별 가능한 인물들을 등장시키는 시나리오의 맥락 속에서 구성되고, 이것은 뒤에 이어지는 모든 내용을 쉽게 이해할 수 있게 하는 참조의 틀이 된다.
- 인지는 감정을 수반한다. 의미형성에 영향을 끼치는 요소는 많으며, 그 중 하나는 인지가 감정에 영향을 받는다는 것이다. 예전에는 합리적인

이성은 감정과 별개로 작용한다고 생각했지만 그 관점은 바뀌었다. 신경과학자 캔더스 퍼트(Candace Pert, 1997)는 우리가 생각을 할 때면 예외 없이 어떤 '감정의 분자(molecules of emotion)'가 분비된다고 주장한다. 신경과학자 안토니오 다마지오(Antonio Damasio, 2003)는 모든 결정과 사고가 감정의 토대 위에 이루어진다는 사실을 설명하기 위해 '신체표지이론'(somatic marker theory, 특정 자극이 신체적 반응과 반복적으로 연합될 경우, 자극의 제시가 곧 생리적 반응을 불러일으킨다는 주장 – 편집자)을 제시했다. 다른 연구자들도 여기에 동의한다(Panksepp, 1998; Roald, 2007). 이 이론은 사람들이 깊은 관심과 열정을 가진 일에 더 의욕을 보이고 잘 할 수 있다는 것을 시사한다. 노벨상 수상자인 아메드 즈웨일(Ahmed H. Zewail)을 '분자를 사랑한 사람'으로 소개한 「로스앤젤레스타임스」의 기사(Cole, 1999)는 이 점을 잘 포착하고 있다. 마찬가지로 비디오테크의 요소들은 매력적이거나 매력적이지 않은 인물에서부터 참여와 동기를 자극하는 다양한 감정을 활성화시키는 상황에 이르기까지 거의 모든 방식으로 사용자의 감정적 참여를 촉발한다.

- 뇌/마음은 사회적이다(Meltzoff, et. al. 2009). 섬처럼 고립된 존재로 살 수 있는 사람은 아무도 없으며, 생물학적으로도 불가능하다. 대부분의 시간을 홀로 보내기를 좋아하는 사람에게서조차도 학습의 일부 측면은 본질적으로 사회적이다. 사람들의 사회적 본성은 휘틀리(Wheatley, 1999)가 '소속욕구(longing to belong)'라고 부른 것의 토대를 이룬다. 사회적 관계에서 그러한 소속욕구가 내재되어 있지 않다면 어떤 개념의 의미를 파악하거나 언어를 숙달하는 것이 불가능하다. 인지과학자들은 이것을 '맥락적 인지(situated cognition)'라고 부르며(Gee, 2007; Lave & Wenger, 1991), 이것은 인간이 배우고 알게 되는

내용에 사회적 환경과 관계가 어떻게 영향을 미치는지를 가리킨다. 최근에 신경과학자들은 인간의 사회적 본성의 생물학적 토대가 '거울뉴런(mirror neurons)'이라는 형태를 취한다는 것을 입증했다(Rizzolatti & Sinigaglia, 2008; Winerman, 2005). 이 내용은 14장에서 심도 있게 다룰 것이다. 첨단 미디어와 비디오테크 영향력의 상당 부분은 비디오 게임참가자들의 다중 네트워킹방식과 집단지성의 힘을 통해 문제를 해결하는 데서 나온다. 이는 어느 누구도 혼자서는 이룰 수 없는 방식이다. 비디오테크 세계에서 학습의 많은 부분은 참가자들이 더 높은 경지에 이르기 위해 얻는 통찰, 착상, 전략을 다른 참가자들과 공유하면서 이루어진다.

따라서 소비자가 이끌어가는 비디오테크 세계는(언제나 검증된 것은 아니지만) 학습이론에 바탕을 두고 있다. 게임시스템을 설계하고 개발하고 관리하는 사람들은 대체로 흥미가 사용자들의 동기를 유발한다고 믿는다. 그들은 흥분을 비롯한 다양한 감정, 개인적인 의미, 사회적 관계를 통합적으로 만들어내면서, (어떤 면에서는) 발달단계에 맞게 흥미를 계속 강하게 자극하도록 이야기를 구성한다(Shaffer, Squire, & Gee, 2004). 무엇보다 중요한 점은 게이머가 참가 여부를 스스로 선택할 수 있다는 것이다. 대다수 게이머들은 공통의 관심사를 지닌 또래집단에 소속되기를 원한다. 이것이 바로 게임참가자들로 하여금 주의를 기울이고 초점을 맞추고 집중하게 만드는 맥락이다. 이런 식으로 네트워크에 접속한 게임참가자—우리 아이들—는 가치를 습득하고, 생존방식, 관계의 성격, 충성심의 역할, 인간이 된다는 것의 의미를 점점 터득해간다(Anderson, 2003; Gee, 2007; Haines, 2005; Shaffer, 2006).

많은 학문영역에서 연구가 점점 진행됨에 따라 인간 자체가 일종의 학습 체계, 즉 인간의 모든 측면—몸·뇌·마음—이 학습에 참여하는 체계임이 드러나고 있다(Damasio, 1994, 1997). 앞서 말했듯이 비디오게임을 만들고 게임 웹사이트를 운영하는 기업들은 이런 연구의 많은 부분을 활용하고 있다(Shaffer, 2006). 그들은 개인적으로 또 사회적 방식으로 게임을 의도적으로 더 흥미롭고 유혹적으로 만든다. 그런 면에서 게임세계는 정규교육과 경쟁하고 있는 것이다(Gee, 2007; King, 2003; Stansbury, 2009).

기술은 전통적인 교육세계에 어떻게 충격을 가하고 있는가?

교육 역사상 처음으로 교사·학생·학습내용이 같은 장소에,
심지어 같은 시간에 한 자리에 있을 필요가 없어졌다.
시간과 거리라는 제약조건이 사라지고 완전 통합기술을 통해서
2차원과 3차원 경험이 가능해진다면,
현재의 교육체계 중에서 과연 무엇이 살아남을까?
– 테드 매케인과 이언 주크스(Ted McCain and Ian Jukes, 2001, p. 68)

첨단 미디어로 무장한 비디오테크 세계와 정규교육은 학습과 교육에 접근하는 방식이 서로 다르다. 일반적으로(그리고 3장에서 더 자세히 다룰 예정인) 전통적인 교육의 기본 형태는 '전달/직접교수(TDI)모형'으로 다음과 같은 특징을 지닌다.

- 대다수 교사는 과제와 마감시한을 구체적으로 정해놓은 수업진도표, 학습지도안, 단원별 학습계획안을 사용하는데, 이는 학생에게 탐구활동이나 개인적으로 관심 있는 활동, 또 주변의 변화하는 세계에 적응해 갈 여지를 거의 혹은 전혀 주지 않는다.
- 부정행위에 대한 우려(당연히 우려할 만하다)와 학습에 대한 생각, 즉 학습은 개별적으로 책상 앞에 앉아서 하는 행위라는 믿음 때문에 전통적인 교육에서는 타고난 본성에 맞는 생리적·사회적 참여활동이 억제된

다. 이러한 참여활동은 뇌의 학습원리에 맞아 자연스럽고 강력한 학습 효과가 있는데도 말이다.

- 인지적 학습콘텐츠를 강조하면 교사 자신과 교육체계에 맞추어 설명하는 방식을 취하게 되기 때문에 학생들의 학습에 대한 열정과 정서적 몰입은 억제된다. 그런데 이런 열정과 몰입은 학습을 즐겁게 만들고 내용의 깊이 있는 이해에 필수적이다.

이와 같은 주입식 교육은 학습에 관한 다음 몇 가지 핵심적인 신념을 토대로 한다.

- 첫 번째는 세상일이 어떻게 돌아가는지, 현실세계라는 맥락에 어떻게 적용되는지와 같은 문제는 배제한 채 그저 기술(skill)을 갈고 닦으며 기존 정보를 암기하고 그대로 재사용하는 것이 '학습'이라는 믿음이다. 역대 대통령의 이름, 방정식의 풀이과정, 제2차 세계대전의 원인, 자기소개서를 쓰는 요령을 암기하는 것 등이 대표적인 예다. 설령 이런 종류의 정보가 필요할 때가 있다 할지라도, 이런 학습은 학생의 관심사 및 목표와 대개 무관하다. 반면에 비디오테크와 기술은 학생의 관심사와 목표에 맞게 다양한 시나리오를 제공한다.
- 두 번째는 복잡한 개념을 이해시키려면 교사가 교과서를 토대로 설명해야 한다는 믿음이다. 설명하는 과정에서 이야기로 풀거나 사례를 들거나 시범을 보일 수는 있겠지만, 본질적으로 정규교육 체계에서 이해라는 것은 전문가(교과서나 교사라는 형태)로부터 학습자에게로 전달될 수 있는 것이며 그래야만 한다고 믿는다. 이러한 믿음이 지배적이다.
- 일반적으로 하향식 통제모형인 이 교수법은 교육시스템 전반에 퍼져

서 학습을 과목과 시수로 세분하는 관료체제와 통합되고, '과제'에 시간을 얼마나 투자했느냐에 따라 성공이 좌우된다는 그릇된 신념으로 이어진다.

위에서 요약한 것보다 훨씬 더 복잡한 관점에서 교수학습을 바라보는 견해들도 많이 있다. 예를 들어, 애넌버그미디어(Annenberg Media)가 내놓은「학습교실(The Learning Classroom)」은 복잡한 직접전달교수법을 매우 탁월하게 설명하고 있으며, 이 자료는 온라인에서 찾아볼 수 있다(http://www.learner.org/resources/series172.html). 우리는 이 책에서 다루는 주입식 교육에서부터 유도경험교수법(Guided Experience Approach)에 이르기까지 다양한 교수접근법들을 다른 지면을 통해 이미 상세히 다룬 바 있다(Caine et al., 2009).

전통적인 교육법의 대안이 필요하다는 주장은 한 세기 전부터 있었으며 이와 관련된 내용은 뒤에서 자세히 다룰 것이다. 시대가 바뀌면 교육도 바뀌어야 한다는 믿음은 오랫동안 지속되어왔다. 1983년 미국의 대통령자문위원회가「위기의 국가: 교육개혁의 긴박성(A Nation at Risk: The Imperative for Education Reform)」이라는 보고서를 낸 것도 이런 이유에서다(이 보고서는 인터넷에서 찾을 수 있다. http://www2.ed.gov/pubs/NatAtRisk/index.html). 하지만 이후로도 상황은 별로 달라지지 않았다. 중요한 것은 전달교수모형이 교육자들의 현 사고방식과 사회 전반에 지배적이며, 따라서 개혁을 이룰 절호의 기회를 놓치고 있다는 점이다.

어느 교육체계가 이기고 있을까?

대다수 젊은이의 마음을 사로잡기 위한 경쟁에서 첨단 기술과 비디오테크가 이기고 있다는 점에는 의심의 여지가 없다. 하지만 앞서 살펴보았듯이, 아이들이 비디오테크 세계에서 받고 있는 교육의 형태에는 채워지지 않는 엄청난 빈틈이 있으며, 비디오테크는 그 빈틈을 채우지 못할 뿐 아니라 일정 부분 더 넓히고 있는 상황이다.

실제로 대다수의 교육자와 일반 대중은 첨단 미디어를 활용하는 비디오테크 세계를 '교육적'이라고 보는 것 같지 않다. 사람들은 대체로 그 세계를 학교 바깥에서 노는 것으로 여긴다. 즉, 텔레비전과 기술이 학생들에게 그저 재미를 줄 뿐 교육이 아니라고 생각하는 것이다.

한편, 첨단 기술 및 비디오테크 세계의 개발자들 중 일부는 정규교육을 경멸한다. 이를 테면, 대다수의 학교를 강력하게 비난하는 다음과 같은 주장도 있다.

> 학교는 오직 학생들의 머릿속에 있는 것에만 관심을 갖는 경향이 있다. 학생들의 머리와 몸이 타인으로부터, 도구와 기술로부터, 그리고 학생들이 연결망의 강력한 접속점이 되게 해주는 풍부한 환경으로부터 분리되어 있다고 보기 때문이다. … 우리의 과학연구가 이루어지는 곳에서는 그리고 기술주도의 '새로운 자본주의'는 그런 식으로 하지 않는다. 내가 보기에 그런 식으로 하는 학교는 현 세계에서 DOA(Dead On Arrival, 도착 당시 이미 사망한 상태)나 다름없다. 그리고 비디오게임을 하는 아이들은 이 점을 잘 안다.
>
> –Gee, 2007, p. 202

수많은 뛰어난 교사와 혁신적인 학교지도자들의 노력을 폄하하려는 게 아니지만, 미디어·과학·직업세계의 많은 영역에서 활용하고 있는 학습법은 대다수 학교에서 활용되고 있는 것보다 훨씬 더 정교하다. 첨단 기술을 교육에 도입하라는 요구가 끊임없이 들려오고 있음에도 교사와 학교지도자는 학습에 대한 새로운 지식의 상당 부분을 여전히 모르고 있다(참조. Federation of American Scientists, 2006).

정규교육에 기술을 도입함으로써 유발된 긴장감

첨단 미디어기술 및 비디오테크가 이끄는 세계와 전달/직접교수(TDI, Transmission/Direct Instruction)밈이 서로 충돌하면서 정규교육 체계에는 긴장감이 감돌고 있다.

우리는 새롭고 신나는 교육접근법이 미국 전역에 도입되고 있음을 목격한다. 애플사의 '도전기반학습(Challenge Based Learning)'이 하나의 예이며(http://ali.apple.com/cbl/), 조지루카스재단이 후원하는 창의적이고 비판적인 교육활동이 또 하나의 예이다(Edutopia: http://www.globalschoolnet.org/gsnprojects/GLEF/). 이런 기관들의 활동, 창의학습마당(Creative Learning Plaza, http://www.creativelearningsystems.com/prod/clp.asp), 스퀘어원네트워크(the Square One Network, http://www.cef-trek.org/Home.html), 정교한 교육용 비디오게임을 토대로 한 연구(Shaffer et al., 2004) 등 몇 가지 예가 더 있다.

이런 접근법들은 기술을 더 많이 활용할 뿐만 아니라, 주입식 교육과는 근본적으로 다른 방향에서 학습과 교육에 접근한다. 그래서 기술을 활용할 때 주입식 교육체계에 큰 혼란이 야기되는 경우가 있다. 무엇보다도 이런 접근법이 학생들을 학습에 몰두하게 만드는 힘은 그들에게 선택권을 주고, 복잡한 실생활 문제에 창의적인 해결책을 적용하고, 또래 및 전문가와 협의할 수 있도록 한 데서 나온다. 물론 여기에는 웹을 비롯한 기술자원들을 복합적이고 상호작용하는 방식으로 광범위하게 활용하는 것이 포함된다. 이런 상황에 아주 잘 대처하고 있는 몇몇 학교가 있다.

하지만 공교육시스템의 대부분은 기술로 인해 엄청난 어려움을 겪는다. 최신 기술을 도입하는 데 성공한 공립학교의 수많은 사례를 폄하할 생각은 전혀 없지만, 대개 이런 일이 이루어질 경우 전통적인 학사일정, 학교공간, 교사가 설계한 수업계획, 하향식 교육행정, 훈육프로그램 체계가 크게 흔들린다(Collins & Halverson, 2009). 교사는 학구의 관행과 교육당국의 지시 사이에 갇혀 있는 경우가 너무나 많다. 이들 교육당국은 영화제작, 미디어 리터러시, 비디오 디자인, 창의적인 다이어그램 그리기, 학생의 관심에서 출발하는 자료조사정리 등 프로젝트로 교과융합을 하는 형태의 학습을 허용하지 않는다. 하지만 기술을 효과적으로 활용하려면 협업뿐만 아니라 창의성, 혁신, 놀이가 대단히 중요하다.

학생들에게 활짝 열려 있는 정보의 세계에 교사가 제대로 대처할 수 없기 때문에 갈등이 더 많이 발생하는 것이다. 위키피디아(Wikipedia, 웹기반의 무료 디지털백과사전)만 이용해도 교사의 학습지도안을 근본적으로 뒤엎을 수 있으며, 이제 '컨닝'의 의미도 새롭게 정의할 필요가 있다. 게다가 거의 모든 가정에 컴퓨터가 보급되었기 때문에 학교와 지역교육청이 학생을 보호하겠다는 의도로 인터넷에 접근하지 못하도록 방화벽을 설치하는 것도 별 소용이 없다.

최근 우리가 접한 두 사례는 방화벽이 그다지 효과가 없다는 것을 여실히 보여주었다. 첫 번째 사례는 기술을 매우 능숙하게 활용하는 미시간의 한 고등학교를 방문했을 때 접한 일이다. 학생들은 지역교육청에서 선정한 문학작품 중 한 권을 골라 영화로 찍고 있었다. 자신이 찍은 영화를 보여주던 학생은 등장인물의 대사를 설명하다가, 교육당국이 방화벽으로 막아놓은 웹사이트인 마이스페이스(My Space)에 대사를 추가로 올려놨다고 말했다. 접속을 금지한 교육청의 방침을 전혀 개의치 않고 매우 여유 있는 목소리로 학생은 집에 있는 컴퓨터에서 그것을 출력하여 내일 가져오겠다고 약속했다. 교사는 책임감 있는 젊은 기획자로 그 학생을 신뢰했기 때문에 거기에 전혀 반대하지 않았다.

두 번째 사례는 캘리포니아의 특수교육반에서 있었던 일이다. 한 학생이 교사를 찾아와서 교육청의 방화벽을 자신이 쉽게 뚫었다고 말했다. 어떻게 했는지 보여주라고 하자 그 학생은 명령어를 입력했고, 그 후에 자유롭게 웹을 돌아다녔다. 학생은 그 정보를 구글에서 검색했을 뿐이다('학교방화벽 우회하기'라고 구글에 입력하자, 563,000개의 검색결과가 나왔다). 어떤 주제에 관한 보고서를 준비하는 경우처럼, 교사가 내주는 과제는 예전에는 학생들이 시간과 노력을 많이 들여야 했지만 지금은 어떤 자료든 간에 웹상에서 쉽게 접속할 수 있고 단 몇 초 만에 다운로드가 가능하다.

우리의 요지는 교육자가 모든 최신 기술을 알아야 한다거나 더 나은 방화벽을 설계해야 한다는 것이 아니다. 그보다는 오히려 기술을 활용하는 교육은 기존의 교육방식과는 완전히 다른 것이라는 뜻이다. 소프트웨어와 하드웨어 응용프로그램들이 매일같이 바뀌고 있고 가까운 미래에도 계속 변할 것으로 예상되기 때문에, 이 새로운 세계에서 어떻게 가르칠 것인지 그리고 학생의 흥미와 자유를 적절한 수준으로 통합할 수 있는 교수모형을 어떻게 구축할 것인지 우리의 관심사는 온통 이것에 쏠려있다.

이 목표를 이루려면 교사의 일방적 가르침보다는 학생의 참여를 이끌어내는 역동적인 교수학습방식이 필요하다. 이는 적어도 다음과 같은 속성을 지닌다.

1. 학생과 교사의 위계구조는 수직적 관계에서 수평적 관계로 바뀐다. 교사가 학생의 탁월성을 이끌어내는 촉진자 역할을 하고, 서로가 존중하면서 생각과 정보를 교환해야 하기 때문이다.
2. 학생은 창의성을 발휘해 자신의 생각을 탐구하고 실험하는 자세로 임한다. 한편, 교사는 어느 정도의 경계는 유지하되 높은 성취목표를 과제에 통합시켜 학생이 결과물을 만들어내도록 한다.
3. 질문에 초점을 맞추어 학습을 더 정교하게 할 필요가 있다. 이런 질문들에 답하려면 리서치를 목적에 맞게 잘 조직해야 하고 고등사고력을 발휘해야 한다. 이는 요약집이나 보고서를 작성하기 위해 단순히 사실과 정보를 수집하는 일과는 매우 다른 것이다.

미래 구하기

기술을 더 효과적으로 활용할 방법을 찾는 것뿐만 아니라 이 외에도 교육의 미래를 위해서 해야 할 일은 훨씬 많다. 우선 교육 자체의 목적이 무엇인지 되돌아볼 필요가 있다. 넓은 의미로 볼 때, 어느 사회에서든 교육의 핵심 목표는 젊은이들이 앞으로 현실세계에서 잘 살아갈 수 있도록 준비시키는 것이다. 대개 시험과 평가가 여기에서 어떤 역할을 하는 것은 분명하지만, 단순히 표준화시험에서 좋은 성적을 받는 차원을 넘어서 그 이상으로 훨씬 많은 것이 요구된다.

먼저 학생을 직업세계에 진출하도록 준비시키는 데 교육이 어떤 역할을 하는지부터 살펴보자. 이 일은 단순하지 않으며 많은 노력을 요한다. 졸업생들은 다음과 같은 다양한 역량과 자질을 갖추어야 한다.

> 모든 지원자는 영어, 수학, 공학, 과학은 물론이고 문학, 역사, 예술에 대한 기본 소양을 필수적으로 갖춰야 한다. 이뿐만이 아니다. 지원자들은 개념이해와 추상적 사고에 능해야 하고, 분석력과 종합적 사고력이 좋아야 하며, 창의적이고 혁신적이어야 하고, 자제력을 갖추고 체계적으로 일을 해야 한다. 또한 팀의 구성원으로서 일을 빨리 배우고 잘할 수 있어야 하며, 경제변화가 점점 빨라지고 더 극적으로 이루어지기 때문에 노동시장의 잦은 변화에 맞추어 재빨리 적응하는 유연성도 지녀야 한다.
>
> – 미국경제교육협의회(National Center on Education and the Economy, 2007)

위에서 방금 나열한 목표 말고도 교육에는 더 많은 것이 있다. 보다 고차원적인 교육의 목적에 대한 요구는 오래 전부터 있었으며, 이제 그 목적을 회복할 때가 되었다. 그 목적의 한 가지 흐름은 존 듀이(John Dewey, 1916/2010)를 비롯한 여러 사람의 저술에서 찾아볼 수 있다. 그들은 교육이 무엇보다도 사회적 책임을 다하는 민주적 시민을 양성해야 한다고 생각했다. 토머스 제퍼슨(Thomas Jefferson)에서 엘리너 루스벨트(Eleanor Roosevelt)에 이르기까지 많은 사람은 교육의 핵심 목적이 시민의식을 갖춘 민주시민을 양성하는 것이라고 주장해왔다. 마틴 루터 킹(Martin Luther

King Jr, 1947)의 말을 들어보자.

> 교육의 기능은 깊이 있게 생각하고 비판적으로 생각하도록 가르치는 것입니다. 반대로 능률만 따지는 교육은 사회에 가장 큰 위협이 될 수도 있습니다. 머리는 좋지만 도덕성을 겸비하지 못한 사람은 가장 위험한 범죄자가 될 수 있습니다. — 모어하우스대학 학보 「머룬 타이거(The Maroon Tiger)」

비슷한 맥락에서 노스캐롤라이나의 주지사 헌트(Hunt)는 1998년 미국고등교육협회에서 연설할 때 다음과 같이 말했다.

> 일반적으로 교육은 특히 고등교육은 몇 가지 목적을 지닙니다. 가장 중요한 것 중 하나는 시민의식을 함양하는 것입니다. 오늘날의 정치현실을 살펴볼 때, 타인을 배려할 줄 알고 이해심이 깊으며 진리를 추구하는 선량한 시민을 양성하는 일이 점점 더 중요해지는 듯합니다. 우리의 교육목적을 이야기할 때 이것을 가장 먼저 언급해야 할 것입니다.
>   두 번째 목적은 훌륭한 사람으로 키우는 것, 즉 훌륭한 가족구성원, 훌륭한 부모, 훌륭한 배우자로 키우는 것입니다.(p. 3)

우리가 열렬히 지지하는 이 일반적인 견해는 곳곳에서 계속 들려온다. 예컨대, 여기 스토더드(Stoddard)와 댈먼존스(Dalman-Jones)가 제시하고 (2010), '개인의 천재성을 살리는 교육(Educating for Human Greatness, http://definegreat.ning.com)'이라는 단체가 주장한 견해가 있다. 그들에 의하면 교육에는 한 가지 명명백백한 목적이 있다. 그것은 다름 아니라 사회에 기여하는(부담이 아니라) 성인을 양성하는 것이다. 그들은 성숙한 시민이 갖춰야 할 7가지 차원이 있다고 하면서 그 각각의 목표를 다음과 같이 제시한다.

1. **정체성**(Identity): 학생이 스스로 무한한 잠재력을 지닌 개인임을 자각하고, 각자 타고난 재능을 키워 자아를 실현하고, 가정과 학교와 공동체에 기여자가 되겠다는 강렬한 욕구를 갖도록 돕는다.
2. **탐구**(Inquiry): 호기심을 자극한다. 즉, 자연과 인류에 경이감과 감동을 느끼도록 일깨운다. 중요한 질문을 할 수 있는 능력을 개발해준다.
3. **상호작용**(Interaction): 예의, 배려, 의사소통, 협력정신을 키워준다.
4. **진취성**(Initiative): 자기주도적 학습, 의지력, 자기평가능력을 길러준다.
5. **상상력**(Imagination): 다양한 형태의 창의성을 키워준다.
6. **직관**(Intuition): 진리를 머리로만이 아니라 가슴으로도 느끼고 인식하는 법을 일러준다. 그렇게 함으로써 영성과 겸손을 함양한다.
7. **온전함**(Integrity): 정직, 품성, 도덕성, 자기책임의식을 함양한다.

기술문제를 해결하면 교육의 나머지 목적도 살릴 수 있다

첨단 미디어기술과 정규교육 사이에 다리를 놓는 데 성공한다면, 그 과정이 아이들의 직업과 장래를 위한 기초를 다지는 동시에 교육의 더 높은 목적을 실현하는 과정이 될 수 있다. 비록 교육의 목적에 대해 논란의 여지가 많지만, 우리는 이 책 전체에서 최고 수준의 학업기준을 충족시키는 동시에 그 모든 고상한 목적을 달성할 수 있음을 보여주고자 한다.

사회가 정한 구체적인 목적에 상관없이 교육 및 교육자는 인간의 학습방식을 연구한 최신 자료들을 받아들이고 그것을 적용할 수 있어야 한다. 이 점은 오랜 세월에 걸쳐 다른 연구자들도 지적해온 사항이다(Strommen and Lincoln, 1992). 교육자라면 다른 건 몰라도 새로운 기술이 정확히 어떤 점에서 그토록 강력하게 학생들을 사로잡는지를 이해할 필요가 있다. 교육자들이 이점을 이해하면 기술을 교과수업에 통합시키는 것이 학습의 의미와 동기를 강화시키는 데 핵심이란 것을 알 수 있다. 수업에서는 이러한 학습의 의미와 학습동기의 강화를 소홀히 하는 경우가 너무 많다. 이로 인해 학습자들은 수업에 몰입하지 못하게 된다. 이런 통합을 이루려면 사회적 학습과 네트워킹을 통한 학습이 요구되며, 이는 게임세계뿐 아니라 현실세계 어디에서나 발견된다. 또한 성숙한 의사결정, 자기조절, 행동의 성찰(메타인지의 한 측면), 창의성, 타인을 배려하고 남과 협력하는 능력, 이 외에도 많은 능력이 필요하다.

요컨대 교육은 학생의 타고난 잠재력을 발견하고 키울 수 있는 방안을 찾아야 한다. 이를 위해서는 첨단 미디어기술 세계의 이점을 잘 활용할 필요가 있으며, 그렇게 할 때 학생들은 앞으로 살아가야 할 급변하는 세계에서 요구되는 역량을 갖출 수 있게 된다.

불행히도 학습과 교육을 대하는 전통적인 관점은 현재의 문화와 그 문화가 지닌 신념 및 관습, 또 그 문화가 고수하는 모형에 완전히 갇혀 있다. 그 것은 바로 우리가 '전달/직접교수(TDI)모형'이라고 부르는 것이다. 변화를 가로막는 가장 큰 장애물은 이런 낡은 교수학습문화가 계속해서 강하게 영향을 끼치고 있다는 점이다.

3장 교육변화를 가로막는 교수학습에 대한 고정관념

게임은 개인의 수준에 맞게 점차 난이도를 높여가며 경험을 통한 학습환경을 제공한다.
학교가 학습경험을 점점 더 표준화하는 쪽으로 나아가는 반면, 게임은 사용자가 규정하는
세계를 만들 수 있다는 전망을 제공한다. 이런 세상에서는 게임참가자가
자신의 가설, 전략, 정체성을 시험해보고 피드백을 받아볼 수 있다.
이와 같이 게임은 학교수업에서 컴퓨터를 적극 활용해
학습효과를 높이는 데 빼놓을 수 없는 요소가 되었다.

– 앨런 콜린스와 리처드 핼버슨(Allan Collins and Richard Halverson, 2009, p. 85)

앞장에서 우리는 '전달/직접교수(TDI)모형'을 소개한 바 있다. 이 주입식 교수모형은 교육계와 사회 전반에 걸쳐 깊이 뿌리를 내리고 있으며, '전통적인' 교수방식으로서 당연하게 받아들여지고 있다. 그리고 새로운 교육방식을 표방하는 교수법은 어느 것이든 '바로 그' 전통적인 교수법과 어떤 관계에 있느냐의 관점에서 평가되는 경향이 있다.

설령 교육자가 학습자 스스로 자신의 학습을 책임지도록 하는 학생중심 교수법 내지는 학습자의 몰입이 일어나게 하는 방식 혹은 구성주의 방식으로의 전환을 시도한다고 해도, 이 새로운 교육방식은 거의 예외 없이 얼마 지나지 않아 교사가 학생들에게 알아야 할 내용을 말해주고(답을 제공하면서), 말로 설명하고 정답을 알 때까지 연습을 반복하도록 요구하는 방식으로 회귀하고 만다.

사실 전통적인 교육이라는 개념과 이미지는 하나의 밈(meme)이며, 이것

은 바뀌어야 한다.

밈(meme): 스스로 복제되는 관념

'밈'은 자체적인 생명력을 지닌 관념을 가리킨다(Blackmore, 2000; Brodie, 1996; Dawkins, 1976). 밈은 한 사람의 마음에서 다른 사람의 마음으로 전달될 수 있는 문화적 정보의 단위이다. 따라서 밈은 사람들이 자기 주변에서 벌어지는 일을 해석하고 자신이 하는 일을 체계화하는 방식을 결정하는 기본 신념 역할을 한다. 예를 하나 들어보자. 누군가에게 다음 주말에 라스베이거스에 갈 예정이라고 이야기하고 나서 무슨 일이 일어나는지 지켜보라. 어떤 반응이 나올까? 가족을 만나러 가느냐 혹은 사업상 가느냐 하는 질문은 거의 나오지 않을 것이다. 라스베이거스에 가면 당연히 도박을 즐길 것이라고 생각하기 때문이다.

밈은 집단의 행동을 유발하는 기제이기 때문에 강력한 영향력을 갖는다. 일이 이런 식으로 이루어진다고 모두가 당연시하며, 다른 해석이나 심지어 반대되는 증거조차도 그냥 무시하고 만다.

자기복제관념인 밈의 예를 살펴보자. 밈은 사물에 대한 해석을 결정하고 행동을 이끈다.

- 과학적 패러다임의 예: 오직 측정할 수 있는 결과만 중시하고 현상과 행동에 대한 전문가의 해석은 증거로서 그다지 중요하게 생각하지 않

는다. 반드시 수량화될 수 있는 것은 아니지만 이러한 것들이 결과에 영향을 미치는 데도 말이다.

- 좁은 의미의 의학모델의 예: 건강이나 질병을 오로지 신체 증상만으로 정의하고, 스트레스·마음상태·믿음 등 건강에 관여하는 다양한 요인의 영향을 무시한다.
- 기업경영 방법에 대한 예: 기업에서 가장 중요한 것은 이윤이며, 서비스 제공과 같은 기업의 존재 이유는 무시되고, 직원과 고객 간 관계의 가치도 경시된다.

교육에는 자기복제를 계속하면서 전통적인 교육을 지속적으로 떠받치는 강력한 밈이 하나 있다. 몇 사람이 모여서 교육에 대해 이야기하는 광경을 상상해보기만 해도 그 밈이 얼마나 견고하게 기저에 놓여 있는지를 알아차릴 수 있다. 교육이라고 하면 사람들은 책상과 교과서, 교단에 선 교사를 떠올릴 것이다. 성적, 시험, 규율, 노력이 결합되어 모두가 자동적으로 받아들이는 관념을 형성하는 것이다. 이게 맞는지 틀린지 아무런 의문도 제기하지 않고 누구나 이 관념을 기본적으로 그냥 받아들이고 만다.

지난 20년 동안 우리는 이러한 밈과 스스로 복제되는 가설들과 그것이 교육에 미치는 영향을 지켜봐왔다. 산더미 같은 연구결과가 계속 쏟아지고 기술발전과 교수방식의 혁명이 이루어져왔음에도, 끈덕지게 바뀌지 않는 관념이 하나 있다. 학술적 내용의 학습(academic learning)은 근본적으로 교사가 학습자에게 정보·이해·기술을 전달하고, 학습자는 개인적인 의미부여·학습동기·목적과 무관하게 중요한 '(타인의) 연구내용(work)'을 그대로 기억했다가 사용하는 것이라는 견해이다. 지식의 전수에 초점을 두는 이러한 교수학습 관점은 최근 들어 표준화시험이 크게 강조됨에 따라 더욱 견고해졌다.

(모두가 동의하는 것은 아니겠지만) 배우고 가르치는 데 전달/직접교수(TDI) 모형이 역사적으로 비교적 잘 작동해왔다고 가정해보자. 현재의 기성세대는 대부분 이 교수모형 속에서 성장했고 사회는 번영을 구가했다.(하지만 그 '성공'이 지금보다 속도도 느리고 변화도 느린 세계에서 이루어진 것이며, 느리게 변화하던 그런 세계는 이제 다시는 오지 않는다는 점을 명심하라.)

한편으로 직접교수모형과 대안교수모형 주창자들 간의 팽팽한 기싸움은 늘 있었다. 듀이를 비롯한 학자들(Dewey, 1916/1980, 1938/1997, 1916/2010; Piaget, 1976; Vygotsky, 1993)이 내놓은 대안교수모형에서는 학습자들의 경험을 강조한다. 학습자들이 개인적인 의미를 느끼고 그러한 경험에 직접 참여함으로써 교과내용에 숙달될 수 있도록 교사는 안내 정도만 해준다.

직접교수모형의 장점도 많다. 하지만 적절한 안내가 제공되기만 하면 오직 경험을 통해서만 배울 수 있는 것들도 많이 있다. 중요한 점은 전통적인 직접교수방식이 현재의 기술에 적합하지 않다는 것이다. 직접교수방식은 선택의 폭이 너무 제한적이기 때문이다. 좀 더 학습자 중심인 경험적 학습모형은 직접교수방식도 포함해야 하지만, 그것을 뛰어넘어 훨씬 더 발전된 모형이어야 한다. 우리는 이런 발전된 교수모형을 '유도경험교수법(Guided Experience Approach)'이라고 부른다. 이것은 훨씬 더 개방적이고 복잡한 학습관점을 취한다. 이에 관해서는 15장에서 18장에 걸쳐서 심도 있게 논의할 것이고, 우리는 이 책 전체를 통해 유도경험교수법의 토대를 확립하고자 한다.

전달/직접지도밈은 교육계 전반에 퍼져있다

교사들은 많은 경우에 (목표기반 시나리오, 액션러닝[1], 프로젝트기반 학습, 문제기반 학습, 학생이 기술을 활용하도록 하는 자기주도적 학습과 같은 여러 프로세스를 통해) 대안접근법을 접하고 이해하게 되지만, 기존의 밈이 너무나 강력하기 때문에 학교에서 그런 새로운 교수방식을 실행하는 게 불가능하다는 것을 깨닫곤 한다. 이 새로운 교수방식은 가르치는 환경에 맞지 않거나 교육계의 지지를 받지 못한다. 그래서 가끔 교사의 마음을 얻지 못하는 경우도 있다(Hirst & Peters, 1970). 현 체제 아래에서 작동하기에는 시간, 자원, 그 외의 제약요인으로 인해 교육현장에서의 실행이 불가능할 때도 있다(Christenson, Horn, & Johnson, 2008; Hirst & Peters, 1970; Masullo & Ruiz, 2000).

전달/직접지도(TDI, Transmission/Direct Instruction)밈은 교육계 전 영역에 퍼져있으며, 사람들이 직/간접적으로 하는 모든 일에 영향을 끼친다. 이것이 밈의 힘이다.

> 교육에 첨단 기술을 활용하기가 그렇게 어려운 이유는 교사를 위한 하드웨어나 사용설명서가 없기 때문이 아니라(비록 그 점도 중요한 요인이긴 하지만), 거의 모든 변화가 TDI밈의 제도권 속으로 자동적으로 편입되어 말로는 새로운 교육이라고 해도 결국 기존체제를 강화하는 방향으로 작동하기 때문이다.

기술 활용에 뛰어난 교사들이 자주 인용하는 전자칠판의 사례를 보면

---

1. 액션러닝(action learning): 주어진 실무과제를 해결하는 과정에서 문제해결능력과 경험을 습득하는 학습프로그램 – 편집자

교사들은 이전의 칠판과 OHP(Over Head Projector)처럼 전자칠판을 사용하고 있다. 그들은 기존의 사고방식과 행동을 고수하면서도, 새로운 도구를 작동시킬 수 있다는 이유로 자신이 첨단 기술을 더 잘 활용한다고 느낀다. 첨단 기술의 활용능력을 갖추었다는 이러한 허위의식 때문에 교사는 학습과 교육에 관한 자신의 뿌리박힌 신념을 재고할 필요성을 간과할 수도 있다.

TDI밈 때문에 교육이 치러야 할 대가

교육자들은 교육계에서 무엇이 '주류'이고 무엇이 '비주류'인지를 밝히는 데 재빠르다. 교직에 있는 대다수의 교육자에게는 직접전달교수법이 '주류'이고, '총체적 언어교육(whole language)'은 구성주의와 마찬가지로 현재 '비주류' 학설이다. 위키피디아를 보면 총체적 언어교육의 위상을 알 수 있다. "총체적 언어교육은 2000년대 읽기교육의 주류 모형이었다가 비주류로 밀려났고 점차 퇴출되는 추세다"(http://en.wikipedia.org/wiki/Whole_language). 하지만 우리가 보기에 총체적 언어교육을 뒷받침하던 철저하고도 치열한 연구결과들은 지배적 밈 담론에서 받아들일 수 있는 것보다 훨씬 더 복잡하다.

총체적 언어교육에 대해 이런 평가를 이끌어낸 것은 지배적 밈인 듯하다. 어떤 개념과 연구결과를 배제시키는 방향으로 해석하게 만드는 것은 지배적 밈이다. '정설'에서 벗어나거나 그 밈에 의해 용인된 현장실천 방안과 직접적인 관련이 없는 것들에 대해서 특히 그렇다. 교육자들도 직접지도식의 강의를 통해 단편적으로 배우기 때문에 그들 스스로 관련 쟁점에 대해 질문을 던진다든지 심층적으로 다루거나 분석해볼 기회가 거의 없다. 정보전달 위주의 직접교수법과 학생으로 하여금 이에 따르게 하는 믿도 교육자들에게 영향을 미친다. 자신을 의사결정자로 보지 않거나 강력한 영향을 미칠 수 있는 (충분한 분석과 토론을 거친 믿을 만한 이론 및 연구결과를 근거로 판단하는) 전문가로 보지 않는 교육자들에게 특히 영향을 미친다. 이런 교육담론은 전달과정에서 시험을 평가의 주요 목적이자 수단으로 강조하는 정부의 교육정책과 만나면서 더 왜곡된다.

인간의 잠재력을 계발하고 인류에 봉사하는 데 헌신하는 교육자들의 지도로 기술을 능숙하게 다루는 교양 있는 학습자를 배출하는 것이 교육의 목표라면, 사회적 합의와 지배적 믿을 분석하고 재평가할 필요가 있다. 주입식교육 믿이 전환되거나 바뀌지 않는다면 교육기반은 점차 무너질 것이며, 미래에 어른이 될 오늘날의 학생들이 지닌 잠재적인 욕구를 충족시킬 가능성도 전혀 없을 것이다.

교육의 핵심 이해당사자들의 관점

이미 지적한 바 있듯이, 주입식교육 믿은 바꾸기가 대단히 어려운 체계 위에 구축되어 있다. 왜냐하면 이 믿이 교육시스템 내의 거의 모든 이해당사자의 기대치를 충족시키기 때문이다. 따라서 우리는 먼저 이 TDI믿이 그러한 이해관계에 기여하는 방식과, 교육에서 당연시해온 여러 측면이 이 주입식교육 믿을 어떻게 자연스럽게 강화시키는지에 대해 살펴볼 것이다. 이것은 고통스러운 과정이다. 교육의 이해당사자들을 다음과 같이 그룹별로 살펴보자.

• 주입식교육 믿은 대부분의 부모가 좋아한다. 부모들 대다수는 점수를

매길 수 있고 확인할 수 있는 형태의 과제물과 숙제가 아이에게 주어지길 원하고 기대한다. 부모는 아이가 얼마나 잘하고 있는지를 알려줄 단순 명확하고 객관적인 지표를 갈망한다. 경계가 분명한 교과목을 교사가 자신들에게 익숙한 방식으로 가르쳐주는 것을 부모는 좋아한다. 비록 드러내놓고 말하지는 않을지라도, 대부분의 부모는 자신이 직장에 있든지 다른 무엇을 하고 있든지 간에 아이에 대해 걱정을 안 해도 될 만큼 학교가 안전하고 예측가능한 곳이 되기를 원한다.

- 주입식교육 밈은 대다수 교육행정가의 구미에 맞다. 관리의 측면에서 보면 이해할 만하다. 행정가들은 교수행위가 한 단계에서 그 다음 단계로 나아가는 비교적 단계적인 과정을 통해 이루어진다고 믿으면서, 주(州)나 학구가 교육과정 목표를 체계적으로 잘 이행하고 있는지 점검을 통해 확인할 수 있다. 고도로 구조화된 교육체계, 즉 연령·학년·과목별로 편성된 개별 교실단위의 구성은 통제하기가 여간 어려운 일이 아니다. 하지만 이 익숙한 관리시스템은 여타 기관, 예컨대 공장이나 (심하게 말하면) 교도소와 비슷하다.

- 주입식교육 밈은 대다수 교사의 성향에 맞다. 학습에 관해 지시하거나 통제할 수 있기 때문이다. 교사는 결근할 경우를 대비해 며칠 치의 교안을 미리 짤 수도 있고 과제로 내줄 수도 있다.

- 주입식교육 밈은 여러 면에서 교원단체의 욕구도 충족시킨다. 미국의 현행 교육체계에서 교사의 급여와 복지혜택은 교원노조와의 협상을 통해 확정된 총 강의시수에 맞추어 정해진다. 기존 밈은 이 방식에 적합하다. 하지만 학생의 목표·과제·관심사에 따라 교육활동을 정하게 되면, 미리 정해진 목표와 결과물을 토대로 할당된 시간배분에 맞추어서 수업시수를 정할 수도 없고 복지혜택을 산정할 수도 없다.

- 주입식교육 밈은 대부분의 교육청이나 교육위원회에도 적합하다. 교육청이나 교육위원회의 구성원들은 비용, 학교운영 재정안정성 확보, 수업시수와 연계된 '근무'에 따른 노조협상문제, 그리고 물리적 하부구조에만 초점을 맞출 수 있다. 그러한 물리적 구조와 자신들이 처리하는 여타 모든 쟁점이 21세기에 요구되는 학습과 실제로 어떻게 연계되는지에 대해서는 잘 알지 못하면서 말이다.

- 주입식교육 밈은 대다수 교육관련 기업의 이익에 적합하다. 이들 기업의 이익에 기여하는 중요한 원천 중 하나는 교과서 판매와 표준화시험 수탁업무이다(Garan, 2004; Kohn, 2002). 이 TDI모형은 이런 유형의 사업에 완벽하게 들어맞으며, 교과서 및 부교재시장은 기업의 입장에서 보면 자사교재를 채택하게 만들어 공급하면 비교적 적은 비용으로 엄청난 이익을 올릴 수 있는 수십 억 달러가 걸린 사업이다.

- 주입식교육 밈은 유명인사가 방송에서 자신을 알리는 수단으로 교육개혁을 역설할 때 적합하다. 즉시 이해할 수 있고 '측정 가능한 방식'으로 학교교육을 개선하는 데 뭔가 대단한 일을 하는 것처럼 부각되고 싶은 정치인들이 이런 부류의 사람들이다. 학업성취도 향상처럼 가시적인 결과를 제공할 것 같은 방식으로 예산을 사용하라고 요구하면 쉽게 언론에 뜰 수 있다. 단순한 흑백논리로 따질 수 있는 현안만 주로 다뤄 유명세를 얻는 언론계 인사들도 이 범주에 속한다. 그런 영향 탓인지 지난 10년 사이에 신문기사의 난이도가 고등학교 3학년 수준에서 중학교 3학년 수준으로 낮아졌다("기사수준에 무슨 일이 있었나 What's with the Newspapers" 2005; Porter, 2005).

- 주입식교육 밈은 학계의 많은 부분에 적합하다. 대부분의 교원연수 및 자격취득과정은 기존 밈의 관점에서 짜여있다. 교육대학의 학위과정은

비슷하게 구성된 과목별 강의과정을 예비교사들이 이수하도록 짜여있다. 교수들이 강의와 교사중심의 교수방식으로 수업하기 때문에 교사의 전문성과 능력을 판단하는 기준도 TDI모형이다. 또한 교육대학 교수진의 연구와 논문도 현행 주입식교육 밈을 뒤집는 수준이 아니라 그 개선방안을 모색하는 수준에 그치고 있다.

사실상 주입식교육 밈이 너무나 강력하기 때문에 뇌 연구자들의 경이로운 발견 가운데 많은 것이 현행 밈의 관점에서 해석되고 있다. 예를 들면, 뇌 연구자들이 교육자들에게 뇌 연구결과를 알려주는 데 큰 기여를 했고 여러 가지 새로운 교수전략을 제공했지만, 다양한 방식의 뇌기반학습법을 옹호하는 사람들 중 대다수가 본질적으로는 TDI모형을 넘어서기보다 그 모형에 폭과 깊이를 더하고 있을 뿐이다.

여기서 우리는 전통적인 교육을 넘어서려는 시도가 오랫동안 이어져 왔음을 되새길 필요가 있다(Annenberg Media, http://www.learner.org; National Board for Professional Teaching Standards, http://www.nbpts.org). 많은 대학에서도 놀라울 정도로 정교한 프로그램들을 운영한다. 일례로 샘 크로웰(Sam Crowell)과 밥 런던(Bob London)이 함께 개설한 샌버나디노에 있는 캘리포니아 주립대학교의 '전체론적 통합교육(Holistic and Integrative Education)'이라는 석사프로그램이 있다. 이 프로그램은 미국의 단 세 곳에서만 운영되며, 페처연구소(Fetzer Institute, http://www.fetzer.org)로부터 모범 사례로 인정을 받았다. 이제 겨우 9기 수료생을 배출했을 뿐인데도 이 가운데 6명이 소속 학교나 학군으로부터 올해의 교사로 뽑혔다.

하지만 이런 프로그램은 아직 드물고, TDI방식으로 촘촘하게 구성된 체제에서 자신이 새로 이해한 관점과 교수방식을 실천하려고 할 때 프로그램 수료자들은 어려움에 직면할 수 있다. 또한 우리가 주장하는 교육에 이런 프로그램이 부합된다 할지라도, 첨단 기술과의 통합이 여전히 안 되어 있는 경우가 너무나 많다.

성취기준의 개발과 이행조차도 TDI믿음을 지원한다

지난 15년 동안 미국에서는 주(州) 또는 국가차원에서 성취기준을 정하기 위해 엄청난 노력을 기울여왔다. 주(州)공통핵심성취기준구상(Common Core States Standards Initiative, 이하 CCSSI, http://www.corestandards. org)이 한 예다. 여러 이유에서 핵심 기준을 개발해야 한다는 공감대가 형성되었다. 무엇보다도 미국은 주마다 학구마다 성취기준이 다르기 때문에 학생을 대하는 방식도 지역에 따라 각기 달랐다. 또 소수인종 학생들을 교육하는 방식도 제각각인데 통일된 기준이 없는 탓이다(Ready, Edley, & Snow, 2002). 굳이 '성취기준'이라고 부르지 않더라도 교육의 몇 가지 핵심 목표를 정할 필요가 있다는 점에는 논란의 여지가 없어 보인다. 가령, 문자와 미디어 중심으로 소통이 이루어지는 세계에서는 문자와 미디어를 이해하고 활용하는 능력을 기르는 것이 교육의 핵심 목표 중 하나가 되어야 할 것이다. 이 외에도 시대의 변화가 요구하는 구체적인 학습목표가 있으며, 우리는 앞으로 이 점을 상세히 다루고자 한다.

문제는 TDI믿음이 구석구석 배어 있어서 기준이 되는 논점 자체에 혼란을 일으킨다는 것이다. 아래의 두 가지 논점은 교육이 고정불변의 절대적인 정보와 기능을 전달하는 것이라는 뿌리 깊은 믿음과 연관되어 있다.

1. **성취기준을 강제적으로 실행하면 개발과정의 긍정성이 훼손된다.** 성취기준의 개발과정은 많은 점을 시사한다. 성취기준이 담고 있는 교육목표는 학습자의 지각/행동이라는 능동적인 학습과정(5장과 9장 참조)을 통해 이루어지나, 막상 이의 실행은 TDI밈에서 벗어나지 못한 채 하향식 처리과정을 통해 이루어진다.

기준을 개발하려면 비판적 질의, 토의, 증거수집, 전문지식 및 연구를 토대로 한 문제해결단계를 거치게 된다. CCSSI 성취기준을 작성하기 위해 각지에서 온 전문가들과 자원자들은 분과별 토론방에 모여 편안한 분위기에서 서로의 생각을 논의하고 공통의 토대를 찾아낸다. 그런 다음 학생들이 반드시 습득해야 할 것들이 무엇인지 기술하고 요약하여 기준으로 확정지은 뒤 발표한다. 이 전체적인 과정은 바람직해 보이는 '지각/행동' 방식의 학습이 지닌 여러 측면을 담고 있다. 이 과정은 꼭 알맞게 개방적이고 창의적이며 협력적이어서 다양한 동료로부터 끊임없이 오는 피드백을 쉽게 받아들여 결과물을 내놓는다(물론 우리는 여기서 기술한 것보다 이 과정이 그렇게 자연스럽지 않고 순탄하지 않을 수도 있다는 점을 인정한다).

이제 성취기준이 현장에 실행되는 과정을 살펴보자. 이 성취기준은 명령 계통을 '내려가서' 그것을 이행해야 하는 현장교사들에게 전달된다. 과거에 그랬던 것처럼 이것도 그런 식으로 이루어질 것이다. 먼저 '아는' 사람이 아직 '모르는' 사람에게 무엇을 해야 하는지 전달한다. 그리하여 성취기준이 개발된 과정의 개방성은 철저히 무시되며 TDI밈에 따라서 이행되고 만다(Ravich, 2010). 현장의 교육자들은 성취기준의 실행문제를 논의하거나 동료교사들과 함께 기준에 대해 터놓고 비판적으로 분석할 기회를 갖지 못했다(지금도 못한다). 세부기준을 이행하는 일을 직접 맡고 있는 교사들은 토론, 수정, 협력, 의견제시를 할 시간을 아예 얻지 못한다. 대신에 교사는 학생과 마찬가지로 자신이 이해한 것보다는 자신에게 전달되는 것만을 위에서 시키는 대로 해야 한다. 따라서 성취기준을 실행하는 수단 자체(하향식 공무원 관료조직을 통한 명령)가 오히려 TDI믐을 강화하는 역할을 하는 셈이다. 평균 5~6년 동안 대학을 다닌 교사에게 기대하는 것이 전문가로서의 역할이 아니라 고작 기술자로서의 역할인 것이다.

2. 표준화시험의 결과에만 매달리다 보니 어쩔 수 없이 교수방식도 표준화된 방향으로 전반적으로 바뀌게 되었다. 미국의 많은 주와 학군에서는 가르치는 학년과 과목이 같으면 교사들 모두가 같은 날에 교과서의 같은 쪽을 가르쳐야 한다는 교사용 지침을 만들고 있다. 효율성이라는 미명하에 말이다. 수업시간의 특정한 시점에 교사가 교실의 어디에 어떻게 서있어야 하며, 심지어 어떤 말을 해야 한다고까지 구체적으로 적시해놓은 지침도 있다(Saxon, 2004). 게다가 복도를 돌아다니면서 교실에서 수업이 지침대로 시행되고 있는지 감시하는 교장들도 많다.

우리의 첫 번째 저서(Caine & Caine, 1991)에서 뛰어난 교사로 소개된 교사 중 한 명을 예로 들어보자. 그 교사는 교장이 학군에서 채택한 교수방식대로만 가르치라고 강요하자 일찍 퇴직하기로 마음먹었다. 승인된 수업지침만을 따지다 보니 교사 자신의 판단, 특출한 경력, 교수능력은 아예 무시되었다. 교장은 학습지도안에 적힌 대로 한 번에 한 쪽씩 가르치라고 강요하면서 그 교사의 수업을 지속적으로 감시했다.

비유하자면 유소년야구의 모든 코치가 연령이 같은 아이들에게 매주 같은 시간에 특정한 구질의 공을 던지는 법을 의무적으로 가르치라는 것과 같다. 이것은 말도 안 되는 지침이며 교사가 개인이나 집단과 상호작용하면서 가르치는 것을 아예 불가능하게 만든다. 이런 조치 하에서는 아무리 효과적인 수업방식이라도 활용할 수가 없다.

표준화된 시험이 있다고 해서 수업까지도 표준적으로 해야 한다는 논리는 성립되지 않는다. 문제는 바로 주입식교육 밈이다. 이미 지적했듯이 이 밈은 문화와 심리의 바탕에 기본적으로 깔려있다. 성공의 척도를 성적이 높은 학생들을 배출하는 것에 두라는 압력은 사람들이 어떻게 배우고 잘 가르친다는 것이 무엇인지를 전혀 이해하지 못하고 있음을 여실히 드러낸다.

우리는 교사들이 성취기준을 기계적으로 이행하는 사례를 자주 목격했다. 한 수학교사가 학생들 앞에서 그날 다룰 성취기준을 열거하던 장면도 떠오른다. 그 교사는 각 성취기준에 맞추어 수학문제를 하나씩 불러주고 나서 학생들이 손을 들어서 답할 수 있도록 기회를 주었다. 학생이 답을 하면 해당 수행기준이 충족되었다고 확신하고 교사는 다음 항목으로 넘어갔다. 뒤쪽에 앉아있던 우리는 학생들이 서로에게 지금 뭐하고 있는 것인지 묻는 광경을 목격했다. 하지만 교사는 자신이 성취기준에 맞게 가르치고 있다고 굳게 믿으면서 수업을 계속했다.

TDI밈은 우리의 건물과 문화 속에도 구조화되어 있다

밈이 어떤 식으로 작동하는지를 더 자세히 이해하기 위해 다음의 사진들을 보자. 어느 쪽이 학교이고 어느 쪽이 교도소일까?[2]

2.　📖 위쪽의 두 사진은 교도소이고, 아래쪽의 두 사진은 학교다.

 이것은 중요한 질문이다. 건물이 밈을 담고 있을 것이라고는 누구도 생각하지 않을 것이기 때문에 어쩌면 이 질문의 취지가 잘 와닿지 않을 수도 있다. 하지만 미국 전역을 돌아다니는 우리 눈에는 학교가 공장이나 교도소와 비슷해 보인다. 도대체 학교를 이런 식으로 짓게 만드는 것은 무엇일까?(그림 3.1 참조)

 학교건물들은 하나의 메시지를 전달하고 있다. 즉, 이곳에서는 학습과 교육과정이 교육당국의 지시에 따라 진행되어야 하고, 교육당국에서 정한 구체적 결과물을 내놓아야 한다는 메시지이다. 교실은 학급단위로 나뉘어있고 각 교실은 교사 한 명이 책임지고 통제한다. 법에 규정된 교육과정의 목표와 지침에 따라 구체적인 시간표와 결과물이 정해지고, 학교건물은 이것을 관리하기 쉽도록 지어진다. 이 모든 것은 자연적 학습(natural learning)과 학생의 상호작용을 촉진하기보다는 오히려 제약하는 결과를 초래한다.

교실에서의 감정표현과 신체활동은 존중되어야 함에도 불구하고, 미리 정한 규칙에 따르지 않는다는 이유로 부득이하게 억제된다. 또한 한층 더 자연스럽고 실제 삶의 맥락에서 학습자가 역동적으로 참여하는 행위 역시 '학습'이라는 중요한 과제를 방해하는 것으로 간주되곤 한다.

이뿐만이 아니라 미국의 학교에서 벌어지는 여러 조치에도 주목할 필요가 있다. 경비원을 고용하고 외부 당국이 마약검사를 하고 학생들에게 금속탐지기를 통과하도록 하는 조치들 말이다. 이런 관리방식은 국내/외적으로 창의성, 진취성, 사회적이고 기술적인 전문성을 요구하는 현대의 직장보다는 교도소라는 사회를 모델로 삼은 것이다. 특히 거울뉴런에 관한 연구(14장 참조)를 고려한다면 우리는 이렇게 자문해야 한다. 대체 학교는 무엇을 모델로 삼고 있는 것일까?

TDI밈은 어디에나 퍼져있다. 우리는 더 나은 방안을 찾아야 한다.

그림 3.1. 공장과 학교를 표현한 클립아트

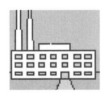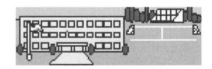

이제 어디로 가야 하나?

시대가 너무 많이 바뀌어서 TDI모형은 한계에 도달했다.

- 성취기준을 어떻게 만들어도 우리의 학생들이 앞으로 살아가게 될 세계로 계속해서 유입되고 있는 생각·절차·정보·기술을 모두 담을 방법은 없다. 이용할 수 있는 정보가 너무 많고, 변화는 너무 빠르기 때문에 정보를 전부 다루는 것은 아예 불가능하다. 따라서 교육과정을 활용해 모든 사람이 학습을 삶의 방식으로 체득할 수 있도록 최상의 기반을 마련해주는 것이 중요하다.
- 정보전달을 위한 기술, 이해증진을 위한 협력에 사용할 수 있는 기술, 교과내용을 경험하는 데 이용 가능한 기술의 힘과 가능성은 TDI밈으로 담을 수 있는 수준을 뛰어넘는다. 정교한 직접교수법(sophisticated direct instruction, 어떤 내용이라도 숙달할 수 있도록 다양한 수준의 학습자에게 적절한 방식을 사용하여 가르치는 교수방법 – 편집자)이 교육자에게 매우 유용한 도구이긴 해도, 현재 이용할 수 있는 여타 도구 및 과정을 충분히 통합할 수는 없다.

학습자 중심의 교수법이 주류로 자리 잡을 때가 되었다는 것은 분명하다(McCombs & Miller, 2008). 진정한 학습자 중심의 교수방식은 지식시대에 적합한 교육을 가능하게 한으로써 학생들이 학습여량을 키워주기 때문이다. 하지만 이러한 변화는 이루기가 대단히 어렵다.

미래를 제대로 준비하려면
학생들에게 무엇이 필요할까?

나는 내 아들이 교사가 알고 있는 것만을 배우기를 원치 않는다!
– 존 카우치(John Couch), 애플사 교육담당 부회장

지식시대에 맞게 인재를 키울 수 있는 교육체계가 필요하다는 목소리가 높아지고 있다. 학문에 대한 소양과 지식시대에 적합한 역량과 기술을 갖춘 인재를 키우려면 '현재의 교육으로는 불가능하다'는 사실을 직시할 필요가 있다.

교육의 목표는 무엇이어야 하는가?
사회적 합의 도출

교육은 파편화의 위험에 처해있다. 교육의 성취목표를 지난 20세기의 기준에 맞추어 짜고 인간의 타고난 능력 차이를 온갖 장애로 상세히 구분한다. 동시에 날로 심해지고 넘쳐나는 오락과 과잉자극의 영향으로 기술의 발달

은 인간만이 갖고 있는 깊이 있는 이해, 성찰, 능력의 활용 등을 불가능하게 만들고 있다.

현재 우리사회는 해결이 불가능한 갈등상태에 놓여있다. 아이들은 한편으로 기술의 세계에 빠져 살면서, 어른의 감독을 거의 받지 않는 채 그 세계로부터 많은 것을 배운다. 하지만 아이들이 배우는 것 중 상당수는 유익하지 않을 수도 있다. 아이들은 다른 한편으로는 고등학교까지 매우 엄격한 통제 아래 주로 주입식 교육을 받으며 날마다 학교에서 많은 시간을 보내지만, 대다수는 결국 학습에 별 가치를 못 느낀다. 또 학교에서 배운 것 중 상당수도 앞으로 그들이 살아갈 세계에서 별 도움이 되지 않는다.(고등학교까지 마치고도 글을 제대로 읽지 못하고 맞춤법도 모르고 대중들이 이해할 수 있게 글을 쓰지 못하는 사람이 얼마나 많은가.)

우리 모두가 직면한 도전적 과제이자 해결해야 할 문제는 기술의 세계와 전통적 학교에서 최상의 것을 찾아 통합하는 것이다. 교육과 사회는 기술을 받아들여야 한다. 또 아이들이 관심을 느끼고 참여하려고 하는 것과 어떻게 소통을 시작하는지 그 방식을 이해해야 하며, 기술의 역할이 더욱 확대될 것이라는 사실을 받아들여야 한다. 양자컴퓨터와 이른바 '생체컴퓨터(meat machine, 실리콘이 아니라 생화학·분자생물학을 이용하는 DNA기반의 컴퓨터)'는 기술을 어떤 방향으로 발전시킬지 모른다. 어떻게 하면 이와 같은 정보의 홍수에 대처할 수 있도록 학생들을 준비시킬 수 있을까? 고등사고력, 의사결정능력, 깊이 있는 지식이 절대적으로 필요할 것이다.

그런 한편으로 교육과 사회는 자기조절기술, 대인관계기술을 비롯한 학과지식을 완전히 숙달시킬 방법도 찾아야 한다. 이뿐만이 아니다. 더 이상 제 역할을 못하는 교수방식과 학교체제에 푹 빠져서 아직도 이것이 최고라고 믿는 기성세대와 함께 해법을 모색하는 것도 우리의 과제이다.

우리가 보기에 해결책은 생각을 바꾸는 데 있다. 사실·개념·기술 등의 목록 형식으로 성취기준을 설정하기보다는(Resnick, 2010), 학생들이 새롭게 사고하고 지각하고 행동할 수 있도록 돕는 것이 목표가 되어야 한다. 이러한 새로운 방식의 사고 및 지각, 행동은 변화하는 세계에 적응할 수 있는 현재진행형 플랫폼을 제공해준다.

교육이 추구할 비전으로 기초학습 소양을 튼튼히 하는 것 외에 교육이 중시하는 것들은 다양한 자료의 출처와 교과목에서 도출되며, 이럴 때 비전은 더 통합적이고 뛰어난 연계성을 가지게 된다. 실제로 새롭게 나타나는 현상은 서로 연결되어 있고, 역동적이며 총체적인 학습관에 의해 추동된다. 또한 지식기반사회와 신(新)경제현실 속에서 학교와 사회의 성공적인 기능이 무엇을 의미하는가도 새로운 현상을 탄생시키는 데 한몫을 한다.

새로운 경제체제에서 성공하는 데 필요한 역량

나는 오늘날 직장에서의 생존기술뿐만 아니라 평생학습자와 세계시민으로 익혀야 할 공통역량들이 있다는 것을 이해하게 되었다. 하지만 최고의 학교시스템에서조차 이 역량들을 가르치지도 평가하지도 않는 실정이다.

－토니 와그너(Tony Wagner, 2008, p. 14)

오직 학생들이 직업세계로 나아갈 수 있도록 준비시키는 것, 그 이상의 교육목표를 바라지 않는다고 해도, 지식경제사회를 살아가기 위해서는 다음과 같은 역량들이 필요하다(그림 4.1).

학생이 직업세계에서 성공하려면 위 피라미드의 꼭대기에 있는 기술과

그림 4.1. 미래에 요구되는 전형적인 직업 및 역량 예측. 미국경제교육협의회(National Center on Education and the Economy)의 2007년 보고서인 「어렵더라도 새로운 선택을 해야 한다. 그렇지 않으면 힘든 시대가 온다(Tough Choices or Tough Times: The Report of the New Commission on the Skills of the American Workforce)」에서 인용

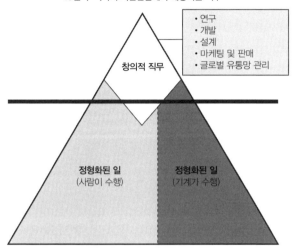

미국의 국내정세가 안정을 구가한다고 할 때,
10년 후 미국의 기간산업에서 예상되는 직무

- 연구
- 개발
- 설계
- 마케팅 및 판매
- 글로벌 유통망 관리

창의적 직무

정형화된 일
(사람이 수행)

정형화된 일
(기계가 수행)

역량을 익혀야 한다는 점에 유념하자. 그들은 새로운 제품과 서비스의 연구·디자인·개발방법을 알아야 할 뿐만 아니라, 세계시장에서 경쟁하면서 이것들을 어떻게 마케팅하고 판매할지 그 방법도 알아야 한다. 미국의 관점에서는 다음과 같은 점에도 유념해야 할 것이다. 즉, 대다수 '개발도상국'도 이와 비슷한 방향으로 나아가고 있으며, 신제품의 연구개발능력을 비롯하여 수준 높고 정교한 역량을 갖춘 인재들을 보유하고 있다는 사실 말이다(Iiyoshi & Kumar, 2008).

이것은 선진국이냐 개발도상국이냐의 문제이기보다는 교육의 문제이다. 창의적인 일을 하는 데 필요한 기본 역량은 몇 가지 방식으로 상세하게 기

술할 수 있다. 예를 들어, 토니 와그너(Tony Wagner)는 「글로벌 학업성취도 갭(The Global Achievement Gap)」(2008)에서 지식시대에 유능한 사람이 되려면 학생들이 반드시 갖추어야 할 '7가지 생존기술'을 다음과 같이 정리했다. 그는 관리자, 사업의 기획 및 실행자, 최고경영자를 면담한 끝에 다음과 같은 결론에 이르렀다.

- 비판적 사고력과 문제해결역량이 우수하다.
- 다양한 네트워크를 통해 사람들과 협업하고 리더십을 발휘한다.
- 민첩하고 적응력이 있다.
- 진취적이고 기업가정신이 있다.
- 말과 글로 의사소통하는 데 능통하다.
- 핵심 정보를 찾아 분석하는 능력이 뛰어나다.
- 호기심과 상상력이 풍부하다.(p. 67)

토니 와그너의 권고안이 그림 4.1의 미국경제교육협의회가 내놓은 예측과 거의 일치한다는 점에 주목하자. 연구·개발·설계·마케팅·판매역량을 갖추려면 와그너가 주장한 핵심 생존기술이 전부 필요하다.

지적인 시민으로 살아가는 데 필요한 기술

전통적으로 미국의 민주주의 정신은 효과적인 교육을 기반으로 해왔다. 토머스 제퍼슨(Thomas Jefferson)은 일찍이 이점을 명확히 밝힌 바 있다. "문명을 이룬 상태에서 무지한 채 자유롭기를 기대하는 나라는 지금까지 없었고 미래에도 있을 수 없다." (몬티첼로 웹사이트: http://www.

monticellocatalog.org/200168.html).

존 듀이(John Dewey)도 민주적인 시민을 양성하는 데 관심이 많아 저서 『민주주의와 교육(Democracy and Education)』(Dewey, 1916/2010)에서 전적으로 그 주제를 다뤘다.

2장에서 소개한 바 있는 단체 '개인의 천재성을 살리는 교육(Educating for Human Greatness)'이 제시한 현안과 목표도 이와 비슷한 맥락이다. 비록 그들은 공동체 전체에 기여하는 문제를 다루고 있긴 하지만 말이다. 그들이 제시한 목표 중 두 가지는 다음과 같다.

- **정체성**(Identity) – 학생들을 도와 그들 자신이 무한한 잠재력을 지닌 개인임을 자각하고, 타고난 고유의 재능을 키워 자아를 실현하며, 가정과 학교와 공동체에 기여하는 사람이 되겠다는 강력한 욕구를 갖게 한다.
- **온전함**(Integrity) – 정직성·품성·도덕성·자신에 대한 책임의식을 함양한다.

다른 많은 학자도 이 문제를 다루어왔다. 예를 들어, 코스타와 칼리크(Costa and Kallick, 2008)는 '사고하는' 교육과정의 일부로서 '마음습관'을 연구하고 가르쳐왔으며, 그 주제가 현재 어디까지 탐구되었는지 살펴본다. 그들은 마음습관연구소(Institute for Habits of Mind) 웹사이트(http://www.instituteforhabitsofmind.com/what-are-habits-mind)에 다음과 같이 마음습관 목록을 올려놓았다.

- 끈기 있게 계속하기
- 명확하고 정확하게 생각하고 의사소통하기

- 충동을 관리하기

- 모든 감각을 통해 자료수집하기

- 이해하고 공감하며 듣기

- 창작하고 상상하고 혁신하기

- 유연하게 사고하기

- 경이감과 외경심을 갖고 반응하기

- 자신의 생각에 대해 생각하기(메타인지)

- 책임감 있게 위험을 감수하기

- 정확성을 추구하기

- 유머를 발견하기

- 질문하고 문제제기하기

- 상호의존적으로 사고하기

- 과거의 지식을 새로운 상황에 적용하기

- 개방적인 자세로 지속적으로 학습하기

각 연구자와 기관이 제시하는 목록마다 차이가 있긴 하지만, 크게 겹치는 부분이 한 가지 있다. 그 핵심은 학생들이 복잡한 세계에서 제 역할을 효율적으로 할 수 있는 역량과 기술을 갖추고 졸업해야 한다는 것이다. 우리사회가 교육기관에서 달성해주기를 바라는 성취목표를 자세히 명시하고 있는 한, 이들 역량과 기술의 함양을 최우선적인 교육의 목표로 삼아야 할 것이다.

첨단 기술세계에서 살아가는 데 필요한 역량

이제 위에서 다룬 기술과 역량을 학생들이 진출할 세계의 관점에서 살펴보고자 한다. 이곳은 모든 학생이 엄청난 양의 정보와 다양한 견해에 접근할 수 있는 첨단 기술의 세계이다. 학생은 이런 방대한 정보와 의견을 분류하고 해석하고 평가하고 판단하고 사용해야 한다. 이와 같은 세계에서 살아가려면 학생이 중심이 되어 스스로 통제할 수 있는 힘을 가져야 한다. 그렇지 않으면 다른 사람들이 부추기고 군중심리에 의해 조장된 수많은 활동의 물결에 자칫 휩쓸리기 십상이다. 이런 정보의 바다에서는 접촉 기회가 엄청나게 늘어나는데, 대부분의 접촉은 온라인에서 이루어지고 그 접촉은 '실시간' 상호작용으로 이루어지는 것이 많다. 학생은 자신과 연결망을 이룬 사람 및 기관 그리고 연결방식을 평가해야 하며, 이 과정에서 감정이 생기고 열정이 일어날 것이다. 또한 현실세계와 가상세계를 넘나들며 건강하게 제 역할을 하도록 자신의 행동을 감시하면서 조절할 필요가 있다. 이 모든 과정을 거치면서 학생은 자신의 관심사와 정체성을 정립해가고 발달시킨다. 그들은 남들에게 끌려다닐까, 남들을 이끌어갈까? 자신의 꿈을 추구하고 있는 걸까, 아니면 남의 이익을 위해 봉사하고 있는 걸까? 그들은 소외되고 있는 걸까, 아니면 공동체에서 함께 일하며 잘 살아갈 수 있을까?

경제적 번영과 민주주의라는 측면에서 볼 때, 첨단 멀티미디어 세계에서 성공하려면 지금까지 개략적으로 소개한 기술에 점점 더 크게 의존하게 될 것이다. 마크 프렌스키(Marc Prensky, 2009)는 현재의 학생세대가 필요로 하는 것과 기술 사이의 관계를 깊이 탐구해왔으며, 지식시대에 성공적으로 살아남기 위해 숙달해야 할 기술목록을 제시했다. 앞서 말한 핵심적인 기술과 프렌스키의 '21세기 핵심 역량' 목록에서 서로 겹치는 항목에 다시 한 번 주목해보자.

1. **옳은 길을 가는 방법 알기** 윤리적으로 행동하고 비판적으로 사고하고 목표를 설정하고 좋은 결정을 내리고 올바른 판단을 내리는 법을 알아야 한다는 의미이다.
2. **과업 완수하기** 학생들 스스로 기획하고 문제를 해결하고 주도적으로 방향을 정하고 자신의 학업과 능력을 평가하고 다양한 학습방식을 이용해야 한다는 의미이다.
3. **타인과 함께 일하기** 남을 이끌고 남과 소통하고 상호작용하며 프로그램을 짜고(기계와 상호작용하고) 세계 및 다른 문화와 상호작용할 수 있어야 한다.
4. **창의적으로 일하기** 적응하고 창의적으로 생각하고 '고치고 새로 만들고' 놀고 자신의 정체성을 표현하는 법을 알아야 한다.
5. **지속적으로 개선하기** 성찰하고 능동적으로 대비하고 감당할 수 있는 위험을 무릅쓰고 장기적으로 생각하고 나날이 발전하고 배울 수 있는 능력을 개발해야 한다.

프렌스키는 이 목록이 코비(Covey, 1990)가 말하는 '성공하는 사람들의 7가지 습관'과 비슷하다고 말한다. 사실 이러한 능력이 지식시대에 필수적이긴 하지만, 기술 이전의 시대에도 이미 많은 사상가와 연구자가 이런 종류의 기술과 역량이 필요하다고 역설했던 것은 분명하다. 그러나 컴퓨터와 정보통신의 기술혁명으로 인해 새로운 유형의 경제체제가 가속화될수록 이런 기술과 역량을 갖춘 인재들에 대한 수요는 더욱 늘어나고 있다.

뇌의 집행기능

지금까지 살펴본 모든 권고항목을 아우르는 흥미로우면서도 강력한 주제 어가 있다. 이 모든 역량과 기술은 학생 누구나 태어날 때부터 어느 정도는 갖고 있는 잠재능력의 표현이라는 점이다. 신경과학자들은 이 능력을 인간 뇌의 집행기능(executive function) 또는 통합기능(integrative functions)이 라고 부르는 반면(Fuster, 2003; Miller & Cohen, 2001; Miller & Cummings, 1999), 인지과학자들은 고등사고력(higher order functioning)과 상위인 지(metacognition)라는 용어로 표현한다(Dunlosky & Metcalfe, 2009; Krasnegor, Lyon, & Goldman-Rakic, 1997; Lyon & Krasnegor, 1996). 이 능력은 취업능력·주인의식·지도력·시민의식에 필요한 핵심적인 능력을 뜻 한다.

뇌의 집행기능을 서술하는 방식은 다양하며 어느 방식을 쓰든지 간에 내 용이 어느 정도 서로 겹치기 마련이다. 집행기능은 우리가 미래의 복잡한 지식기반세계에서 업무처리·추론·의사결정에 핵심적이라고 설명한 기능 들과 잘 들어맞는다. 크리스틴 템플(Christine Temple, 1997)은 다음과 같은 것들을 집행기능에 포함시킨다.

- 목적을 성취하기 위해 시간적으로/공간적으로 행동을 미리 계획하고 짜는 능력
- 환경변화에 맞추어 전략을 바꾸고 적응하는 능력
- 계획·의사결정·목표선정·진행 중인 행동의 점검
- 자기인식·공감·사회적 감수성

집행기능이라는 용어는 개인의 충동·계획·의도적 행동·효과적인 수행을 가리키기도 한다(Boone, 1999). 덴클라(Denkla, 1999)는 집행기능이 대뇌피질에서 주의와 기억을 연결하는 피질의 고등사고기능에 핵심적인 역할을 한다고 지적했다. 집행기능은 시공간의 어느 한 시점에 거의 무한대의 뇌기능을 통합하고 결합할 수 있는 능력을 나타낸다(Fuster, 2003; Goldberg, 2001; Miller & Cohen, 2001).

집행기능은 변화에 대응하기 위해 자신의 생각이나 행동을 전환할 때마다 필요하다. 따라서 누군가 효과적인 탐색전략을 쓸 수 있다면 이는 집행기능을 발동하는 것이 된다. 탐색전략을 쓰려면 특정한 해결책을 모색하고 파악하는 데 필요한 핵심 패턴·등급·범주를 인식할 수 있어야 한다. 집행기능은 역할과 기능을 인식하고 상황에 어떻게 대처할지를 알아차리는 데에도 중요하다(Miller & Cummings, 1999). 그럴 때 뇌는 감정·감각정보·자기조절·작업기억·충동억제를 결합한다.

집행기능의 핵심은 '장래의 목표를 달성하기 위해 적절한 문제해결장치를 유지 및 운영하는 능력'이다. 이 시스템(=신경연결망)은 작업기억(working memory)이라고도 부른다(Pennington, Venetto, McAleer, & Roberts, 1999, p. 586). 작업기억은 특정한 행동이나 계획을 완수하기까지 정보·계획·프로그램 등을 마음속에 유지하는 능력이나 시스템을 가리킨다. 또 작업기억은 필요한 경우 반사적인 반응 대신 문제해결전략으로 전환해서 대안적 방안을 찾는다. 집행기능의 자세한 내용은 아직 연구 중이지만, 그것이 앞서 설명한 의사결정 및 통제전략과 처리에서 핵심적인 역할을 한다는 점은 분명하다.

이것이 교육에 의미하는 바는?

집행기능에 대한 연구결과들은 교육자에게 중요한 메시지를 전달한다. 첫 번째 핵심 메시지는 교육계의 지도자와 전문가가 요구하는 기술·역량·사고가 모든 아이가 어쩌면 태어날 때부터 부여받은 것과 본질적으로 동일하다는 점이다. 이와 같이 아이들은 필요한 기술과 역량을 생물학적으로 가지고 태어나기 때문에 이것은 나중에 필요에 따라 개발되고 발현된다. 그러므로 교육계에서는 이런 기술과 역량을 억제할 것이 아니라, 키우고 강화하고 발달시킬 수 있도록 교육과정을 운영하고 교육환경을 만들어가야 한다.

집행기능은 모든 사람에게서 동일한 수준으로 자동적으로 발달하지는 않는다. 이 기능이 어떻게 사춘기 무렵에 생물학적으로 최고 수준까지 발달하는지에 대한 연구결과가 많이 있기는 하지만(Restak, 2001; Sylwester, 2002, 2007) 태어난 날부터 집행기능의 발달을 고려한 학습환경을 만들도록 해야 한다. 우리가 이 책에서 주장할 지각/행동이라는 자연적인 학습방식을 통한 의사결정권·선택권·퍼즐·문제해결 등은 지식시대에 잘 대처하도록 학생과 시민을 준비시키는 데 핵심이 된다. 교육은 다음과 같은 것들을 포함함으로써 고등사고능력을 발달시키는 방향으로 나아가야 한다.

- 개인적으로 의미가 있는 목표를 추구하는 과정에서 다양한 기능을 계속 개발하고 다듬는다.
- 논리적 사고와 문제해결능력을 일상적인 활동에 적용한다.
- 높은 수준의 현실세계지식을 요구하고 계속 보여주도록 한다.
- 삶의 방식으로 직관과 창의성을 존중하고 개발한다.
- 융통성과 적응성을 필수적인 것으로 받아들이고 발휘한다.

- 감정과 윤리의 역할을 공부하고 적용하고 이해한다.
- 가정에서는 물론 다른 세계에 속한 사람들과의 관계유지를 중시하고 실천한다.
- 학습자는 아직 개발되지 않은 기술에 대비하고 새로운 문제를 해결할 수 있는 능력을 갖춘다.

두 번째 핵심 메시지는 학업성취도를 높이려면 집행기능을 동원해야 한다는 것이다. 학습내용과 고등사고능력은 상호작용을 하는 것은 물론 상호 보완적이기도 하다. 레스닉(Resnik, 2010)은 "현재 우리는 학습을 스스로 모니터링하고 관리하는 메타인지능력을 학생들에게 가르치려 애쓰고 있다"(p. 186)라고 말했는데, 이는 학생지도가 고등사고능력과 상위인지기능의 중요성을 강조하는 방향으로 나아가고 있음을 보여준다.

집행기능에 대한 연구들이 제시하는 것은 교육자와 학생에게 학습부담을 추가적으로 안기지 않는다. 오히려 그것은 인간의 자연적인 발달과정과 학습방식을 이해하고 그런 학습을 염두에 두고 가르침으로써, 위에서 말한 서로 다른 '기준들'이 나란히 발달할 수 있게 하는 방법을 알려준다. 즉, 높은 학업성취목표를 달성하는 동시에 고등사고능력도 발달시킬 수 있다는 것이다.

어디에서 시작할까? 성취기준을 재고하라

첫 단계는 성취기준을 올바른 관점으로 다시 세우는 것이다. 앞서 언급한 기술과 역량이 포함되도록 성취기준을 확대하여 다시 정해야 한다. 전부 다루기가 불가능할 만큼 변화가 빠르고 엄청나게 많은 정보가 쏟아지기 때문에, 적합한 학습자료를 선정하고 잘 다루는 것은 필수적이다. 이를 해결할 한 가지 방법은, 수많은 지식과 정보를 관통하는 빅 아이디어(big ideas, 깊은 이해를 통해 얻게 되는 분야별 핵심 개념 - 편집자)를 중심으로 일련의 성취 기준을 다시 설계하는 것이다. 한 예로 매리언 브래디(Marion Brady, 2007)는 핵심 교과과정이 시스템이론(systems theory, 하나의 시스템은 각 요소의 단순한 집합체도 아니고 각 요소를 초월한 추상적 총체도 아니며, 서로 관련 있는 요소들에 의해 구성된 통일체라고 보는 이론 - 편집자)이 되어야 한다고 주장했다. 그리고 사우스오스트레일리아 주(州)의 SACSA(South Australian Curriculum Standards and Accountability, 이하 SACSA, 사우스오스트레일리아 교육과정 성취기준 및 책무성 - 편집자)라는 교육기본계획(2001)은 학습영역(Learning Area)이라고 하는 것을 '핵심 학습(Essential Learning)'과 결합함으로써 이 문제를 해결하려고 시도한다. 학습영역은 영어·예술·사회와 환경·건강과 체육·수학·과학·디자인과 기술·언어를 말한다. 핵심 학습은 지식 자체를 말하는 것이 아니라, 개인적 능력과 지적 능력을 보여주는 이해력·역량·성향을 가리킨다. 이 교육기본계획은 학생들에게 더 많은 선택의 여지를 주고 글로벌사회 구성원 모두의 삶을 풍부하게 만들기 위해 고안된 것이다.

> 핵심학습은 아동 및 학생들의 학습에서 필수불가결한 부분을 이루는데, 이는 출생부터 고등학교 및 그 이후까지도 이어진다. 또한 평생에 걸쳐 이용할 수 있는 자원으로서, 사람들은 이러한 핵심학습을 통해 사려 깊고 능동적이며 수용적이고 지역·국가·세계의 헌신적인 시민으로서 변화하는 시대에 맞추어 생산적으로 참여할 수 있다.
> — South Australia, 2001, pp. 1-2

SACSA 기본계획은 핵심학습을 다음의 5가지로 파악한다.

- **장래성**(Futures) – 변화에 대응할 수 있는 융통성을 개발하고, 과거와의 연관성을 인식하며, 바람직한 미래를 위한 해결책을 떠올린다.
- **정체성**(Identity) – 자신과 집단에 대한 긍정적인 태도를 함양하고, 개인 및 집단의 구성원으로서의 책임을 받아들이며, 개인과 집단의 차이점을 존중한다.
- **상호의존성**(Interdependence) – 자기 문화 및 다른 문화에 속한 사람들과 공통의 목적을 위해 조화롭게 협력한다.
- **사고**(Thinking) – 독립적이고 비판적으로 생각하는 사람으로서, 정보를 평가하고 결정을 내리고 혁신적이며 창의적인 해결책을 고안하는 능력을 갖춘다.
- **의사소통**(Communication) – 설득력 있게 의사소통한다.

불가피한 갈등

문제는 여기에서 요구되는 기술들이 2차원 매체를 이용하는 전달식 혹은 직접교수를 통해서는 개발될 수 없다는 데 있다. 이 기술들은 경험을 통해 습득되어야만 한다! 윌리엄 스페이디(William Spady) 박사는 다음과 같이 말한다. "1차원적 사고는 '무언가를 아는 것'이다. 3차원적 사고는 '무언가를 알고 실제 삶의 맥락에 맞게 적용할 수 있는 것'이다(Engel, 2009, p. 15에서 인용)."

직접교수 및 전달모형은 대규모 교육인프라에 깊숙이 박혀있기 때문에,

요구되는 교육의 성과를 아예 낼 수가 없다. 요컨대, 교육에서 새롭게 대두되는 공동 목표는 현행 교육을 뒷받침하고 있는 믿음과 들어맞지 않는다.

흥미로운 것은 비디오게임 설계자들뿐만 아니라, 비디오게임을 교육개혁의 한 원천으로 보는 교육이론가들도 이 사실을 이해하고 있다는 점이다. 그중 한 명인 제임스 폴지(James Paul Gee)는 샤퍼(Shaffer, 2006)의 책 서문에 이렇게 쓰고 있다.

> 시험에 나오는 모든 사실적 지식과 방정식과 같은 구시대의 학습내용에 대해서 유감스러운 사실이 하나 있다. 이런 시험—물리학이든 사회과목이든—을 통과할 수 있는 아이들의 대다수가 자신의 지식을 현실세계에 실제로 적용할 수 없다는 점이다.(p. x)

이어서 폴지는 교육의 미래를 게임과 연결 짓는다.

> 이 게임들은 … "현실을 통해 증강된" 것들이다. 아이들은 게임을 하면서 가상세계와 현실세계를 계속 오간다. 아이들이 게임 속에서 도시계획자로서 도시를 재설계할 때, 이곳은 아이들의 도시가 된다. 그들은 현실공간과 가상세계 양쪽에서 자기 도시의 거리를 걸을 수 있다. … 또한 현실세계를 새로운 관점에서 보게 된다.(p. xi)

이런 주장 중에는 과장된 것도 있을 수 있다. 게임세계에서 개발된 기술이 현실세계의 여러 측면에서 자동적으로 발휘될지가 불분명하기 때문이다. 하지만 게임세계는 연습과 시연보다 더 많은 학습방식이 있고, 전달·학급운영·시험보다 더 많은 교수방식이 있다는 점을 토대로 계획되고 설계된다.

현재, 학습과 교육에 대한 기존의 오랜 관점은 여러 힘에 의해서 형성되고 있는 세상과 충돌하고 있다. 이런 힘은 과거의 현실에 맞을 수도 없고 그럴 가능성은 앞으로도 매우 낮다.

다양한 사회적 기술 및 생존기술과 같은 고등사고력과는 무관하게, 수학·문학·과학 등의 과목에서 핵심 내용을 연습하고 암기하는 것만으로도 지금까지 우리가 인용한 저자들이 요구해온 상위인지기술들을 학생들이 배울 수 있으리라고 믿는다면 이는 큰 오산이다.

이 책의 요지는 과목마다 기본이 되는 핵심 내용의 학습을 소홀히 하라는 게 아니다. 우리가 말하고자 하는 것은 기술의 수혜 속에서 성장한 디지털 세대를 가르칠 다른 방법이 있다는 것이다.

이제 우리는 어디로 나아가야 할까?

학생에게 학습의 선택권·주도권·협력·책임을 주는 것을 당연시하는 사회적 환경과 상호작용이 구축된다면 학교는 어떤 모습이 될까?

프랭크 켈리(Frank Kelly), 테드 매케인(Ted McCain), 이언 주크스(Ian Jukes)는 『디지털세대 가르치기(Teaching the Digital Generation)』(2009)라는 공동 저서에서 학교가 어떤 모습이 되어야 할지를 설득력 있게 제시한다. 우리도 16~18장에서 미국과 호주에 있는 두 학교를 예로 들어 이에 관한 우리의 시각을 보여줄 것이다.

제이크와 댄(1장 첫머리에서 소개한)을 보면서 깨달은 점이 있다. 기술 자체만으로도, 의미는 이해하지 못한 채 암기하고 반복함으로써 미리 정해진

협소한 교과과정을 숙달하는 데에만 초점을 맞춘 전통적인 교육으로도, 그 어느 것으로도 학생의 욕구를 충족시키지 못한다는 것이다. 우리는 교육자와 부모뿐만 아니라 사회 전체가 배운다는 것의 의미를 새롭게 이해해야 한다는 것도 또한 알게 되었다.

인간의 능력과 우수함에 대한 믿음을 갖고 더욱 효과적인 교육모델과 신념을 개발할 필요가 있다. 우리사회는 그동안 잘못된 것을 '바로잡는' 일에 치중하느라, 가능성 대신 무능에 초점을 맞추어왔다. 긍정심리학 연구자들(Csikszentmihalyi, 1990/2008; Fredrickson, 2009; Seligman, 1990)은 긍정에 초점을 맞출 것을 주장한다. 새로운 믿음은 인간이 과연 어떤 존재가 될 수 있는지를 고려하고 이것에 초점을 맞추어야 한다(Alexander, 1990; Begley, 2007; Doidge, 2007).

교육을 위한 다른 믿음이 있다면 그것은 어떤 모습일까? 혼란이나 오해의 여지를 없애고, 이해하고 실행할 수 있도록 그것을 설명할 수 있을까? 여기에 답하려면, 사람들이 지각/행동과 같은 자연적 학습방식이 무엇이고, 이것이 현재 절실히 요구되는 교육을 구축하는 데 어떤 의미가 있는지를 더 깊이 이해해야 한다.

Natural Learning for a
Connected World

2

학습에서 자연적인 것이란?

역동적 지각/행동 현상: 삶에서 배우는 학습의 토대

5장

예를 들어, 유년기 초에 전전두엽(prefrontal lobes)은
감각-운동계의 발달과 나란히 발달한다.
하지만 아이의 환경이 전전두엽의 뉴런을 활성화하는 데 필요한
적절한 자극을 제공하지 못하면… 전전두엽은 제대로 발달할 수 없다.
뉴런의 성장 자체가 지체되고 결함이 발생한다.

– 조셉 칠턴 피어스(Joseph Chilton Pearce, 2002, p. 47)

교육이 기술을 적절히 활용하고 지식시대에 걸맞게 학생들을 준비시키려면, 그들이 세계와 어떻게 상호작용을 하고 배우는지 교육계 전체가 깊이 이해하는 것이 필요하다. 이러한 이해를 토대로 학생들 자신이 세상과 연결되는 방식에 맞는 교수방식을 새롭게 제공할 수 있다.

역동적 지각/행동 현상

학습은 지각과 행동을 연결하는 뇌 회로를 기반으로 이루어신나.

– 멜초프 외 연구자들(Meltzoff, Kuhl, Movellan, & Sejnowski, 2009)

먼저 이해해야 할 것은 세상에서 살아남고 적응하려면 누구나 지각에 반

응하는 행동의 춤을 끊임없이 춰야 한다는 사실이다. 사람들은 감각을 이용하여 자기 자신과 환경에 관한 유용한 정보를 수집해야 한다(지각). 그리고 이 정보를 토대로 자신에게 유익한 방식으로 환경에 반응하고 준비를 갖춘다(행동). 이것이 바로 모든 사람이 자신의 환경에 끊임없이 적응해가는 기본 방식이다.

이 과정을 실감할 수 있도록 하나의 상황을 가정해보자. 차를 몰고 출근하는 상황이다. 스스로를 관찰해보면, 당신은 주변에 자신에게 영향을 미칠 수도 있는 단서와 변화가 있는지 끊임없이 살피고 있음을 알아차릴 것이다. "저 차가 너무 가까이 붙는 거 아냐?" "이 속도로 저 커브를 돌 수 있을까?" "저 차는 왜 저렇게 속도를 내는 거야?" 등은 당신이 어떻게 반응하고 무엇을 할지에 끊임없이 영향을 미친다. 이것이 지각의 과정이다. 이 전체 과정은 완전히 자동적으로 이루어지며 생존에 필수적이다.

사실, 경험은 지각과 행동의 지속적이고 변함없는 작용이라고 정의할 수 있다. 문제는 경험의 양과 자극의 수가 너무 많아서 인간의 뛰어난 뇌도 이를 다 처리할 수 없다는 데 있다. 이것이 바로 아서 콤스(Arthur Combs, 1999) 같은 장 이론가들이 지각장(perceptual field)을 이야기하는 이유이다. 뇌(더 정확히 말하자면 뇌/마음)는 지각장 내에서 패턴, 즉 모든 입력정보를 구조화하는 방식을 끊임없이 찾는다(Restak, 2001). 이와 동시에 뇌는 장기기억에 저장되어 있는 반응패턴 목록을 검색함으로써 자신이 행동할 방식을 찾는다. 대개 패턴지각은 바로 알아차릴 수 있어서 우리는 여기에 특별히 주목할 필요를 느끼지 못하지만, 인간의 삶은 모든 측면에서 패턴으로 짜여있다. 예를 들어, 당신의 차, 다른 차들, 도로, 인도, 배경(건물에서 나무에 이르기까지), 차로 주행하고 추월하고 브레이크를 밟고 운전대를 돌리는 속도 등 운전의 모든 측면은 패턴으로 이루어져 있다. 즉 패턴은 경험을 조직하는 방식이다. 우리는 여기저기 세상을 돌아다니면서 패턴을 지각하고 그것을 적용한다. 샌디에이고에 있는 캘리포니아대학교의 마이클 헤이워드(Michael Hayward)는 이렇게 표현한다. "현실세계에서 지각과 행동은 인지의 토대를 형성한다"(1998, p. 3).

현재 다양한 분야의 과학자들은 마투라나 등(Maturana, Varela, Paolucci, 1998)이 '인간 이해의 생물학적 뿌리'라고 일컬었던 지각과 행동의 상호작용을 집중적으로 파헤치고 있다. 일부 연구자들은 지각과 행동의 두 과정이 긴밀하게 상호작용을 하며, 어느 쪽도 수동적이지 않다는 점을 입증하고 있다. 노(Noe, 2004)는 지각이 곧 행동이라고 말한다. 감각 차원에서부터 고등사고능력 차원에 이르기까지 다양한 차원에서 지각과 행동의 상호작용이 일어난다는 관점에서 뇌의 작용을 설명하는 신경과학자들도 있다(Fuster, 2003). 또 다른 과학자들(Hurley, 2006)은 지각과 행동의 상호작용에 몸 전체가 참여한다고 주장한다. 우리가 이 책에서 보여주고자 하는 것도 바로 이점이다.

지각과 행동은 아주 단순하면서 거의 즉각적으로 이루어지는 과정부터 의도와 사고를 포함하는 훨씬 더 복잡한 과정에 이르기까지 하나의 연속체를 이루고 있다.

가장 기본적인 과정은 우리가 역동적 지각/행동 현상(perception/action dynamic)이라고 부르는 것이다. 가장 기초적인 수준의 지각/행동 현상은 의식의 문턱 아래에서 일어나며, 눈이 부시거나 먼지가 들어오면 바로 눈을 깜박이는 행동 같은 단순 반응을 가리킨다. 이런 반응은 자동적이며 전신에 의해 수행된다.

하지만 이 수준을 넘어서면 개인은 자신을 둘러싼 세계와 상호작용을 통해 지각/행동에 참여한다. 즉각적인 욕구의 해결은 이렇게 익숙한 패턴 그리고 일상화된 일, 나아가 범주와 스토리를 인식하는 방식으로 이루어진다. 이 단계에서는 무슨 일이 일어나는지를 어느 정도 자각하고 있으며 어떻게 반응할까에 대한 의사결정도 어느 정도 이루어진다. 지각/행동 역학은 어른이든 아이든 할 것 없이 일상생활의 매순간에 펼쳐진다. 학교에서도 쉽게 찾아볼 수 있다.

사례 — 초등학교에서의 지각/행동 현상

초등학교 저학년 아이들은 지치지 않는 활동력을 보여준다. 모든 아이에게는 세상이 어떻게 돌아가는지를 이해해야 직성이 풀리는 탐구심이 있는데(Gopnik et al., 1999), 아이들의 이런 탐구과정은 체계적이지 않고 혼란스러워 보일 수 있다.

　최근에 우리는 마리아 무어(Maria Moore)라는 뛰어난 유치원교사를 찍은 동영상을 보았다. 그녀는 이 지각/행동의 작용원리를 거의 직관적으로 이해하고 있었다. 그녀의 수업은 별도의 과목으로 제시되어 있는 읽기와 셈보다는, 새로운 습관·패턴·일상적인 규칙을 숙달하도록 가르치는 환경에 아이들이 푹 빠져들게 하는 데 초점을 맞추고 있었다. 그녀와 동료교사들은 어린아이들이 기본 패턴을 철저히 익힐 필요가 있다는 점을 알고 있었다. 예를 들면 남들과의 관계에서 어떻게 행동하고 자신의 충동을 통제하며 주변에서 벌어지는 일을 인식하는지, 그리고 어떻게 더 복잡한 패턴(사람들이 상호작용하는 방식에서 기하학적 도형에 이르기까지)을 알아차리고, 이야기를 이해하며, 옆 과학교실에 있는 갖가지 동물을 구별하는지 등과 같은 것이다. 또한 마리아와 동료교사들은 학생들이 이런 기본 패턴을 이해할 수 있으려면 순간순간 경험의 과정에서 학습이 이루어지도록 교사인 자신들의 안내를 받아야 한다는 점도 알고 있었다. 동영상 속의 마리아는 발견하고, 감당할 수 있는 결정을 내리고, 주목할 데 주목하고, 일의 순서대로 행동하고 관찰하고, 주의를 집중할 기회를 학생들에게 제공한다. 이 모든 과정을 끈기 있고 일관성 있게 반복하고, 늘 관심을 갖고 학생들이 가장 중요한 것에 주의를 기울이도록 한다. 실제로 그녀는 아이들이 자신의 지시를 따르도록 훈련하지만 대개는 통제 불능이며 이것은 헛수고에 가깝다.

아이들은 어떤 일이 어떻게 벌어질지 알 수 없는 세상에 던져져 있기 때문에 이들이 일상적인 규칙을 숙달하는 일은 대단히 중요하며, 이는 언어를 습득하는 과정과 아주 비슷하다. 아이들은 패턴에 익숙해질 때까지 같은 맥락에서 동일하거나 비슷한 경험을 반복해야 한다. 이 경험은 핵심 패턴이 제2의 천성처럼 자연스러워질 때까지 일관성 있게 이루어져야 한다. 반응과 행동을 습득하는 패턴은 언어처럼 그 자체가 목적이 아니라, 의미가 소통되는 세계에서 타인과 상호작용한다는 더 큰 목적에 기여하는 것이다. 그렇게 반복되는 경험을 통해 아이들은 패턴을 익히게 된다. 독서시간이 되면 읽을 책과 자리는 어떻게 찾고, 언제 어디에 왜 앉아야 하는지와 같은 안정화된 패턴과 일상적인 규칙들을 맥락적으로 이해하게 되는 것이다. 아니면 여전히 의문을 품고 왜 그래야 하는지 이유를 계속 찾을 수도 있다.

마리아는 아이들의 행동을 선악의 관점에서 생각하지 않는다. 그래서인지 그녀는 아이들에게 벌을 전혀 안 주는 것 같다(용인할 수 있는 행동은 잘했다고 지지해주고, 용납하지 못할 행동은 하지 말라고 직접적이고 단호하게 반복해서 말하지만). 대개는 아이들에게 지금 뭘 해야 하는지 어디에 있어야 하는지 아느냐는 식으로 점잖게 묻는다. 마리아는 한 번에 한 아이에게만 차분하게 주의를 기울여서(그녀는 아이가 말할 때면 그 아이에게 철저히 주의를 기울인다), 아이들이 문제점을 해결하고 자신의 행동을 설명할 수 있도록 돕는다.

지각과 행동의 실제적 작용

생물학자들과 신경과학자들은 교육자들에게 지각과 행동은 분리할 수 없는 것이라고 말한다. 지각과 행동은 서로의 일부이다. 더욱 극적인 점은 지각과 행동, 패턴인식과 새로운 패턴형성이 모두 동시에 일어나며, 몸·뇌·마음을 활용하고 그것들에 영향을 미친다는 것이다. 앨버 노(Alva Noe, 2004)는 다음과 같이 설명한다. "지각은 뇌에서만 이루어지는 과정이 아니라, 몸과 한 덩어리가 되어서 능란하게 처리하는 활동이다. 이렇게 우리는 지각을 경험으로 구현해낸다"(p. 2).

마리아는 삶 자체에 필수적인 지각/행동 역학의 지배를 받는 존재가 아이들임을 직관적으로 안다. 아이들은 지구라는 행성에 착륙하여 자신이 어디에 와있고 무엇을 어떻게 해야 할지를 이해하고자 애쓰는 꼬마우주인과 비슷하다. 그래서 그들은 가만히 앉아있거나 서있지를 못하고, 주변의 모든 것을 보고 느끼고 듣고 만지고 탐험하고 이해하려고 시도한다.

아이들은 말 그대로 자신의 경험을 '몸으로 구현하고(embodying)' 있다(Gibbs, 2007). 그래서 인지과학자들과 신경과학자들은 '체화된 인지(embodied cognition)'라는 말을 종종 쓴다(Lakoff & Johnson, 1999; Thompson, 2007; Wiedermann, 2004). 주변에서 일어나는 일들을 경험하면서 아이들의 신체와 신경망이 형성된다. 즉, 몸과 뇌는 수많은 경험을 통해 형성된다. 일관성을 띤 패턴과 끊임없이 상호작용을 하면서 차츰차츰 아이들은 주변 세계에 반응하는 방식을 터득하고 인격을 형성하고 앞으로 성장해가는 데 필요한 준비를 한다. 그 과정에서 자신의 뇌와 집행기능을 활용하고 발전시킨다(Zelazo, Carter, Resnick, & Frye, 1997).

놀이는 학습의 핵심 요소다. 아이들은 놀이를 하면서 규칙을 만들고 사회적 기술을 발달시키며 언어를 연습하고 새로운 아이디어를 실험하고 이해의 폭과 깊이를 더한다.

지각에 따른 행동의 춤은 평생에 걸쳐 펼쳐진다. 경험을 할 때 뇌와 몸은 맞물려 작동한다. 지각과 행동은 삶의 모든 측면에 필요하다. 생물이 살아가면서 의미 있는 방식으로 환경에 생물학적으로 적응할 수 있는 것도 바로 이 지각과 행동의 춤 덕분이다(Fuster, 2003; Huttenlocher, 2002; Varela, Thompson, & Rosch, 1991).

감정의 역할

최근의 주요 연구성과 중 하나는 감정이 개인 삶의 모든 측면에 영향을 끼친다는 것이다. 사고와 감정과 운동은 모두 상호작용을 한다. 1장에서 말했듯이, 이 새로운 이해에 기여한 인물 중 한 명은 이른바 '감정의 분자(molecules of emotion)'를 제시한 캔더스 퍼트(Candace Pert, 1997)인데, 사람은 생각할 때마다 이 감정의 분자가 분비된다는 것이다. 신경과학자인 안토니오 다마지오(Antonio Damasio, 1999)도 이런 관점을 취한다. 그는 이것을 '무엇이 일어나는 느낌(feeling of what happens)'으로 표현한다. (감정의 특성, 감정과 느낌과 몸의 관계는 사실 대단히 복잡하다. 이 쟁점 중 몇 가지를 철저히 탐구한 문헌을 참조하라☞ Roald, 2007.)

감정의 영향을 받는다는 말은 무슨 의미일까? 그것은 감정의 강도가 크게 다를 수는 있지만 지각/행동의 작용이 항상 감정의 영향을 받는다는 의미이다. 부모와 교육자는 아동의 감정이 모든 행동에 강력하게 영향을 끼치며 지적 이해력보다 발달속도가 빠르다는 점을 알아야 한다. 하지만 어린아이들(그리고 불행히도 전 연령층의 아동 대다수)은 감정에 대한 통제력이 아주 낮은 편이다(Lazarus, 1999). 따라서 모든 학생의 감정을 잘 고려하여 교수학습을 하고 감정이 상하지 않도록 보호하는 것이 매우 중요하다.

감정이 지각/행동에 영향을 미치는 두 가지 사례

| 사례 1 | 매우 활달하고 사교성 좋은 한 소년의 어머니가 최근에 우리를 찾았다. 아이가 매일 울면서 집에 와서 학교가 너무 싫다고 말한다는 것이었다. 아이의 교사가 새로 바뀌었는데, 학급에 행동수정프로그램을 적용하고 있었다. 반 아이들은 모두 허용되는 행동만 해야 했고, 어긋나는 행동을 하면 오렌지색이나 빨간색의 원(얼마나 심한 잘못을 저질렀느냐에 따라서) 안에 서있어야 했다. 아이는 이 방식에 분개했고 강하게 반발했다. 아이의 엄마는 이 프로그램의 문제점을 인식하지 못하고 있는 그 교사와 상담을 했다. 교사는 엄마에게 말했다. "어머님, 아이는 아무 문제가 없어요. 늘 녹색(안전한) 안에 있으니까요." 엄마는 쏘아붙였다. "제 아이를 모르시네요. 아이는 친구들을 사랑한다고요. 친구들이 벌 받는 모습에 마음이 아픈 거예요." 이 사례에서 알 수 있듯이, 교사는 자신이 벌을 주고 있는 아이들과 그 아이들의 친구인 소년 사이에 서로 교감하는 감정을 전혀 이해하지 못했다. 그리고 교사의 그런 행동은 소년의 학교생활이라는 경험 전체에 대한 지각 및 반응에 엄청난 영향을 끼쳤다.

| 사례 2 | 마리아의 교실을 찍은 동영상 속에는 한 여자아이가 당혹스러운 표정을 짓고 있는 남자아이를 끌고서 교사에게 가는 장면이 나온다. 소년이 책에 침을 뱉었다고 말하려는 것이다. 마리아는 아이에게 왜 그랬냐고 차분히 묻는다. 아이는 그냥 그랬다고 답한다. 마리아는 아이의 행동이 아니라 책을 대화의 중심에 놓고 대응한다. "사람들은 모두 책을 소중하게 생

각해, 그렇지?" 소년과 그를 끌고 온 소녀 모두 진지하게 고개를 끄덕인다. "그러니까 우리는 책을 아끼고 싶어, 맞지?" 아이들은 다시 고개를 끄덕인다. "좋아. 그러면 둘이 가서 책을 깨끗이 닦아주지 않겠니?" 마리아가 소년의 행동에 중점을 두지도 않고 그 행동을 판단하지도 않는다는 점에 주목하자. 아이가 마음이 상하거나 죄책감에 눌리면, 주변을 관찰하고 환경과 상호작용하는 능력이 떨어지거나 적절한 패턴을 형성하는 과정이 왜곡된다. 여기서 마리아는 상황을 지각하는 두 아이의 방식을 모두 바꾸려는 의도로 이 사건을 처리했다. 그녀는 차분한 감정 상태를 유지하는 한편 아이들의 감정을 가라앉힘으로써 그 의도를 실현했다.

마리아가 말한 내용뿐만 아니라 그녀가 말하는 방식에도 유념하는 것이 중요하다. 아이들은 감정체계가 아주 예민하기에 어투·편한 태도·말 속에 진정으로 따스한 마음씨가 담겨 있는지를 충분히 '읽어낸다.' 그리고 아이들은 줄곧 교사를 지켜보고 있기 때문에(운전자가 도로와 다른 운전자들의 주행 행태를 계속 주시하는 것과 비슷하게) 이 사소한 사건은 어른, 학교, 무엇보다도 자기 자신에 관해 배우는 기회가 된다.

습관들이기

앞서 살펴보았듯이 뇌와 몸은 성장하고 작은 행동의 형태로 패턴을 형성하는데, 이런 반복적인 경험을 통해 자동화된다. 어떤 상호작용이 질서 있고 예측 가능하며 반복될 때, 이러한 상호작용은 일상에서 자동적으로 이루어지는 습관과 참조의 틀이 된다. 우리는 거의 의식하지 않은 채 이런 반사적이거나 자동적인 행동을 하루에도 수백 번씩 하게 된다. 식사 전에 손을 씻고, 길을 건너기 전에 양쪽을 살피고, 아침에 스마트폰으로 날씨를 검색하는 것 등은 이런 행동의 단순한 사례들이다. 때로 습관은 자동적인 문제해결의 한 구성요소가 된다.

지각: 여기는 너무 어두워 / 행동: 불을 켜
지각: 뒤처지고 있어 / 행동: 더 속도를 내
지각: 밖이 추워 / 행동: 겉옷을 입어
지각: 길이 별로 안 좋아 / 행동: 다른 길을 찾아

이것은 학생들에게서도 반복적으로 나타난다.

지각: 펜이 필요해 / 행동: 찾거나 빌려
지각: (대학생) 강의실이 어디지? / 행동: 묻든지 찾아보든지 해
지각: 선생님이 나를 쳐다봐 / 행동: 시선을 피하려면 고개를 숙여

이러한 사례는 살아가면서 습득한 일관성 있는 패턴이다. 이 패턴이 일단 습득되고 나면 일상생활을 대체로 효율적이고 효과적으로 해나갈 수 있지만, 때로는 이것 때문에 아주 비효율적이 되기도 한다. 실제로 사람들은 반복적 훈련을 통해 나름 자동화된 수천 가지의 방식으로 사물을 지각하고 대응한다. 이것이 세상을 살아가면서 개인이 의미를 구성하는 방식이다. 이런 지각/행동은 대체로 사람이 살아온 문화의 영향을 받는다. 아이들은 이해되지 않는 세계를 두려워한다. 알코올중독자가 있는 집안에서 자란 한 친구는 그것을 이렇게 표현한다. "나는 질서를 간절히 원했지만 질서 따위는 없었어."

교육자들은 소위 '학급경영'이라는 측면에서 인간의 생물학적 요소인 습

관형성의 세계를 다루는 데 엄청난 시간과 에너지를 쓴다. 학급규율을 형성하는 과정에서 교실이 난장판으로 될 수도 있기 때문에 학급경영식 접근을 이해할 수는 있다. 문제는 TDI 관점에서 이루어지는 대부분의 시도가 억압과 통제를 요구한다는 것이다. 그러나 기본적으로는 교사가 지각/행동 현상을 막을 수 없다. 그저 방향성에 영향을 줄 수 있을 뿐이다. 바로 이런 이유 때문에 우리는 교실을 그 안의 학생들이 존중받고 그들이 의미 있는 경험에 참여하거나 도전하는 공간으로 만들자고 대안을 제안하는 것이다.

부모와 교육자의 입장에서 볼 때는, 온갖 신나는 경험을 하고 탐구하려는 개인의 욕구를 자극하는 새로운 학습을 허용하면서, 동시에 적절한 행동과 습관을 들이는 것 사이에 균형을 잡는 것은 쉽지 않은 일이다.

청소년기의 역동적인 지각/행동 현상

지금까지의 사례는 아동에 관한 것이었다. 하지만 지각/행동의 역학관계는 모든 연령의 사람에게 작동한다. 예를 들어, 청소년이 지루해할 때 우리는 대개 어떤 일이 벌어지고 있는지를 안다. 지루함은 관심도 참여할 생각도 없는 마음상태이다(11장 참조). 청소년은 "이것은 내가 원하거나 필요로 하는 것과는 관계가 없어"라고 지각한다. 이런 지각상태에 놓이게 되면 학생은 교사가 아무리 못마땅해하더라도 모종의 행동을 취하려고 한다.

대다수의 교사(그리고 과거에 학생이었던 이들)가 지루함에서 벗어나기 위해 취하는 반응을 몇 가지 예로 들면 다음과 같다. 학생의 지각: 나는 지루해. 가능한 행동: 책상 위에 무언가를 낙서한다, 공상에 잠긴다, 좋아하는 책이나 잡지를 책상 밑에 놓든 다른 방법을 쓰든 간에 읽는다, 누군가를 성가시게 굴거나 친구와 속닥거린다, 잠을 잔다. 기술시대에 접어들면 위의 행동들은 이렇게 바뀔 수 있다. 친구에게 메시지나 메일을 보낸다, 아이팟이나 아이패드를 만지작거린다. 스마트폰의 앱으로 게임을 하거나 인터넷에 접속한다. 기술시대 이전의 행동으로 위에서 소개한 여타 모든 행동을 한다.

이런 반응들은 우리가 보고 싶어 하지 않는 행동이다. 하지만 청소년도 어린아이들과 다를 바 없다. 관심이 있거나 동기가 부여될 때 자신이 하는 일에 끈기를 갖고 몰입할 가능성이 훨씬 더 높다. 이들은 학교에서는 잠을 잘지 몰라도, 비디오게임을 할 때면 실력을 높이고 성과를 올리기 위해 몇 시간이고 계속 몰두할 수 있다. 이것이 바로 학생들에게 일어나는 일이다.

학생들은 참여하고 몰입할 수 있는 상황을 원하고, 자기관리에 도움이 되는 좋은 습관을 필요로 한다. 교사는 지각/행동 역학관계가 무의식적으로 작동되며 그런 욕구가 생기는 것은 자연스러운 것임을 인식해야 한다. 이것은 온갖 방법으로 즐거움을 추구하는 어른들에게도 해당되는 말이다. 물론 일부는 '좋은 행동'의 지표가 아닐 수도 있다. 예컨대, 경험이 많은 노련한 교사는 휴대전화로 통화하기 위해 워크숍에서 빠져나오거나 미팅이나 회의시간에 노트북으로 온라인 채팅을 할 수도 있다.

지각/행동 사이클

지금까지 말한 지각/행동 현상은 사람이 어떻게 배우는지를 이해할 수 있는 기반이다. 하지만 삶의 과정에서 일어나는 반사적인 반응과, 깊이 있는 학습으로 이어지는 더 복잡한 과정 간에는 간극이 크기 때문에 이해해야 할 사항이 훨씬 많다. 예를 들어, 인간은 주변상황을 해석하고, 증거와 개인적 선호를 토대로 의식적인 결정을 내리고, 언어를 사용하고, 경험을 추상적 언어로 요약할 수 있다. 인간은 개념과 범주를 사용해서 대상을 다양한 특징으로 구조화하고 자신의 생각을 비유적으로 표현한다. '감정의 바다', '핏대를 세우는', 부를 '$' 같은 기호로 나타내는 것들이 그 대표적인 예다(Lakoff & Johnson, 2003).

인간이 고도의 복합성을 지닌 어휘를 만들어내고 많은 기술을 숙달하며 대량의 정보를 획득한다고 할지라도, 또 사고와 행동이 더 복잡해진다고 해도, 이런 과정에는 항상 지각과 행동이 수반된다. 이러한 연속성의 상태는 다음과 같다. 즉, 순간적이고 대체로 무의식 상태에서 일어나는 지각/행동 현상은 더 정교한 지각/행동 사이클의 한 부분이며, 바로 이것이 고도로 복잡하게 얽힌 문제를 해결하는 특성인 것이다(Fuster, 2003). 사람들이 일상생활에서 문제해결이 필요한 상황에 처하면 자동적으로 이런 사이클을 따르게 된다.

지각/행동 현상(perception/action dynamic)과 지각/행동 사이클(perception/action cycle)은 자연적 학습의 토대를 이룬다. 지각/행동 현상은 대체로 반사적이며, 대개 의식의 장 바깥에서 일어난다. 지각/행동 사이클은 일상생활의 문제들을 인식하고 해결하는 데 사용되며, 지각/행동 현상은 이런 일련의 과정에 매우 중요한 역할을 담당한다.

지각/행동 사이클은 무슨 일이 벌어지는지 이해하고, 새로운 정보나 지식을 수집하며, 주어진 상황에서 필요한 결정을 내릴 시간을 포함한다는 점에서 지각/행동 현상과 다르다. 하지만 단기적이고 순간적으로 반사적 결정을 하는 것은 자연적 과정이며 바로 이것이 지각/행동 현상인 것이다.

지각/행동 사이클 자세히 들여다보기

일상적인 문제와 풀기 어려운 문제들은 어떻게 해결되는가? 지각/행동 현상과 지각/행동 사이클이 현실세계의 일들을 처리하는 데 어떻게 함께 작동하는지 살펴보자. 어른이 되어 어떤 문제를 해결해야 했던 가장 최근의 사례를 떠올려보라. 어떻게 처리했는가? 아마도 이런 식이었을 것이다.

- 그 상황은 어떤 면에서는 도전적이고 흥미로웠을 것이며, 동시에 혼란스럽기도 하고 불확실하기도 했을 것이다.
- 문제를 깊이 분석함에 따라서 어느 정도까지는 문제가 무엇인지 분명해졌을 것이다. 그 다음 기존의 배경지식을 동원해 문제를 구조화했을 것이다. 문제가 명확해지는 것은 순간적이었을 수도 있고 시간이 지나면서 분명해지기도 했을 것이다.
- 이전보다 문제가 좀 더 구체적인 형태를 띠게 되었을 것이다.
- 지금 생각하고 있는 것 외에 새로운 대안을 찾아보았을 것이다.
- 추가로 정보가 필요한 경우는 이를 검색했을 것이다.
- 그런 뒤 결정을 내리고 계획을 세우고 문제해결방안이라고 생각한 것을 실행에 옮겼을 것이다. 즉, 지각/행동의 '행동'을 했을 것이다.
- 해결방안이 얼마나 효과가 있었는지 확인하고 나서 어떤 성격이든 피드백을 받았을 것이다.
- 필요할 경우 이런 과정을 정교화하거나 수정했을 것이다.

우리는 하루, 1년, 평생에 걸쳐 셀 수 없을 정도로 이 과정을 되풀이한다. 교통정체 상황에 처했을 때 가장 좋은 우회로를 탐색하거나, 곤란한 금전문제를 해결하거나, 새는 수도꼭지를 수리할 때에도 마찬가지다. 어떤 문제를 겪을 때마다, 문제점을 이해하고 해결방안을 짜고 행동을 취하는 기회를 갖게 된다. 이것이 지각/행동 사이클이 작동하는 방식이다. 행동이 성공(혹은 실패)한다면, 새로운 정보와 이해를 추가로 얻을 기회를 얻는다. 무언가를 배운다. 따라서 일상의 문제를 해결하고 주변세계에 적응하는 과정이 바로 자연적 학습의 핵심이다. 문제해결과 의사결정을 연구하는 전문가들조차도 이른바 '자연적 의사결정방식(naturalistic decision making)'을 연구하고 있다(Zsambok & Klein, 1997).

이러한 인간의 타고난 학습과정이 지구상의 모든 사람과 문화에 존재하는 것은 당연한데도, 전통적인 공교육에서 선호하는 분절되고 통제하는 학습방식은 이것을 대체로 무시하거나 배제하는 경향이 있다. 이 학습과정을 간략하게 도식화하면 그림 5.1.과 같다.

본질적으로 경험은 다음과 같은 질문으로 이어진다. 이게 뭐지? 이것에 대해 내가 알고 있는 것은 무엇이지? 이것으로 무엇을 할 수 있지? 그런 뒤에는 상황설정·방안수립·행동·피드백이 이어지면서 일종의 학습이 이루어진다.

비록 매우 단순한 수준에서이긴 하지만 아기는 이 자연적인 과정에 푹 빠져서 산다. 아기는 늘 문제를 풀고 있다. 이것이 바로 고프닉(Gopnik) 연구진이 아기를 '요람 속의 과학자'라고 지칭한 이유다(1999). 요람에 안전하게 누운 채, 아기는 한 대상을 관찰하고 그것에 흥미를 느끼고(지각한다), 그것에 손을 뻗고, 대상이 주는 느낌과 반응을 통해 피드백을 얻고, 그것을 발로 차고 또 차고(행동한다), 벌어지는 일을 통제하려 시도한다. 이 과정을 반복

그림 5.1. **지각/행동 사이클**

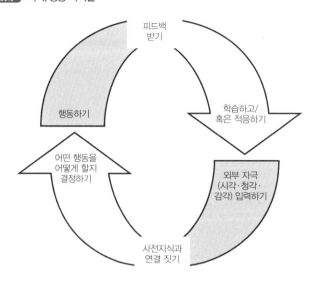

하면서 아기는 그 대상이 무엇인지, 그리고 그것을 어떻게 조작할 수 있는 지를 배운다. 이 단순한 상호작용을 토대로 신경세포는 전기화학적 신호를 발신해 새롭게 얻은 통찰력을 아주 간단한 지식망의 형태로 표상한다. 미래 의 새로운 경험이나 학습은 이런 바탕 위에서 이루어지고 확장된다. 이 과 정은 모든 사람이 삶에서 문제를 해결하고 부지불식간에 배우게 되는 방식 의 근간이 된다. 이 과정은 세상과 자기 자신을 이해하는 기본 플랫폼인 것 이다.

개인은 행동에 대한 결과로서 피드백을 받고 그 피드백은 다음에 어떻게 행 동할지 지침을 제공한다. 따라서 개인이 피드백에 반응하는 정도에 따라, 모 든 상호작용은 주변상황에 반응하고 더 지적으로 행동하도록(원하는 결과를 얻을 수 있는) 개인역량의 변화로 이어질 수 있다. 요컨대 개인은 배우고 배우는 과정 전체는 자연적인 과정이다.

일상생활 속의 지각/행동 사이클 사례

최근에 교통정체로 발이 묶였던 때를 떠올려보라. 당신은 감각(시각, 움직임, 청각 등)을 통해 문제가 있음을 알아차렸다(지각). 다음과 같이 대안을 생각해보았다. "여기 그냥 있을까, 아니면 시내도로는 혹시 덜 막히지 않을까?" 그런 뒤 결정을 내렸다. 다른 길이 덜 막힐지 확실하지 않은 경우, 당신은 그냥 가던 길을 계속 가면서 짜증을 내거나 라디오를 듣거나 친구에게 전화를 걸거나 나름대로 스트레칭을 할 것이다(행동). 행동은 결과에 따라 그 행동이 그 상황에 맞았는지에 대한 정보를 얻을 수 있다(피드백). 돌이켜보면, 아마 당신은 나중에 교통정체에 빠질 때마다 그런 전략을 택했을 것이다. 위 교통정체 상황에서 당신이 지도에서 대안 경로들을 살펴보거나, 일행에게 우회로가 있는지 묻거나, 인터넷으로 우회로를 검색하는 과정을 거치지 않고 목적지에 도착했더라면, 새롭고도 유용한 지식을 얻을 기회를 놓쳤을 수도 있다. 반면에 당신이 즉시 행동을 취하기로 하고 그 고속도로를 벗어났다면, 당신은 위험을 감수하며 내린 결정에 대해 즉각적인 피드백을 얻을 수 있었을 것이다.

이 과정 전체가 너무나 자연스럽게 무의식적으로 이루어지기에, 대부분의 사람들은 그것을 사용하면서도 그것이 강력한 학습가능성을 지니고 있음을 결코 알아차리지 못한다. 사실상 지각/행동 사이클은 일상생활을 제대로 해내기 위해 필요한 것을 알아차리고 크고 작은 문제들을 해결하는 지속적인 흐름이라고 할 수 있다. 인간의 문제해결능력은 경이롭다. 성인이 하루 동안 내리는 모든 결정을 곰곰이 살펴본다면 이 말에 동의할 것이다.

첨단 미디어를 활용하는 세계는 지각/행동 역학과 지각/행동 사이클을 둘 다 활용한다. 이점을 더 명확히 이해하려면 지각/행동 사이클의 이면에 있는 과학을 좀 더 자세히 살펴볼 필요가 있다.

6장 지각/행동 사이클의 과학

부모는 애들을 키워보면 어린아이들이 타고난 학습자임을 금방 알아차린다.
아이들은 정보를 모아서 주변 세계를 이해하는 데 여념이 없는 탐험가나 연구자와 다름없다.
대체로 이 학습은 교육[직접교수]의 산물이 아니라, 숨을 쉬는 것처럼 자연스럽고
누구에게나 한결같이 일어나는 학습활동의 결과물이다.

– 안젤라 엔절(Angela Engel, 2000, p. 9)

앞장에서 우리가 그리던 그림은 아직 완성된 것이 아니다. 지각/행동 사이
클은 다양한 수준에서 다양한 방식으로 전(全)인격체에 관여하기 때문이다.
신경과학자 안토니오 다마지오(Antonio Damasio, 1994)는 이점을 다음과
같이 더욱 명료하게 표현했다.

1. 인간의 뇌와 몸은 서로 분리할 수 없는 하나의 유기체이다.
2. 인간이라는 유기체는 하나의 총체로서 환경과 상호작용을 한다. 그 상
   호작용은 뇌나 몸 어느 하나만으로는 불가능하다. (pp. xvi – xvii)

실제로 모든 아이는 주변 세계에 적응함으로써 살아가는 '전인적' 아동
(whole child)이다. 이점에서 우리는 학교에서의 학습문제를 아직 제대로
해결하고 있지 못하다. 학습이 무엇인지 그것이 시사하는 바가 분명함에도

불구하고 말이다. 지금 우리는 본질적으로 학교가 필요로 하는 학습의 기본 토대를 구축하고, 여기에 첨단 기술이 어떻게 잘 활용될 수 있는지 살펴보는 중이다.

지각과 행동을 통해 본 뇌 구조

우리가 어떤 행위를 할 때, 지각과 행동이라는 두 계층구조는 환경과 역동적으로 상호작용하는 사이버네틱 사이클(cybernetic cycle, 목표·실행·피드백·조정 과정을 거치면서 어떤 시스템이 환경과 상호작용하는 자기조절과정 – 편집자)에 관여하게 된다. 나는 이것을 지각/행동 사이클이라고 부른다.

－호아킨 푸스테르(Joaquin Fuster, 2003, p. 74)

3장에서도 말했지만 뇌의 구조를 토대로 지각/행동을 더 정확하고 흥미진진하게 설명한 인물은 신경과학자인 호아킨 푸스테르(Joaquin Fuster, 2003)이다. 그는 뇌 전체 기능의 전반적인 구성원리가 지각과 행동이라는 쌍을 이룬 계층구조를 토대로 한다고 주장한다. 각 계층구조는 아주 단순한 모듈 수준에서부터 매우 복잡하고 통합적인 수준에 이르기까지 다양한 수준에서 작동하며, 모든 수준에서 지각과 행동은 그 과정 내내 서로 신호를 주고받는다. 그의 이론은 자연적 학습방식을 설명하는 새로운 학제 간 통합이론과 완벽하게 들어맞는다. 학제 간 연구의 메타분석 결과를 바탕으로 1991년에 '뇌/마음 학습원리 12가지'를 제시한 이래로 우리는 이 분야의 연구결과를 계속 추적해왔다. 또한 새롭게 쏟아지는 인지심리학과 신경과학의 연구결과에 비추어 이 원리들이 유효한지 재검토했다(Caine et al.,

2009). 이 원리들은 지각/행동 사이클 과정을 설명하는 데 도움이 될 내용이므로 여기에 간략하게 소개하기로 한다.

이 원리에서 핵심 개념은 인간은 하나의 통합된 유기체로서 각자 살아간다는 것이다. 즉, 몸·뇌·감정·마음이 모두 학습에 관여한다는 의미이다. 유용하면서도 정확한 학습원리를 도출하기 위해 우리는 신경과학에서부터 인지심리학에 이르기까지 다양한 분야의 연구를 통합적으로 접근하는 방식을 택했다.

어떤 개념이 학습원리로 선정되려면 다음 네 가지 기준을 충족해야 한다.

- 원리가 기술하는 현상은 보편적이어야 한다. 뇌/마음 학습원리는 개개인의 유전적 변이·독특한 경험·발달과정의 차이와 상관없이 모든 사람에게 해당되는 것이어야 한다.
- 어느 특정한 원리를 규명하려면 두 분야 이상을 포괄적으로 살펴보는 연구여야 한다. 학습원리는 한 체계의 특성을 기술하므로, 다양한 분야에 걸친 연구를 통해 타당성이 입증되고 확인되어야 한다.
- 원리는 미래의 연구결과를 예측할 수 있어야 한다. 앞으로 발견되는 연구결과에 의해 각 원리가 보완되고 입증되어야 한다. 예를 들어, 감정과 인지의 연관성을 규명한 연구의 상당수는 우리가 학습원리를 처음 정립(Caine & Caine, 1991)한 이후에 나왔다.
- 원리는 현실에 적용할 수 있어야 한다. 적어도 학습원리는 효과적이면서 일반적인 기본 틀을 구축할 토대를 제공해야 한다. 이는 교수와 훈련방식을 결정할 때 지침이 되고, 적절한 방법과 전략을 파악하고 선택하는 데 도움을 주기 때문이다.

뇌/마음 학습원리 12가지는 다음과 같다.

1. 모든 학습에는 몸과 마음이 동시에 작용한다.
2. 뇌/마음은 사회적이다.
3. 뇌의 의미탐색능력은 선천적이다.
4. 의미탐색은 사전에 알고 있는 것과 연관시켜 정보를 조직화·범주화함으로써 이루어진다.
5. 감정은 학습과 의미의 이해를 위해 결정적으로 중요하다.
6. 뇌/마음은 부분과 전체를 동시에 처리한다.
7. 학습은 초점주의와 주변지각을 둘 다 수반한다.
8. 학습은 의식적 처리와 무의식적 처리를 둘 다 수반한다.
9. 기억에는 적어도 두 가지 접근이 있다. 즉, 단편적 지식의 명시적 암기와 일상생활 속 경험의 암묵적 기억이 그것이다.
10. 뇌의 발달은 단계적이며 이런 단계를 존중할 때 학습은 효과적으로 일어난다.
11. 고도로 복잡한 학습은 도전적일 때 동기가 강화되고 무력감·피곤 등을 동반한 두려움을 느낄 때 억제된다.
12. 사람의 뇌는 각기 다르다.

위 12가지 원리는 지각/행동 연구결과와 완벽하게 일치한다. 인간은 일상생활에서 이 뇌/마음 학습원리에 의해 드러나는 능력을 활용한다. 푸스테르는 탁월한 뇌 기능모형을 개발했으며, 그것은 위의 12가지 원리가 나타내는 학습의 모든 측면을 통합한다.

뇌의 피질은 어떻게 발달할까

푸스테르(Fuster, 2003)에 의하면 지각과 행동은 뇌에서 함께 작용하면서 환경과 지속적으로 주고받는 상호작용을 기반으로 기능과 지식을 함께 '엮는다'. 도표 6.1은 푸스테르의 연구를 토대로 이 과정의 핵심 요소를 간략하게 정리한다. 일상생활에서 지각/행동 사이클이 작동할 때 개인에게 어떤 일이 일어나는지 잘 정리되어 있다. 또 개인이 가질 수 있는 경험의 질도 일부 소개되어 있다. 감각피질(sensory cortex)과 운동피질(motor cortex) 간의 상호작용이 하나의 경험처럼 거의 동시에 이루어진다는 점에 유념할 필요가 있다. 여기에서는 단지 이해를 돕기 위해서 이 둘을 인위적으로 분리했을 뿐이다.

도표 6.1에서 알 수 있는 것은 대뇌피질(겉질)이 정보를 조직하고 저장하며 생각과 행동을 처리하는 데에는 순서가 있지만, 몸·뇌·마음이 이 과정에 다 참여한다는 것이다. 앞장의 도표 5.1에서는 지각과 행동을 분리했다. 이제 이 도표 6.1을 명확히 설명하고 피질의 계층구조를 상세히 살펴보기로 하자.

- '최소' 단위의 개별 수준에서 지각은 감각입력을 수반하며, 행동은 그러한 입력과 연관된 단순한 활동들로 이루어진다.
- 이러한 감각입력과 행동의 조각들이 더 큰 단위의 지각처리 활동에 통합된다.
- 감정은 변연계(limbic system)와 다양한 신경전달물질을 통해 일정 부분 매개되며, 모든 처리단계에 작용한다.
- 사회적 상호작용과 신체적 맥락 전체가 관여하면서 '거울뉴런'(mirror

감각피질		운동피질
• **최하위 단계** 소리·냄새·광경·맛 등의 감각인상은 대개 뇌 뒤쪽에 있는 특정한 피질영역(후두엽)에서 처리된다. **함의**: 새로운 상황과 문제는 대개 뉴런의 물리적 연결을 수반한다.		• **최하위 단계** 시선의 방향을 바꾸는 것부터 대상을 향하거나 대상에서 멀어지는 동작에 이르기까지 단순한 움직임을 처리한다. 개인이 새로운 무언가(호기심을 불러일으키는)와 마주칠 때, 눈동자가 커지고 몸(그리고 뇌)에서는 호르몬이 분비되며 그것에 다가가거나 그것으로부터 물러선다.
• **일차 연합피질** 뇌는 감각정보를 받아들이자마자 거의 즉시 통합하여 하나의 '표상'을 구성한다. **함의**: 감각작용과 기존에 구축한 범주들을 토대로 개인은 자기 앞에 놓인 것, 즉 자신이 경험하고 있는 것의 첫인상을 만든다. 이들은 특징과 관점을 인식할 뿐만 아니라 하나가 되어 총체적으로 일어난다.	↔	• **행동** 기본적인 동작들이 모여서 간단한 행동을 형성한다. 호기심이 지속되면 개인은 타고난 욕구를 반영하는 방식으로 움직인다. 이것이 새로운 경험에 대한 인간의 반응방식이다.
• **이차 연합피질** 자발적이고 자연스럽게 이 피질의 영역들(많은 영역이 뇌의 나머지 영역 및 몸과 연결되어 있다)은 현재의 경험을 과거의 경험(기억) 및 감정자료와 통합하여 자기에게 의미 있는 방식으로 개념화하고 통합한다. **함의**: 개인은 자신이 감각정보를 통해 무엇을 경험하고 있는지 확인하기 시작한다. 무엇을 인식하느냐는 과거의 경험·지식·현재의 감정상태에 따라 달라진다. 이 시점에서 개인은 자발적으로 질문하고 대답을 요구한다.	결정	• **프로그램** 기본적인 행동들이 서로 엮여서 잘 통합된 프로그램을 형성한다. 프로그램은 주어진 상황에 적용하는 자동화된 반응방식이다. 이보다 높은 단계에서는 심화독서·온라인리서치·아이디어 실험·프로젝트 수행과 같은 행동들이 이루어진다.
• **전전두피질** 결정을 내리거나 행동을 할 때 활성화된다. 이와 같은 일을 할 때 이용할 수 있는 모든 내/외부 자료에 접근하여 그것들을 통합하므로, 통합피질(Integrative Cortex)이라고도 한다. **함의**: 일단 의문이 들면, 개인은 그 의문이나 상황에 맞는 적절한 답을 찾을 기회를 필요로 한다.	↔	• **계획** 뇌과학적으로는 계획의 수립도 일종의 운동 성격의 활동이다. 위에 열거한 모든 활동은 구체적인 상황을 다루거나, 질문에 답하거나, 특정한 상황에 반응하거나, 문제를 풀기 위해 일관된 행동계획을 세우는 데 관여한다. 일단 문제가 제기되었거나 행동이 요구되면, 개인은 어떻게 문제를 해결하고 무엇을 만들 것인지 이에 대한 계획을 세운다.
• **전전두피질의 집행기능** 개인적으로 의미가 있는 질문을 받고 행동을 하거나 문제를 해결해야 할 때 활성화된다. **함의**: 지각에는 시간표·계획·순서·논리·기록·세부설명의 필요성을 이해하는 것도 포함된다.		• **개념** 새로 이해한 것을 특정한 형태로 개념화하고 실행할 수 있다. 계획을 세우고, 시간표를 짜고, 체계적으로 해결책을 찾고, 타협하고, 새로운 지식과 생각을 기록하는 이 모든 것이 행동에 포함된다. 새로운 학습은 이렇게 이루어질 수 있다.

neurons, ☞7장 참조)과 더 큰 지각장(perceptual field)을 작동시킨다.

• 해마(hippocampus)와 연합피질(association cortex) 같은 뇌 영역들이 참여함으로써 새로운 경험과 지식은 기존의 경험 및 지식과 연결된다.

• 생각·상상·계획·의사결정을 관장하는 높은 수준의 기술들이 있으며, 그런 기술은 주로 전전두피질(prefrontal cortex)에서 처리된다.

이렇게 뇌는 부분과 전체라는 상하 계층구조의 측면에서 작동한다. 켄 윌버(Ken Wilber, 2001)는 그것을 '홀라키(holarchy)'라고 한다. 홀론(holon)은 부분이자 동시에 전체인 것을 가리키는 용어이다. 홀라키는 홀론들의 계층구조이다. 뇌는 특화된 기능을 담당하는 영역들로 구성되어있다. 한편 뇌에 있는 영역들의 상당수는 신경망, 즉 지식망으로 통합되어 '매 순간의' 지각과 행동을 함께 처리한다. 우리는 지금 모든 사람이 지니고 있는 타고난 정보처리과정을 이야기하고 있으며 이점이 중요하다. 이 과정은 일상생활에서 그리고 실제 삶을 해체해 교육과정으로 재구성한 학교에서도 작동한다. 이 모든 과정이 생물학적으로 타고난 대로 일어나는 것임을 인식한다면, 가르칠 때 이 원리들과 지각/행동을 활용함으로써 어떤 식으로 교육을 혁신할 수 있을지 파악할 수 있을 것이다.

아울러 선택·결정·행동이라는 지속적인 작용에도 주목하자. 이들은 집행기능 발달에 강력한 영향을 발휘하는 요인들이다.

삶과 과학이 융합된 사례

여기서는 앞에서 정리한 지각/행동 사이클의 내용을 한 아이가 자연스럽게

경험하는 사례를 통해 살펴보기로 한다. 또한 이 사례를 통해 우리는 하나의 사건과 이에 해당되는 뇌/마음 학습원리에 대한 해석을 제공할 것이다. 궁극적으로 지각/행동 사이클의 단계와 체계는 현실세계의 문제를 해결할 때 누구나 경험하게 된다.

모든 아동은 늘 경험의 바다에 푹 빠져 산다. 이런 경험은 감각정보의 처리와 이에 대응하는 행동의 지배를 받는다. 아동은 감각정보가 형성하는 느낌과 끊임없이 일어나는 작은 행동들에 빠져 사는 것이다. ["모든 학습에는 몸과 마음이 동시에 작용한다." - 원리 1.]

이 정보의 바닷속에서 이따금 흥미를 끄는 새로운 것을 마주하면 아이는 거기에 주의를 집중한다. 이는 어둠이 깃들 때 반짝이는 처음 보는 반딧불이나 별똥별일 수도 있다. 아니면 해변의 신기한 조약돌이나 조개껍데기 같은 더 평범한 물건일 수도 있다.

주의는 새로운 것에 의해 촉발된다. 아동이 주의를 집중할 때 바로 이때 지각과 행동은 상호작용을 한다. 모든 사람은 주변의 지각정보에 둘러싸여 살고 있으며, 이 중 어떤 정보에 주의를 기울이고 행동을 할 것인지 끊임없이 선택한다. ["학습은 초점주의와 주변지각을 둘 다 수반한다." - 원리 7.]

아이는 대상이 무엇이든 그것에 관해 먼저 패턴을 찾고 이해하려고 한다. 또한 새로운 정보를 자신이 이미 경험한 것, 즉 기억에 저장된 사전지식과 연결시켜 비교해봄으로써 이해를 시도한다.

새로운 정보를 접하면 아동은 그것이 무엇인지 해석하고 싶어 하며, 뇌/마음은 자동적으로 사전지식과의 연결을 통해 의미를 탐색한다. ["뇌는 선천적으로 의미를 탐색한다." - 원리 3.]

아이는 새로운 정보(사물이나 경험)가 흥미로울 때 이에 대해 더 알고 싶어 질문이 샘솟는다. "어디에서 온 것일까?" "왜 그렇게 작동할까?" "나는 무엇을 해야 할까?" "더 알려면 어디를 찾아야 할까?" "무엇이 그렇게 만들었을까?" "무엇이라고 부를까?" "왜 이러저러할까?"

감정은 더 몰입상태가 된다. ["감정은 패턴형성에 대단히 중요하다." - 원리 5.] 감정은 끊임없이 의미를 찾는 과정에서 행위자가 그때그때 적절한 질문을 던지는 것과 비슷하다.

그런 질문들은 명확히 표현되지 않았을 수 있지만, 방향을 가리키고 몸짓을 하는 것만으로도 잘 통한다. 이는 자신의 궁금증을 해소하는 일을 누군가 도와달라는 암시이자 요구인 것이다.

질문은 아직 언어화되지 않고 불분명한 상태일 수도 있다. 예를 들어, 멜초프 등(Meltzoff et al., 2009)은 언어와 운동 사이에 깊은 상호연관성이 있다고 했는데, 둘 다 발달하는 데 시간이 걸린다. ["뇌의 발달은 단계적이며 이런 단계를 존중할 때 학습은 효과적으로 일어난다." - 원리 10.]

지금까지 살펴본 질문과 행동은 앞서 예로 든 그 아이가 한 것이었다. 이렇게 아이가 끊임없이 던지는 내면의 질문(호기심 - 옮긴이)은 개인이 욕구를 해소하는 방식이다. 창피당할까 봐 두려워하지 않으며 어떤 질문도 할 수 있고, 동기가 유지되며 스스로 해볼 수 있도록 주위 사람들이 도와주면, 아이는 더 깊이 탐구하며 질문을 던지게 된다.

내적 동기가 강하고 어떤 실수를 해도 안전하다고 느끼면 아이는 현상을 더 깊이 있게 탐구하고 정보를 수집한다. ["고도로 복잡한 학습은 도전적일 때 동기가 강화되고 무력감·피곤 등을 동반한 두려움을 느낄 때 억제된다." - 원리 11.]

과거에는 아이의 질문에 직접 답해줄 만큼 잘 알고 있는 어른이 필요했다. 다행히도 집안에 그런 어른이 있으면 문제를 해결할 자원을 제공하거나 직접 답변해주기도 했다. 어른들은 더 많은 정보를 제공함으로써 아이가 답에 접근해갈 수 있도록 해주었고, 상상력이 이끄는 대로 따라갈 수 있는 방법을 알려주기도 했다.

아동은 어느 정도 안내해주기를 바랄 수 있고 그럴 필요도 있다. 멘토가 도울 수 있는 한 가지 방법은 아동이 자신의 경험을 생각하고 처리하도록 이끌어주는 것이다. 심층적인 처리과정은 기억뿐만 아니라(Craik & Lockhart, 1975) 패턴을 찾아내고 개념을 형성하는 데에도 핵심이 된다. 이러한 패턴탐색 및 개념형성을 위해서는 성찰하고 식별해낼 시간이 필요할 수도 있다. [두 가지 원리가 적용된다. "학습은 의식적 처리와 무의식적 처리를 둘 다 수반한다." - 원리 8; "의미탐색은 사전에 알고 있는 것과 연관시켜 정보를 조직화·범주화함으로써 이루어진다." - 원리 4]

또한 이번에도 운 좋게 '전문가'는 완벽한 해답을 제공하는 대신에 아이가 더욱 호기심을 갖도록 잘 이끌어주었다. 그 어른(전문가)은 어떤 핵심 정보를 제공했을 뿐만 아니라 더 많은 질문을 하고, 아이가 친구와 함께 또는 홀로 수행하거나 연구할 수 있는 것들을 알려주었다. 아이가 친구와 사귀고, 남들과 함께 하고, 사물을 이해하려 애쓰고, 정보를 얻고, 어른을 모방하고, 전반적으로 당면 과제에 점점 익숙해져가는 과정에는 집과는 다른 강력한 사회적 요소가 있다.

> 학습은 직접적이고도 간접적인 사회적 과정이다. 형식적이지 않은 학습 및 남들과의 관계는 이해를 촉진한다(Bell, Lewenstein, Shouse, & Feder, 2009). [두 원리가 적용된다. "뇌/마음은 사회적이다."-원리 2; "고도로 복잡한 학습은 도전적일 때 동기가 강화되고 무력감·피곤 등을 동반한 두려움을 느낄 때 억제된다."-원리 11.]

아이를 계속 격려하고 학습동기를 유지하게 해줬더니 아이는 더 깊이 이해하고 좀 더 구체적인 활동을 하기로 마음먹었다. 어쩌면 색다른 암석들을 수집하고 무게·색깔·크기·모양에 따라 분류하기로 했을 수도 있다. 혹은 낮에 반딧불의 행동상태를 관찰하기 위해(어른의 도움을 받아) 유리병에 반딧불을 넣기로 결심했을 수도 있다. 우리는 아이들이 자전거나 스케이트보드 타는 법을 배우거나 어떤 운동을 배우려고 할 때, 한 번에 몇 시간씩 집중하면서 훈련하는 모습을 본 적이 있다.

> 심지어 아주 어린 아동도 선택을 하고 계획을 짜고 행동을 할 능력을 어느 정도 지니는데, 이런 능력은 뇌의 상위인지능력인 집행기능에 속한다. 경

험의 통합은 계층구조의 다양한 수준에서 지속적으로 이루어지며 최종적으로는 전전두피질에서 완성된다. ["뇌/마음은 부분과 전체를 동시에 처리한다." - 원리 6.]

아이는 끊임없이 의문을 품고 때로는 새로운 의문을 통해 많은 것에 대한 실험을 지속했으며 매우 다양한 결과를 얻었다. 아마 암석은 바짝 말랐을 때 색깔이 변했을 것이고, 반딧불은 낮에 깜박임을 멈추었을 것이다. 행동의 결과는 아이에게 중요한 정보와 함께 지속적인 피드백의 역할을 했다. 관찰하고 시도하고 기억하고 질문하고 계획을 세우고 결정을 내리고, 이해한 것을 응용하고 전반적으로 좀 더 효과적인 수행이 가능하게 되자 그야말로 무한한 기회가 아이에게 열렸다.

행동에는 결과가 따른다. 실험은 결과물을 내놓는다. 이것은 의문을 풀어주고 이해와 역량으로 이끌어주는 피드백이 된다. ["뇌의 발달은 단계적이며 이런 단계를 존중할 때 학습은 효과적으로 일어난다." - 원리 10.]

일단 어떤 결과물(이를테면 암석 표본들)이 만들어지거나 어떤 기술(색깔을 유지하려면 암석을 축축한 상태로 만드는 법을 터득하는 식으로)을 숙달하게 되면, 이것은 어딘가에 어떤 식으로든 나타났거나 보였을 것이다. 그럼으로써 다른 누군가는 아이가 한 일에 반응할 기회를 얻게 되었을 것이다. 아니면 더 전문성을 갖춘 누군가가 도전적인 질문을 통해 어떤 것이 작동했는지 혹은 작동하지 않았는지 지적할 기회를 갖게 되었을 수도 있다. 또는 언어나 계산이나 관찰이나 세부적인 사항을 더 다듬어야만 하기도 했을 것이다. 이런 피드백은 아이를 돌봐주는 어른으로부터 나왔다. 이 양육자는 시간을 내어 더 나은 접근법의 모델을 시범적으로 보여주었고, 아이는 이 접근법을 통해 자신의 생각을 다듬고 전문가가 어떻게 작업하는지 알 수 있었다. 이런 피드백은 새로운 학습으로 이어졌다. 하지만 피드백이 유용하려면 비교적 즉각적이고 객관적이며 존중하는 분위기에서 아이의 관심사와 연관되어야 한다.

경험의 전(全) 과정과 최종 결과물에 대한 피드백이 상시적으로 제공되어야 한다. 이는 학습이 지속적으로 일어나고 기능을 좀 더 정교히 하는 데 필수적이다. 또 한 가지 주목할 점은 동기가 그렇듯이 이 과정은 지속적인 사회적 관계 속에서 일어난다.

아마도 이런 전반적인 경험은 순차적으로, 즉 한 번에 한 단계씩 진행되지 않았을 가능성이 높다. 이 아이는 종종 주의가 산만해지고 다른 데 관심을 돌리기도 했으며, 전혀 무관한 다른 일에 끼어들기도 했다. 하지만 흥미가 지속된 경우에는 동일하거나 비슷한 질문 혹은 행동으로 되돌아왔다. 그리고 설령 그 과정이 다른 수준의 단계들로 구성되고 다양한 형태의 지각과 행동으로 이루어진다고 해도, 여기서 중요하게 언급해둘 점은 모든 과정에 아이의 전인적 참여가 있었다는 사실이다. 즉, 감각·운동·몸·감정반응·대인관계·물리적 환경·기존의 기억·사고와 신념·기대·마음상태 등이 모두 기어하면서 영향을 미쳤다.

아동의 전인적(whole child) 참여가 일어났다.

이 전체 과정은(노력이 전혀 없었던 것은 아니었지만) 인간이 태어날 때부터 가지고 있던 방식대로 일어났다. 비록 이따금 집중력을 발휘하고 많은 연습을 해야 할 때도 있었지만, 강요를 받아서 아이가 억지로 한 경우는 거의 없었다. 아이가 하는 질문들은 자신과 관련된 것이라서 아이에게 매우 중요했다. 아이는 자신이 오감을 통해 직접적으로 경험한 것에 질문의 초점을 두었다.

비록 직접 가르쳐야 할 것들도 있지만(가위를 사용하는 법이나 지워지지 않는 유성펜과 지울 수 있는 수성펜을 구분하는 법 등) 이 전체 과정을 어른이 떠안아서 통제를 한다면 여러 면에서 학습에 방해가 될 수 있다. 놀라운 사실은 아이를 지켜보는 많은 어른이 쉽게 오해를 하거나, 이 학습과정을 아예 알아차리지 못하는 경우가 많다는 것이다. 진행 중인 활동이 너무 '난장판'이고 뒤죽박죽인데다가 아무런 학습이 이루어지지 않는다고 생각할 수도 있을 것이다. 사실은 뇌가 현실세계의 경험을 반영하는 방식으로 조직하고 체계를 갖추느라 믿어지지 않을 만큼 바쁘게 활동하는 중인데도 말이다.

질문과 결정의 핵심 역할

지각/행동 사이클 과정에 한 가지 불변적 요소가 있다. 아동이 스스로 질문을 던지고 결정해야 한다는 점이다. 아동은 학습의 과정에서 수많은 질문을 던지고 결정을 내린다. 정도의 차이는 있겠지만 대부분의 교육이 갖는 취약점 중 하나는 질문을 하고 결정을 하는 권한을 학습자에게서 빼앗는다는 점이다. 그렇다면 어떤 종류의 질문과 결정이 가장 중요할까?

질문과 결정의 유형을 정의하고 분류하는 방식은 많다. 지금까지 알게 된 가장 유용한 용어는 학습자 중심의 적응적(상황에 따라 적절히 대응하는 - 편집자) 결정과 학습자 중심의 적응적 질문이라는 개념이다. 본질적으로 이 결정과 질문은 당사자 개인에게 매우 중요하기 때문에 그들이 직접 묻고 결정해야 한다(Goldberg, 2001).

행위자 중심의 적응적 질문

행위자[하생] 중심의 적응적 질문을 하면 지각/행동 사이클이 지속적으로 일어난다. 그 질문들은 더 많이 알고 싶거나 자신에게 중요한 무언가를 하고자 하는 내면의 욕구에서 나오기 때문이다. 이런 질문은 결국 푸스테르(Fuster, 2003)가 말하는 '적응적 행동(Adaptive Action)'이 된다(p.165). 따라서 '행위자 중심의 적응적 질문(Actor-centered adaptive questions)'은 적응적 결정 그리고 적응적 행동으로 나타나게 된다.

어른들은 행위자 중심의 적응적 질문과 결정으로 가득한 세계에서 산다. 중요한 회의를 열고 비용을 예측하고 중요한 사람과 의사소통을 할 최상의 방법을 스스로 결정한다. 이런 종류의 질문과 이에 따른 행동은 인간이 일상생활을 해갈 때 필요한 지각/행동 사이클을 추동하는 특징이다. 그러나 이러한 질문과 행동은 전통적인 학교교실에서는 좀처럼 찾아보기 힘들다. 마치 어른들의 공동체 전체가 그런 종류의 질문은 학습에 중요하지 않다고 결정을 내린 것 같다. 하지만 뇌의 집행기능은 그런 질문을 통해서 발달한다.

예를 들어 다음과 같은 질문을 생각해보자. "지구에서 달까지의 거리는 얼마나 될까?" 이것은 이 문제가 자신과는 아무런 관계가 없다고 보는 학생에게 교사가 물을 수 있는 질문이다. 하지만 학생이 개인적으로 의미 있는 탐구나 과제를 할 때에는, 이때 정보는(단순히 하나의 사실로서 암기된 것이 아니라) 자신의 행동과정에서 중요한 것이 되므로(적응적) 위 질문은 행위자 중심의 적응적 질문이 된다. 가령, 학생이 크게 흥미를 느끼는 우주에 관한 프로젝트를 선택했다면 위 질문을 던질 수도 있는 것이다.

교사가 학생들에게 암기하라고 주는 모든 사실과 공식도 알고 보면 처음에는 누군가가 행위자 중심의 적응적 질문을 했던 것이고 거기에서 발전된 것이다. 아인슈타인·에디슨·갈릴레오·퀴리부인 등이 적응적 질문으로 뭔가를 발견한 대표적인 과학자들이다.

행위자 중심의 적응적 결정

행위자[학습자]가 상황에 따라 적절히 대응하는 행위자 중심의 적응적 결정은 지각/행동 사이클이 펼쳐지는 가운데 이루어져야 하며 이는 행위자에게 매우 중요하다. 이런 결정은 개인적인 욕구를 해결하기 위한 상황에 대처하거나 질문에 대해 숙고한 끝에 나온 결과이다. 이것은 전전두피질을 참여시키고 고등사고력을 발휘하는 문을 연다. 이는 중앙집행기능을 통해 이루어진다. 이것은 애매한 상황에서 나아갈 행동방향을 생각해낼 때 이루어지는 결정이다. 사실 개인은 수많은 대안을 놓고 자유롭게 결정을 내릴 수 있다. 이것이 말로는 쉽지만 실제로는 거의 그렇게 하지 못한다. 학생들의 행동욕구를 일으키는 질문들은 균형을 잃을 때가 많기 때문이다. 우리는 위대한 과학자들이 수많은 실험의 실패를 겪은 후에 하는 질문과 결정뿐만 아니라, 처음에 제시할 때는 거절당했던 청소년들의 질문과 결정도 또한 살펴봐야 한다.

행위자 중심의 적응적 결정은 변화하는 세계에 적응하고 그 세계와 유연하게 상호작용할 능력을 개발하는 데 절대적으로 필요하며, 이런 결정에 의해 지각/행동 사이클은 돌아간다. 이런 질문과 결정은 집행기능을 가동시키고 발달시키는 데에도 반드시 필요하다. 행위자 중심의 질문과 결정은 대개 동전의 양면처럼 작동한다.

남이 한 질문과 결정

잘 가르치겠다는 의지를 가진 선의의 교육자도 자칫 자신의 질문이 최선의 것이고 학생에게 아주 중요한 것이라고 가정하기 쉽다. 여기서 중요한 것은 질문의 질이 아니다. 학생이 그 질문에 얼마나 관심이 있느냐 이것이 중요한 것이다. 학생과 교사의 관계가 적절하다면, 능동적 처리과정(Active Processing, 뒤에서 다룰 것이다)에서 교사는 질문을 할 때 학생이 자신의 삶과 관련되는 것이라고 느낄 만한 질문을 할 것이다. 그렇지 않다면 질문이 아무리 잘 짜여있어도 그 질문은 학생의 내적 동기를 유발하지 못해 이해와 역량개발로 이어지지 않는다. 왜냐하면 그것은 학생 중심의 적응적 질문, 즉 학생과 관련성이 깊은 질문이 아니기 때문이다.

남이 한 질문은 개인적인 관련성이 적기 때문에 대개 강요받는 느낌을 준다. 남이 제시한 질문은 수많은 다지선다형 시험문제를 출제할 수 있는 바탕이 되며, 이에 대한 답은 어떤 검색엔진에서든 쉽게 찾을 수 있다. 학생이 암기했느냐의 여부를 묻는, 지구에서 달까지의 거리(중심에서 중심까지 약 384,000km)와 같은 질문이 그 하나의 예다. 이 정보는 어느 누구라도 맞고 틀린지를 확인할 수 있는 효과적이고 안정된 정보패턴을 보여준다. 하지만 그 답은 더 이상의 질문을 도출하지 못하며, 특히 상위인지사고력을 이끌어내지 못한다. 바로 이점에 주목해야 한다. 그 거리를 누가 어떻게 구했는지, 그 거리를 가려면 우주선의 연료가 얼마나 들지, 달에 착륙하는 데 그 거리가 어떤 영향을 미칠지를 궁금해 할 필요가 전혀 없는 것이다. 왜냐하면 다른 누군가는 중요하게 생각했던 질문에서 그 답이 나온 것일 수는 있지만, 우리가 그것을 이해하지 못하기 때문에 질문은 거기서 끝나고 만다. 물론 더 이상 다른 질문을 하지 않는다면 말이다.

무의미한 답인데도 그 답을 구해야 한다면, 그것은 대개 남을 기쁘게 하거나 성적을 올리거나 시험준비를 하는 등 권리나 복종과 관련된 사안 때문일 것이다. 실생활에 적용되지 않고 쓰이지 않는 무수한 사실들을 암기하곤 했던 것은 바로 이 때문이다.

마찬가지로 학생이 무엇에 숙달해야 하는지를 교사가 결정한다면, 설령 (외부 관찰자가 보기에는) 그 주제가 '타당한' 것이라고 해도 그 결정은 학생의 것이 아닌 게 된다. 따라서 비록 교사가 최선의 의도를 갖고 행동한다고 할지라도, 학생은 지각/행동 사이클로 돌입하기보다는 교사의 결정에 순응할 가능성이 높다. 이에 대해서는 뒤에 나오는 장에서 자세히 다룬다.

대학에 입학하려면 몇 년 남았는데도 학생에게 대학에 가고 싶으면 더 열심히 공부하겠다는 결심을 해야 한다고 말하는 것이 그 좋은 예다. 장래계획을 세우는 능력은 대개 사춘기 후반에야 발달하는 집행기능을 필요로 한다. 이런 말은 보호자가 학생에게 학습동기를 부여하려는 뻔한 시도이다. 학생은 그 의미와 목적을 귀로 듣긴 해도 이 말에 개인적인 의미를 부여하지 않을 수 있다. 단지 순응하지 않을 때(어른이 관심 갖는 게 확실한 일을 하지 않을 때)의 처벌이 두려워서, 혹은 더 열심히 공부하겠다고 결심하라는 어른들을 기쁘게 하기 위해서 그렇게 행동하기로 결심한 것일 수도 있는 것이다.

지각/행동 사이클은 궁극적으로 고등사고력과 기능으로 향하는 문을 연다

앞서 사례로 든 아이가 자신이 제기한 행위자 중심의 질문에 대한 답을 탐색해갈 때, 몇 가지 매우 흥미로운 일이 일어날 수 있고 이것은 아이의 인격 형성에 영향을 미칠 수 있다. 예를 들면, 생각의 흐름을 따라가고 자기주도적으로 공부하고 실험하고 상상하고 새롭게 발견한 것을 온갖 방식으로 표현하는 방법 등이 여기에 속한다. 교양 있고 박식한 어른에게서 도움을 받는다면, 새로운 어휘를 습득하고 물리적 특징을 식별하고 유사점과 차이점에 주목하고(다리가 6개면 곤충이라거나, 돋보기를 무수한 용도로 쓸 수 있다는 사실과 같은) 발견한 것들을 분류하거나 체계화함에 따라 엄청난 양의 정보를 얻을 기회가 있을 것이다. 이러한 학습을 하면서 얻게 되는 역량들은 대부분 아이가 현실세계를 살아가면서 새로운 방식을 습득하는 과정에서 지각/행동 사이클의 단계와 반복 실행에 '내재'될 것이다.

　아는 것이 많은 멘토의 안내를 받으며 도전적인 프로젝트 및 난해한 과제를 수행하다 보면, 아이는 지식이 한 번에 한 주제씩 우리에게 다가오는 것이 아님을 알게 될 것이다. 작은 지식은 언제나 어떤 더 큰 개념의 일부이며, 큰 개념(big ideas)은 핵심적인 요소들을 포함하고, 이를 숙달하는 데에는 많은 연습이 필요하다는 것을 알게 될 것이다. 노력의 한계를 느낄 정도로 과제가 도전적이고 주변에서 지원과 지지를 받을 때 공부가 가장 잘 되고, 위협을 받거나 겁에 질릴 때 공부가 가장 안 된다는 것도 이해할 기회를 많이 접하게 될 것이다. 잠시 홀로 생각하는 시간을 갖고 나서야 아이디어가 떠오르곤 한다는 걸 발견할 기회 또한 얻을 것이다. 또 시간을 들여서 해야 하는 것이 있고, 서둘러서 빨리 해치워야 할 일도 있다는 것을 알게 될 것이다. 아이는 어떤 내용은 반복 연습이 중요하고, 또 어떤 것은 단 한번만 경험해도 기억되는 게 있다는 것도 이해하게 될 것이다.

학습조건이 항상 이상적인 것은 아니다

위에서 설명한 지각/행동이라는 자연적 학습과정을 방해할 수 있는 요인들은 많이 있다. 상황이 좋지 않거나 어른이 귀 기울여 듣지 않거나 아이의 깊이 있는 질문을 무시하고 별 생각 없이 즉각 답해버린다면, 설령 학습이 이루어진다고 해도 전혀 다른 유형의 학습이 될 것이다. 이렇게 되면 아이는 학습이란 것이 어렵고 지루하며 어른의 지시 감독을 받을 때에만 일어난다고 믿게 될 가능성이 크다(Dweck, 2006).

그렇다면 지각/행동 사이클 과정이 학교교육 같은 공교육에서도 학습의 기반이 될 수 있을까? 당연히 가능하다! 지각/행동 사이클을 이용하여 지식을 확장시킬 수 있는 예를 들자면, 실생활과 관련된 실험을 통해 가정을 검증하는 신나는 물리수업, 과학발표회에 출품할 실험과제 구성하고 만들기, 이야기 창작에서부터 다큐멘터리 영상제작에 이르기까지 온갖 종류의 경시대회 참가하기 등이 있다. 하지만 이 단계에까지 이른다는 것은 엄청난 도전이다.

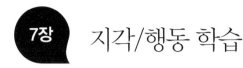

7장 지각/행동 학습

목표지향적인 행동이 이루어지려면 감각피질에서 연합피질에 이르는
다양한 수준의 피질에서 동시에 [지각/행동] 사이클이 연속적으로 작동해야 한다.
자동적이고 일상적인 행동들은 하위 수준에서 통합되는 반면,
더 복잡하고 새로운 행동들은 피질의 연합영역[전전두피질]에서 통합된다.
― 호아킨 푸스테르(Joaquin Fuster 2003, p.108)

이전 장에서 우리는 사람들이 일상생활에서 무수한 문제에 부딪히고 그것을 해결할 때 지각에 따른 행동이 춤추듯 지속적으로 펼쳐진다고 설명했다. 역동적인 지각/행동 현상과 지각/행동 사이클은 둘 다 인간의 타고난 지각자동처리 과정이며, 실제로 새로운 핵심 기술이나 지식으로 이어질 수도 있고 그렇지 않을 수도 있다. 그렇게 이루어진 학습은 아주 깊은 것일 수도 있지만 대개는 우연적으로 일어난다(비록 의도적인 학습이 일어날 수도 있지만).

목표지향적 지각/행동 학습

목표지향적 지각/행동 학습(Goal-Directed Perception/Action Learning)

은 지각/행동 현상과 다르다. 우리는 이 말을 줄여서 '지각/행동 학습
(Perception/Action Learning, P/AL)'이라고 부를 것이다. 지각/행동 학습은
개인이 새로운 무언가를 숙달하거나 전문지식을 더 얻기 위해 의도적으로
나서는 상황에서 이루어진다. 골프를 치거나, 악기를 연주하거나, 새로운
소프트웨어를 다루거나, 주식시장에서 투자하는 법을 배우는 일은 더 많이
알거나 더 능숙해지려는 명확한 의도를 갖고 이루어진다.

　거기에는 또 다른 무언가가 필요하다. 지각/행동 학습은 전문가의 활용
은 물론이고 지침이나 교수행위를 활용한다. 지각/행동 학습은 주의집중·
노력·시범·연습을 요한다. 따라서 지각/행동 현상과 지각/행동 사이클은
교수행위와 별개로 다루어도 수긍할 수 있지만, 지각/행동 학습은 그렇지
않다.

> 정의: 지각/행동 학습은 의도적인 학습이다. 어떤 일에 숙달되려면 개인이
> 자기가 선택한 문제를 해결하기 위해 의도적으로 착수하고, 자신에게 의미가
> 있는 내용을 완전히 익히고, 기술을 배우면서 상당한 기간에 걸쳐서 노력해
> 야 한다. 이런 형태의 의도적 학습은 지각/행동 사이클에 바탕을 두며, 그것
> 을 활용하고 때로는 그것을 넘어선다.

　이제 우리는 이 책에서 말하는 '자연적 학습(natural learning)'을 정의할
시점에 와 있다. 자연적 학습은 지각/행동 현상·지각/행동 사이클·지각/행
동 학습을 통합한 것이다(그림 7.1 참조).

　문제는 효과적이고 목적이 뚜렷하며 교사가 촉진자 역할을 하는 학습환
경에 어떻게 지식/행동 사이클이 사용될 수 있는지 그 방법을 아는 것이다.
이런 환경 속에서만 뇌의 통합적 기능을 동원할 수 있기 때문이다. 첨단 미

그림 7.1. 자연적 학습

자연적 학습

지각/행동 현상   지각/행동 사이클   지각/행동 학습

디어를 활용하는 세계는 바로 그 방법을 보여준다. 그리고 이것은 새로운 유형의 교육을 위한 교수모형을 소개하는 것이기도 하다.

비디오게임은 지각/행동 학습을 어떻게 활용할까?

유아·청소년·어른이 비디오게임에 능숙해질 때 자연적 학습이 이루어지는 몇 가지 방식이 있다.

- **과거 경험과 연결**: 놀이는 자연스러운 것이며(Panksepp, 1998) 아이가 아주 어릴 때부터 시작된다. 비디오게임이 독자적인 장르이긴 하지만, 그것은 유아에게 있어서도 놀이를 하던 과거의 경험세계 전체와 연결된다. 그리고 아이와 어른 모두 다 일상생활 속에서 비디오게임을 접한다. 앞서 말한 아이가 흥미로운 새로운 무언가를 접했을 때와 마찬가지다.
- **질문**: 처음에는 입문자 수준의 질문이 나온다. 대개 "저걸 해볼까?" 혹은 "와, 어떻게 한 거지?"와 같은 형태다. 질문의 종류는 비슷하지만 각자의 반응과 질문은 개별적이다. 질문은 행위자 중심적이고 이런 유형의 경험을 처음 접하는 자의 '자기주도성(owned)'을 보여준다.

- **즉각적으로 피드백을 하는 학습과정**: 게임은 목표를 구체적으로 제시하며 흥미롭고 마음을 끌도록 구성되어 있다. 먼저 쉽게 이해할 수 있는 시나리오로 시작되는데 이따금 핵심 줄거리가 함께 나오기도 한다(친구를 구하고 보물을 찾고 적을 죽이고 끈끈하게 얽힌 소속집단에서 우위를 유지하는 등). 즉각적인 피드백이 지속적으로 이루어진다. 게임참가자는 흥미를 갖고 참여하고 계속하려는 동기를 부여받으며, 그런 내적인 반응들은 경쟁과 승리의 전율 같은 다른 요소들을 통해 강화된다.

- **문제해결과 다양한 방안 구사**: 다양한 문제해결기술이 발휘된다. 단서를 찾기 위해 장면을 상세히 관찰하는 게 포함되지만 여기에만 국한되지는 않는다. 즉, 움직이고 행동하고 반응하는 전략을 고안하고 시험하며, 시행착오를 겪고, 다른 상황에서 유효했던 전략을 동원하고, 당면한 상황에 집중했다가 전체적인 상황을 보았다가 하면서 관점을 전환하고, 고정관념에서 벗어나 창의적으로 생각하는 등 다양한 방안을 구사하게 된다.

- **자연스런 연습과 시연**: 참가하는 이유는 다양하지만(동기부여는 10장에서 상세히 논의할 것이다) 게임참가자는 위에서 언급한 어린아이와 비슷하다. 게임참가자는 게임을 더 잘하기 위해 몇 시간, 며칠, 몇 달, 몇 년에 걸쳐서 계속 게임에 열중한다. 더 우수한 학습자는 에릭슨(Ericsson, 2006)이 말한 '계획적 훈련(deliberate practice)'을 시행한다. 이것은 마음챙김 훈련(mindful practice)인데, 여기에서 게임참가자는 자신이 하고 있는 일에 주의를 기울이고 집중함으로써 자기가 하는 각 단계에서 더 많은 것을 얻을 수 있다. 게임에 몰두했다가 빠져나왔다가 하면서 그들은 게임 속의 사이버세상과 현실세계를 오간다. 하지만 많은 이들은 계속해서 게임세계로 돌아간다.

- **사회적 과정**: 비디오게임을 하는 것이 주로 가정이나 자기 방이라는 사적인 공간에서 이루어진다고 해도, 게임을 하는 것은 매우 사회적인 과정을 보인다. 게임에 '빠져' 있을 때, 게임참가자는 비디오게임에 시간을 보내고 함께 하자고 초대하는, 그들이 존중하는 또래와 어른을 통해 크게 동기부여가 된다. 사실, 게임이 정교할수록 게임을 하는 또래 사이에는 대단히 강한 유대감이 형성될 수 있다. 게임참가자들은 서로 문자를 주고받고, 학교든 다른 곳에서든 게임에 관한 정보를 교환하고, 웹사이트를 방문하고, 온라인으로 조언을 하고, 게임을 중심으로 다양한 수준에서 상호작용을 하는 경향을 보인다. 이런 식으로 많은 게임참가자가 소위 '실행공동체(communities of practice)'라는 것에 깊은 소속감을 느끼게 된다(Wenger, McDermott, & Snyder, 2002).

- **코칭·지도·멘토링**: 게임공동체에는 전문가들이 많다. 상급 수준의 게임참가자는 게임을 어떻게 하는지에 관해 조언을 한다. '비디오게임 교습과정' 같은 것은 없지만, 남에게 도움을 청할 때마다 엄청나게 많은 가르침을 받을 수 있다. 일부 게임참가자는 사실상 안내자·조언자·코치가 된다(그런 용어를 쓰지 않을지라도).

- **행위자 중심의 적응적 의사결정**: 이 과정의 모든 단계에서 게임참가자는 개인적으로 관심이 있는 질문을 하고, 다음에 어디로 가고 무엇을 할지 결정을 내린다. 때로는 자기인식이 제대로 이루어지지 않고 자기통제를 못하는 상황에 빠져들기도 한다. 게임에 중독되고 게임시간이 과도하게 늘어나는 이들도 있다(Clark, 2006; Schlimme, 2002). 다른 아이들도 또래들을 따르다가 게임중독에 빠진다. 따라서 게임참가자는 자기를 통제할 수 있도록 뇌의 집행기능을 발달시켜야 할 필요성이 엄청나게 크다. 그럼에도 불구하고 그들은(그들의 관점에서는) 자신의 욕구를

충족시키는 결정을 내린다.

- **다양한 수준의 전문지식 습득**: 지각/행동의 춤은 전체 과정에 내재되어 있다. 이 전체 과정은 인지·자각·새로운 지각·결정·행동·피드백·새로운 상황에 대한 대응·새로운 기술과 기억한 운동의 실행·점점 더 풍성해지는 지식망으로 이루어진다(8장 참조).

지각/행동 학습은 바로 이런 식으로 작동한다. 쉽게 학습이 이루어지지 않을 때 학습과정에서 엄청난 좌절감을 느낄 수도 있지만, 지각/행동 학습은 자연적인 과정이므로 학습자들은 기분 좋게 느낀다. 다른 누군가의 전문성에 도움을 받거나 더 잘할 수 있는 방법을 배울 수도 있지만, 어느 누구도 아이나 어른에게 자기 방식을 그대로 '따라하도록' 강요해서는 안 된다.

지각/행동 학습은 어디에 쓰일까

어느 분야를 막론하고 능숙한 단계에 이른 사람에게는 이러한 전반적인 과정과 패턴이 익숙할 것이다. 운동선수는 운동경기에 참가하고 지식을 쌓고 연습하고 지도를 받고 피드백을 받고 남들과 다양한 방식으로 어울리며 기량을 향상시킨다. 골프나 테니스를 치는 법을 배우는 이들 모두 이 과정을 거친다.

운동선수와 다르게 보일지 모르지만 예술가도 자신의 전문분야에 능통하고 기량을 향상시키려면 의도적인 지각/행동 학습의 경로를 따른다. 살면서 우연히 만나게 된 어떤 예술분야가 어린 예술가의 가슴을 뛰게 만든다. 그는 관찰하고 따라해보고 코치나 멘토를 찾고 작품을 만들거나 공연을 하고 피드백에 대응하는 등의 활동을 하면서 자신의 관심사를 계속 추구할 것이다. 그 예술가는 이런 과정 자체가 "삶"의 일부이기 때문에 이 과정에 수없이 반복적으로 몰두한다.

위에서 언급한 일반적인 패턴은 대다수의 어른이 골동품 자동차나 그림을 모으거나, 사진에 관한 전문지식을 갖추거나, 보석을 제작하거나, 악기를 연주하거나, 조각을 하는 것과 같이 다른 관심사를 추구할 때에도 그대로 적용된다. 전반적으로 볼 때 이것은 사람들이 각자의 전문분야에 숙달되는 방식이기도 하다.

이러한 학습사이클은 체계적이지만 선형적(linear)이지는 않다는 점을 강조해둘 필요가 있다. 사이클은 층위를 이루고 있으며 장기적인 사이클도 있고 단기적인 사이클도 있다. 개인은 자신의 사전지식을 기반으로 혹은 두려움이나 생존을 위협하는 외부 자극에 촉발되어 종종 무의식적이고 반사적인 기본 반응을 보이며, 지각/행동 현상은 이런 과정의 전(全) 기간에 걸쳐 일어난다. 사실 이 과정은 우리 모두에게 매우 친숙하다. 바로 이런 식으로 해서 우리가 일상생활에 영향을 끼치는 기술·역량·지식을 습득했기 때문이다.

교육의 서로 다른 경로

전통적인 교실환경, 즉 엄격한 통제 속에서 한 번에 한 단계씩 가르치는 교수법을 추구하는 교육자의 입장에서 볼 때, 자연적인 학습법은 언뜻 보면 경솔하고 두려운 방법으로 보일 수 있다.

우리가 이점을 처음으로 실감한 것은 캘리포니아 새크라멘토 인근의 한 초등학교에서였다. 당시 두 교사는 60여명 규모의 공동체를 구성하기 위해

두 반을 합반했다. 이들은 학생들을 격려해 이 작은 공동체에서 지역사회의 세상일이 어떻게 돌아가는지 공부함으로써 교육과정을 이수하도록 했다. 예를 들어, 아이들은 '크고 못된 늑대'를 잡아오면 보상금을 준다는 벽보를 통해 경찰이 하는 일이 무엇인지를 탐구했다. 또한 도서관이 어떻게 운영되고, 소방관이 어떤 일을 하며, 사회의 각종 기관이 어떤 일을 하는지를 조사했다. 수학·과학·읽기·역사가 자연스럽게 이 과정에 녹아들었고, 학생들은 학습동기를 부여받고 학습과정을 기록했다. 자연적 학습이 제대로 실행되고 있었던 것이다.

교사들을 지켜보고 있던 교장은 매우 깊은 인상을 받았고, 다른 교사들에게 그 합동수업을 2시간 동안 참관하도록 했다. 교장은 교사들이 참관할 동안 해당 학급을 맡을 '임시교사'까지 채용했다. 교사들이 지켜보는 동안 학생들은 학습의욕이 충만하여 모둠활동을 하고 아이디어를 검토하고 글짓기 작품을 만들고 읽고 전시물을 제작하고 수학을 응용하고 있었다. 모든 학생은 자신들이 학습한 것을 공유하며 함께 고민했다. 두 교사는 학생들과 끊임없이 상호작용하면서 학습할 소재를 제공하고 이를 어떻게 학습해야 하는지 조언했다. 어려운 질문을 하거나 더 다듬을 필요가 있는 미진한 부분을 지적하는 방법을 썼다. 우수한 사례들은 이심전심으로 모든 학생이 보고 배우는 기준이 되었다.

하지만 참관하는 교사들은 대부분 자신이 관찰하고 있는 자연적이거나 유기적인 학습과정을 대체 어떻게 재연해야 하는지 전혀 감을 잡지 못했다. 그들은 '자연적 학습'을 하는 교사들에게 그 방법을 알려달라고, 즉 '가르쳐달라'고 요청했다. 명확한 지침을 원했던 것이다.

결과는 양쪽 모두에게 좌절을 안겨주었다. 그 일을 하고 있던 두 교사는 다른 교사들에게 어떻게 가르쳐야 할지 한 번도 생각한 적이 없었다. 그들은 워크숍에 참석하고 로렌 레스닉 (Lauren Resnick) 같은 뛰어난 교육자들을 만나보고, 뇌/마음 학습원리를 연구하면서 자신들의 교수법을 체계화했다. 당시에는 우리가 이 책에서 시도하고 있는 것을 아무도 생각하지 못했다. 전반적으로 명확한 지침이 없었기 때문에, 참관한 교사 중 상당수는 큰 성공을 거둔 동료교사들이 사실상 자신들을 가르칠 생각이 없는 것으로 받아들였고, 반면에 자연적 학습을 활용하고 있던 교사들은 학생 스스로 제기한 질문과 과제를 중심으로 학습계획을 짜는 방식을 명확히 말로 표현할 수가 없어서 좌절했다.

지각/행동 학습을 체계화할 수 있을까?

연구결과와 현장경험을 종합해보면 자연적 학습방식의 교육은 배울 수는 있지만, 그 과정이 쉽지 않으며 그 과정 자체에 대한 어느 정도 깊이 있는 이해가 필요하다. 목표지향적 지각/행동 학습(P/AL)을 이해하는 것부터 시작하기로 하자.

먼저 우리의 연구와 경험을 통해 어떤 요소들이 지각/행동 학습에 포함되어야 하는지를 밝히겠다. 우리가 생각하기로는 교육에 자연적인 접근법을 취하려는 많은 시도가 실패했거나 불충분했던 것은 무엇보다도 다음과 같은 요소들을 모두 포함시키지 않았거나 다루지 않았거나 확인하지 않았기 때문이다. 그 과정이 선형적이지 않기 때문에, 모든 요소는 다양한 방식으로 나타날 수 있다. 이 요소들은 '모두' 필수적인 것처럼 보인다. 여기서는 매우 간략하게 소개하기로 한다. 이 요소들 대부분은 앞서 비디오게임 참가자가 게임을 배우는 방식으로 소개했던 일반적인 방식과 절차에 그 바탕을 두고 있다. 그리고 이 요소들은 모두 5장에서 다룬 뇌/마음 학습원리 및 푸스테르(Fuster)의 연구에서 도출되었으며 그것과 조화를 이룬다. 지각/행동 학습의 핵심 요소는 다음과 같다.

- 학습자는 생생한 실제 삶 속의 일들을 개인적으로 의미 있고 중요한 경험으로서 접할 필요가 있다. 이런 것들은 학습자의 주의를 끌고, 개인적 흥미, 삶과의 연관성 그리고 개인적으로 의미 있는 질문을 던지게 만든다. 우리는 이런 일련의 과정을 '다중감각을 통한 몰입경험 (Multisensory Immersive Experience)'이라고 부른다.
- 학습자에게 기회와 시간을 제공해서 거의 자동적으로 관련 사전지식을 찾아 신정보와 연결시키도록 해야 한다.
- 유연성을 발휘해 상황에 맞는 행위자 중심의 적응적 질문을 떠올리도록 허용해야 한다.(지금 무엇을 해야 할까? 이 문제를 어떻게 해결할까? 다음에 무엇을 할까? 여기에서 가장 중요한 것이 무엇일까? 더 알려면 무엇을 해야 할까? 이것을 조사하고 싶은데 어떻게 해야 할까?)
- 이런 질문들을 염두에 두고, 학습자는 기회를 만들어 정보를 모으고, 조사하고, 동료 및 멘토와 상호작용을 하면서, 문제를 풀고, 실험해보고, 코칭과 안내를 받고, 규칙적으로 반복연습을 통해 지식·통찰력·기술(skill)을 습득하도록 해야 한다.
- 이 모든 행동은 결과적으로 여러 형태의 실시간 피드백을 받게 된다. 전문가나 또래의 반응이 있을 수 있다. 교사와 또래는 질문을 하거나 제안을 할 수도 있다. 글쓰기 기술을 숙달하고 원활하게 의사소통하는 능력을 갖추는 것에서부터 구체적인 내용에 이르기까지, 이 과정의 어느 측면에든 초점이 맞추어질 수 있다. 이런 관점에서 보면 피드백이 아예 없는 것(반응이 없다는 의미에서)도 사례에 따라서는 피드백 역할을

할 수 있다.

- 피드백은 학습자 자신이 처리한다. 피드백은 자신이 한 일이 옳다는 학습자의 믿음을 확인해주거나, 어떤 행동방식을 공고화하거나, 자신이 한 일의 어떤 측면을 지각하는 방식에 변화를 일으켜 수정하고 보완하게 해준다.

- 학습자가 만들어낸 것이나 성과물이 있어야 한다. 현실세계에서 무언가를 수행하고 생산하는 것은 지각/행동 학습의 필수불가결한 측면이다. 그것은 학습사이클의 초기 단계에서 시작될 수도 있고, 사이클이 상당히 진행된 뒤에 시작될 수도 있다. 아무튼 반드시 뭔가를 수행하거나 만들어내야 한다. 여기에는 계획을 세우고, 체계를 짜고, 일처리 순서를 정하고, 세부사항과 필수적인 단계 및 기술에 적절히 주의를 기울이는 것이 포함된다.

- 최종 결과물이나 성취는 수행을 토대로 총괄평가를 할 때 쓰인다.

이 외에도 더 있지만 그 내용은 9장에서 사례를 먼저 소개하며 더 상세히 다루기로 하겠다. 위에서 말했듯이, 이 학습사이클은 순차적이고 명료해 보이지만 사실은 보기보다 복잡하다. 지각/행동 역학이 언제나 작동하고 있고, 서로 다른 지각/행동 사이클이 상호작용하기 때문이다.

또한 주변적 지각을 통해서 아주 많은 학습이 이루어진다는 점에도 유념할 필요가 있다. 때로 학습자는 곁길로 새는 질문에 흥미를 느끼고 그것을 계속 추구할 수도 있다. 대화과정에서 우연한 말과 주제가 나오기도 하며 그것들은 꽤 많은 시간을 잡아먹는다. 그리고 부가능력(집중력 같은)이나 기술(문제해결의 몇몇 측면 같은)을 개발하는 데에도 많은 시간이 소요된다.

요지는 자연적 학습이 어떻게 이루어지는지 감을 잡는 것이다. 사실 그것은 '과학적인 과정'으로 알려진 것과 매우 비슷하며, 이는 대부분의 박사학위에서 최종적으로 요구되는 것, 즉 논문을 쓰는 것과도 아주 유사하다.

개인적 성찰

전통적인 교수학습과 우리가 지금까지 설명한 자연적 학습과정 사이의 차이점을 돌이켜보면서, 스스로에게 다음과 같은 질문을 해보라.

- 학습자의 흥미와 질문을 촉발하는 교실 내 경험은 존재하는가?
- 학습자 중심의 적응력 높은 결정을 해보고 실제 행동방향을 선택해볼 기회는 존재하는가?
- 개인적으로 의미 있는 정보를 탐색할 기회가 주어지는가?
- 학습한 것을 전시하거나 발표하거나 행동으로 나타낼 기회가 존재하는가?
- 학습자의 욕구에 바탕을 두고 피드백이 지속적으로 일어나는가? 또한 어떻게 사고를 확장하고 전문가처럼 적용할 것인지, 이에 대한 피드백이 지속적으로 일어나는가?
- 개인적으로 추구하는 것을 어떻게 해야 학습자가 열정을 다해 이룰 수 있는가?
- 같은 목표를 추구하는 친구들과 동지애를 느낄 수 있는가?
- 자기만의 기술을 탐구하고 자신의 정체성을 형성할 기회가 주어지는가?

이 모든 것이 전통적인 학교교육에는 없다. 예를 들어, 지금의 학생들에게 학교에서 수업을 받을 때 어떤 종류의 결정이 허용되는지를 묻는다면, 그들은 두말할 것 없이 멍한 표정으로 쳐다볼 것이다. 질문을 만들어낼 기회가 얼마나 주어지는지 1부터 10까지 척도를 이용해서 등급을 매기라고 한다면, 또 무엇을 공부할지 혹은 수업을 어떻게 진행할지에 관해 진정한 선택권이 있는지 묻는다면, 학생들은 틀림없이 1이나 0을 선택할 것이다. 그들은 학교에서 무언가를 배울 때 자신의 선택과 생각에 따라 결정될 수 있는 게 있다는 것을 거의 상상도 하지 못한다.

마찬가지로 아무 수업이든 골라서 학생들에게 지금 배우고 있는 것을 왜 공부하는지 묻는다면, 학생들은 아마도 정신이 좀 어떻게 된 것이 아니냐는 표정으로 당신을 쳐다보면서 대답할 것이다. '선생님이 시켰기 때문에', 혹은 '시험에 통과하거나 성적을 올리기 위해' 공부하는 것이라고 말이다. 개인적으로 의미 있는 질문에 나름대로 해답을 구하기 위해, 학생 자신의 학습동기에 의한 열정과 노력을 발휘하는 사례는 거의 없다.(말이 난 김에 덧붙이자면 표준화된 교수법을 써서 표준적인 학습내용을 가르치도록 강요받는 교사도 마찬가지다.)

이런 질문들의 답은 지각/행동 학습이 적극적으로 활용되거나 억압되는 곳이 어디인지 살펴보면 드러날 것이다. 그렇게 하다보면 교육이 제 기능을 하기 위해서는 어떤 교육이 필요한지도 어렴풋이나마 알 수 있을 것이다.

잭과 댄(1장에서 말한)을 면담할 때, 우리는 댄에게 학교에서 무슨 공부를 하는지 물었다. 댄은 루이스와 클라크의 탐험(Lewis and Clark's expeditions, 19세기 초에 토머스 제퍼슨 대통령의 명령으로 두 사람이 북미대륙을 횡단한 탐험 – 옮긴이)을 공부하고 있다고 말했다(그는 그들의 이름 중 한 명만 기억했기에 여기서 다소 지도가 필요했다). 댄은 그 탐험을 다룬 자료를 읽으면서 "공부하고 있다"고 했다. 우리는 댄의 선생님을 아는데, 의욕으로 충만한 교사이다. 그녀는 학생들에게 '상호작용하는 공책(interactive notebook)'을 쓰도록 함으로써 교과서와 다른 자료들을 적극적으로 연관 짓도록 시도하고 있었다. 학생들에게 교과서의 한 대목을 공책에 옮겨 적은 뒤, 자신의 생각을 덧붙이도록 하는 방식이었다.

우리는 댄에게 카누를 타본 적이 있는지 물었다. "아니오"라고 대답할 때 그의 눈이 반짝였다. 이어서 우리는 댄에게 개척되지 않은 서부로 가서 탐험한다는 상상을 해보라고 했다. 루이스와 클라크는 어떻게 살아남았을까? 위험천만한 지형과 동물 및 인디언의 위협에 맞서려면 하루하루 무엇을 해야 했을까? 댄은 처음으로 활기 띤 모습을 보였다. 우리는 그 '주제'를 흥미진진하고 현실적인 것으로 만들고 있었다. 대화 속에서만 그런 것이 아니었다.

이 지점에서 교육이 가야 할 방향은?

지각/행동 사이클과 의도적이고 목표지향적인 학습은 모든 사람에게 내재된 인지처리과정이다. 우리 모두는 이러한 과정 덕분에 지금의 우리 자신이 되었다. 이것은 말 그대로 제2의 천성이다.

교육을 개혁하려는 전체 시도 중 가장 특이한 측면은 아마도 모든 학생과 교사가 타고난 생물학적/심리학적 부분을 학교의 학습과정에서 활용하려고 노력한다는 점일 것이다.

하지만 지식전달식의 직접교수법과 공장이나 교도소를 닮은 학교운영방식은 여전히 학습능력과 학습과정을 억압하고 있다. 성취기준을 높이고, 성취도를 향상시키며, 적극적 참여와 집행기능을 발달시키는 핵심적인 요소가 바로 학습능력과 학습과정인데도 말이다.

　자연적 학습을 염두에 둔 지도를 이해하기 위해서는, 다음 단계로서 학습결과를 다시 검토할 필요가 있다. 가장 중요한 점은 모든 유용한 지식이 깊은 차원에서 연결망으로 서로 얽혀있다는 사실을 이해하는 것이다.

8장 목표와 성과: 현실세계지식을 요구하는 풍성한 신경망 구축

우리가 세상에서 겪는 경험이 우리 마음에 패턴을 구축하고,
이어서 마음은 우리의 세계경험(그리고 세상에서 우리가 취하는 행동)을 만들어내며,
이번에는 그 경험이 우리의 마음을 다시 형성한다.
개념은 결코 고정되거나 완결되지 않는다.
그것은 늘 점점 더 높이 솟아오르려(보편성 획득) 애쓰지만,
언제나 더 깊이 뿌리를 내려야 하는(체화한 경험이 되어야 하는) 커다란 나무와도 같다.

– 제임스 지(James Gee, 2007, p. 91)

우리는 5장에서 교통정체에 빠진 상황을 예로 들어 지각/행동 역학과 사이클이 어떻게 작동되는지를 살펴보았다. 마침내 이 경험 전체를 통해서 다른 길을 찾고, 우회하는 데 필요한 시간을 알아내고, 더 나아가 정체된 도로에서 기다리는 것과 다른 길로 돌아가는 것 사이의 연료소비량 차이에 관해서도 배울 기회를 얻게 된다고 주장했다. 이 행동들과 여기에 이어지는 가능성 있는 학습은 새로운 정보만을 제공하는 것이 아니다. 이 경험과 지식은 추가된 지식을 반영하여, 기존의 신경망이 확장되는 형태로 뇌에 변화를 일으킨다. 여기에서 한 가지 중요한 사실이 도출된다. 지각/행동의 반복이 지식망의 습득과 확장으로 이어진다는 것이다.

뇌의 신경망은 수상돌기(dendrite)와 축삭(axon)이라는 섬세한 신경섬유를 통해 뉴런(뇌세포)이 서로 연결되면서 발달한다. 신경망은 경험에 자극을 받아서 전기화학적 반응을 일으키고, 그 결과 뇌세포들은 서로 '의사소통'을

한다. 그리고 지속되는 지각과 행동을 토대로 뇌세포(그리고 몸)는 스스로 재편된다. 뇌가 변화하는 이 능력을 신경가소성(neuroplasticity)이라고 한다(Cozolino, 2006; Diamond & Hobson, 1998).

생물학적 능력·한계·제약 하에서 모든 생물은 경험의 영향을 받고 경험을 통해 형성된다. 제럴드 에덜먼(Gerald Edelman)은 다음과 같이 말한다.

> 더 작은 부분들이 다소 독립성을 띤 이질적인 구성요소들을 형성한다. 하지만 이 부위들이 서로 연결되어 점점 더 큰 집합체를 이룰 때, 그 기능들이 서로 통합되면서 더 높은 수준의 통합에 따라 새로운 기능이 생긴다. (Doidge에서 인용됨 2007, p. 295)

이것이 바로 바렐라 등(Varela et al. 1991)이 생활 자체가 인지라고 주장하는 이유다. 그들은 "우리는 걷기를 통해 길을 내고 있다"라고 표현했다(p. 237).

지식망

수천억 개의 뇌세포와 수조 개의 신경연결이 생각을 나타내는 패턴과 환경 및 감각의 상호작용의 형태로 반짝거린다고 상상해보라. 지식은 이 신경망, 즉 상호작용하는 신경연결들의 방대한 그물 속에서 '살고 있다.' 푸스테르 (Fuster, 2003)는 이렇게 말한다. "기억의 체계라는 것은 전혀 없지만, 체계의 기억… 다시 말해서, 신경계의 기억이란 것은 있다."

월드와이드웹(World Wide Web, WWW)의 연결방식은 뇌 신경망이 어떻게 연결되는지를 보여주는 놀라운 비유가 된다. 웹은 동일한 수준에서 서로 연결되어 있는 엄청난 내용과 정보의 바다이다. 하지만 이 방대한 연결망 안에는 노드(node)와 풀(pool)이 있는데 이들은 특정 개념·정보·주제를 중심으로 조직되어 있다. 웹이 조직되는 전체 과정은 방대하지만 거기에는 질서가 있다. 구글 같은 검색엔진은 주제나 핵심어를 찾으면 일련의 전체 연결망과 이 사이트에 담긴 엄청난 양의 지식으로 안내해준다.

마찬가지로 뇌에 저장된 지식이나 개념도 고립된 채로 존재하는 것은 없다. 경험은 계속 확장되면서 서로 다른 아이디어·개념·행동양식 사이에 관계를 구축한다. 이것은 기억과 교수의 전반적인 이해에 지극히 중요한 의미를 지닌다.

이미 알고 있거나 이해하고 있는 지식의 연결망에 새로운 지식이 통합될 때, 그것을 기억할 가능성이 훨씬 더 높다. 기계적 암기를 통해 배우는 것은 이에 비해 효과적이지 않다. 또한, 다루는 주제가 개인적으로 의미 있는 것일 때 훨씬 더 잘 기억된다(Greene, 2010).

'집'이라는 단어를 예로 들어보자. 이 단어를 머릿속에 떠올려보라. 대부분의 문화권에서 이 단어는 자동적으로 지붕·바닥·창문·문 같은 것들을 연상시킨다. 그리고 개별 항목을 따로 생각할 때에도, 다양한 세부적 특성이 자동적으로 떠오를 것이다(창문의 금속틀이나 나무틀 같은). 따라서 범주든 개념이든 아이디어든 절차든 모두가 다양한 방식으로 연결되어 있다. 다소 일반적인 수준에서 당신이 '집'이라는 단어에 부여하는 의미는 수많은 사람에 의해 공유되고 있는 것이다.

좀 더 깊이 살펴보자. 이번에는 집에 대한 자신의 '경험'을 생각해보라. 우선 당신이 자란 집을 떠올려보자. 무엇이 떠오르는가? 어떤 인상인가? 추억은? 어떤 기분인가? 당신의 집에 함께 살았거나 방문했던 사람을 떠올릴수 있는가? 어떤 일이 있었는가? 축하할 만한 일은? 가구는 어떤가? 가전제품은? 방과 색깔과 장식물은 떠올릴 수 있는가?

우리는 당신에게 개별 항목을 떠올리라고 했지만, 당신이 경험한 모든 것은 '집'에 대한 당신만의 고유한 정의와 관련이 있다. 여기에는 백악관 같은 유명한 건물, 당신이 감탄했던 집, 현재 살고 있거나 살고 싶은 집 등이 포함된다. 당신의 집 개념에는 건물구조, 담보대출, 난방과 바닥에 관한 지식, 이런 문제에 시달렸던 경험이 포함될 수도 있다. 당신은 역사적 인물이 살았던 유명한 집을 방문했을 수도 있다. 아마 TV를 통해서 다른 문화의 사람들이 어떻게 사는지에 관해서도 배웠을 것이다.

우리가 알 수 있는 것의 목록은 정말로 끝도 없이 거의 무한정 늘어날 수있다. 여기서 주목할 점은 당신에게 '집'이 의미하는 것의 어느 정도가 수많은 층위의 경험으로부터 나왔느냐 하는 것이다. '집'에 관한 의미는 과거에 읽었던 책, TV프로그램(《초원의 작은집》 같은), 대통령기념관처럼 역사적으로 의미 있는 집에 대해서 공부한 내용 등을 통해 형성된 것이다.

그런 다음 그 개념은 그것이 만들어낼 수 있는 비유적이고 상징적인 의미까지 포함하도록 확장될 수 있다. 머리에 바로 떠오를 만한 예를 몇 가지만 들면 다음과 같다. '무슨 이런 집구석이 다 있어(Don't bet against the house)', '콩가루집안(a house divided against itself)', '법원(courthouse)', '국회(houses of parliament)', '연장을 보관하다(house one's tools)'

이와 같이 개념·아이디어·절차는 발전하고 변하고 확장되고 변형될 수있고, 다른 개념·생각·절차와 끝없이 연결될 수 있다.

지각/행동은 많은 반복을 통해 지식망을 구축하고 확장한다

'집'에 대한 당신의 지식이나 인지망은 지각과 행동을 끌어들일 기회를 많이 접하면서 형성되었고, 시간이 지남에 따라서 그 과정에는 다음과 같은 요소가 포함되었다.

- 감각기관을 통한 외부정보의 입력
- 새롭게 이해한 것을 이미 알고 있는 것과 연결하기
- 행위자 중심의 질문을 통해 감정을 불러일으키기 예컨대, 개인적인 욕망과 욕구 측면의 질문("바람에 지붕이 날아가지 말아야 할 텐데") 및 결정 측면의 질문("외벽을 갈색과 흰색으로 칠해야지").
- 읽고 조사하고 연습하고 남을 모델로 삼고 상상놀이를 하고(꾸밈과 재모형화), 추상적 개념을 통해 생각하기
- 매일 점심을 어떻게 먹을지, 더 숙련된 누군가를 고용할지, 얼마나 오래 그리고 언제 일할지와 같은 더 큰 재모형화 과제를 할 때, 단순한 루틴과 작은 지식망 활성화하기
- 받아들여야 하는 결론 및 도달한 후속결론 혹은 새롭게 얻게 된 통찰 형태의 피드백 받기("맞아, 이런 기후에서는 집을 자주 페인트칠할 필요가 있어")

때때로 역동적인 지각/행동 현상에 사로잡혀 무의식적이고 반사적으로 행동하는(아마도 두려움이나 생존에 관련된 문제 때문에) 자신을 발견할 때가 있다. 동시에 지각/행동 사이클을 활용해 삶에서 마주치는 문제들을 해결하기도 한다. 때로는 특정한 무언가를 숙달하거나 특정한 기능이나 목표에 도달하기 위한 학습을 시작하기도 한다(지각/행동 학습).

이러한 지식망은 다음과 같은 특징을 지닌다.

- 많은 뉴런이 모여서 연합기능을 발휘하기 때문에 '집합체(assemblies)' 또는 '정보·지식의 단위(cognits)'라고도 불린다(Fuster, 2003).
- 망을 이루는 뉴런들이 동시에 혹은 거의 동시에 발화한다.
- 지식망은 바깥세계에서 그것을 요구하는 어떤 일이 벌어질 때(혹은 그렇다고 생각하거나 상상할 때) 활성화된다는 점에서 '동시입력신호 탐지기(coincidence detectors)'이다(Fuster, 2003). 즉, 지식망은 감각연합뿐만 아니라 내적 심상(공상이나 추상화 같은)에도 활성화된다.

아주 미약한 연결도 있는 반면, 강하지만 기초적인 시각 또는 감각정보에 국한된 연결도 있다. 신경망은 공기오염(Dugandzic, Dodds, Stieb, & Smith-Doiron, 2006), 영양실조, 수은이나 납 같은 환경 독성물질(Langford & Ferner, 1999) 등의 환경요인 때문에 적절히 형성되지 못하거나 서서히 퇴화할 수도 있다. 이런 환경요인들은 정규교육을 못 받거나 연습과 반복을 하지 않는 것 못지않게 해로울 수도 있다. (따라서 아이들을 위험한 사람이나 오염물질과 아예 접촉하지 못하게 하면서 그저 심신을 건강한 상태로 유지시키는 것만으로도 저절로 학업수준이 향상될 것이라고 쉽게 추측할 수 있다.)

지식망의 질

설령 모든 지식이 망(network)을 이루고 있다고 해도, 지식망은 지식이 얼마나 풍성하고 빈약한지, 지각/행동 학습 사이클이 그 망을 구축하는 데 얼마나 가동되었는지, 그리고 개인이 자신의 지각/행동 학습을 통해 실제로 얼마나 주도적으로 하는지에 따라 달라질 수 있다. 지식망은 불가피하게 다른 망들을 포함할 수밖에 없으며 따라서 엄청난 가능성을 지닌다(Fuster, 2003).

단순히 회상하거나 암송할 수 있는 지식과 현실세계에서 중요한 결정을 내릴 때 쓸 수 있는 지식은 천양지차다. 교육을 목표로 할 때는 지식망의 세 가지 차이를 생각하는 것이 도움이 된다. '표피적 지식(surface knowledge)' '기술적/학술적 지식(technical/scholastic knowledge)' '역동적 지식(dynamic knowledge)'이 바로 그것이다. 우리는 그것들을 지식의 세 가지 수준이라고 부른다(Caine & Caine, 1991, 2001; Caine et al., 2009).

표피적 지식

표피적 지식(surface knowledge)은 대개 지각/행동 학습의 다양한 측면을 활성화할 필요가 거의 없는 얄팍한 이해와 사실 및 절차를 암기하여 얻은 것이다. 기억을 향상시킨다는 여러 기법은 감정과 정서, 시각화, 집단행동을 활용한다. 하지만 그런 기법들은 상위인지능력, 문제해결능력, 복잡한 행동, 집행기능을 거의 활용하지 않는다. 그 결과 사소한 질문들에 답하기 좋은 정보는 습득하겠지만, 그 지식을 현실세계의 모호한 상황에 맞게 적용할 능력은 거의 갖추지 못하며 이해의 깊이도 아주 얕을 수 있다.

우리는 수많은 학생에게 다음과 같은 질문을 했다. "공부를 왜 하나요?" 대답은 이랬다. "시험을 잘 보려고요." 재차 물었다. "시험을 본 다음에는요?" 대답은 한결같았다. "싹 잊어버리지요."

철학자 알프레드 화이트헤드(Alfred Whitehead, 1929)는 이런 형태의 학습이 '비활성(inert)' 지식을 낳는다고 했다. 표피적 지식망이 쓸모가 없는 것은 아니다. 단지 연결망이 촘촘하지 못하기 때문에, 그 망을 형성한 환경에서 벗어나면 별로 유용한 지식이 되지 못하는 것이다.

예외가 하나 있긴 하다. 학교교육에서는 암기가 중요할 때도 있다. 핵심적인 사실과 루틴(routines, 기계적 절차)은 곧장 달릴 수 있는 철로 역할을 하기 때문에, 더 복잡한 학습을 하는 과정에서 그것을 암기해야할 수도 있다. 그러나 전통적인 교육이 많은 부분에서 크게 실패한 이유는 암기가 그저 훨씬 더 복잡한 학습의 한 과정으로서 유용하게 쓰여야 할 상황에서 그것을 최종 결과물이라고 가정하기 때문이다.

기술적/학술적 지식

기술적/학술적 지식(technical/scholastic knowledge)은 더 깊이 있는 이해를 포함하므로 표피적 지식보다는 깊이가 있다. 이 지식을 얻으려면 핵심 개념을 이해하고 비교적 구조화된 기능 및 절차를 통합하는 능력을 갖춰야 한다. 이런 유형의 지식을 갖추기 위해서는 지각/행동 학습의 훨씬 많은 측면이 관여해야 한다. 왜냐 하면, 문제해결이 수반되고, 보다 의미 있는 사회 관계가 이루어지며, 더 복잡한 의사결정과 더 정교한 훈련 및 질문이 요구되기 때문이다. 이러한 과정들은 레스닉(Resnick, 2010)이 사고중심 교육과정(Thinking Curriculum) 연구에서 강조한 것들이기도 하다. 기술적/학술적 지식은 남들과의 대화를 통해 형성될 수도 있으며, 사람들에게 감정적으로 매우 강력하게 와 닿는 주제들을 포함한다. 하지만 개념을 숙달하고 그것을 표현하고 전달하는 능력이 현실세계에 대처하는 능력으로 전환되지 못할 때가 많다. 그것이 바로 무언가를 이론적으로 이해하는 것과 실제로 활용할 수 있는 것 사이에 간극이 있는 이유이다. 자동차 유리에 붙이는 한 스티커에는 이런 글귀가 새겨져 있다. "당신이 생각하는 것을 다 믿지는 말라!"

기술적/학술적 지식의 한계를 보여주는 좋은 사례는 학생들이 광고와 광고기법을 배우는 매체활용 소양(media literacy) 수업이다. 학생들은 광고가 시청자에게 영향을 끼치려면 어떻게 구성되어야 하는지 그 원리를 공부하면서도, 그들 자신의 행동이 바로 그 광고에 어떻게 영향을 받고 있는지를 이해하지 못할 수도 있다. 이렇게 자기성찰로 진행되는 사고과정은 역동적 지식의 한 예가 된다.

역동적 지식

역동적(혹은 수행)지식(dynamic knowledge)은 계획된 상황뿐만 아니라 비계획적이고 애매한 상황에서도 현실세계에 적용될 수 있는 지식이다. 이 장의 앞부분에서 '집'이라는 복잡한 개념을 예로 들어 설명했던 바로 그 지식이다. 역동적 지식을 습득하려면 반드시 지각과 행동이 겹겹이 여러 수준에서 끊임없이 참여하고 상호작용해야 하며, 일부는 현실세계에서 일어나기도 한다. 학습에서 경험적 접근법의 중요성을 역설한 듀이(Dewey, 1938/1997) 및 여러 학자의 주장은 바로 이 역동적 지식을 토대로 한다. 로저 생크(Roger Schank, 1992)가 말한 '목표기반 시나리오(goal-based scenarios)'에서부터 심층적인 프로젝트기반 학습(project-based learning)에 이르기까지 그 예는 다양한 범위에 걸쳐있다(Edutopia 웹사이트, http://www.edutopia.org).

역동적 지식을 갖춘 사람은 어떤 것에 대한 '이해가 깊어서' 일상생활에서 그 지식을 바로 사용하고 응용할 수 있다. 무언가를 이해하는 일은 인지처리과정의 지속적인 작동을 통해서 일어난다. 즉, 개인이 환경과 상호작용을 하고, 어딘가에 주의를 집중하면서 주변 상황을 직/간접적으로 파악하고, 남들과 대화를 하고, 질문을 하고, 새로운 어휘를 사용하고, 결과물과 과정을 설계하고, 결정을 내리고, 무언가를 현실세계에 적용한 결과에 대한 피드백을 접하는 과정에서 일어난다.

학습자는 오랜 시간에 걸쳐 자신의 역량을 개발해 역동적 지식을 갖출 수 있다. 선택하고 피드백을 받을 기회를 많이 가짐으로써, 학습자는 점차 자신의 상태를 관찰하고 학습을 책임질 능력을 향상시킬 수 있다. 이 능력은 4장에서 소개한 뇌의 집행기능에 의해 통제를 받는다.

역동적 지식의 층위

물론 역동적 지식이 모두 동등하지는 않다. 어떤 사람은 현실세계에서 탁월하게 일할 능력에 한계가 있을 수 있다. 운전을 배우는 청소년과 노련한 카레이서의 지식망을 비교하면 이점을 더 명확히 이해할 수 있을 것이다.

자동차경주 선수인 카레이서는 더 많은 (인지)정보를 지니고 있을 뿐만 아니라, 자신의 욕구나 관심사를 추구하는 과정에서 습득한 운전기술과 지식을 향상시켜야만 하는 경험을 더 많이 했을 것이다. 이런 경험과 관련되어 엔진 상태·도로표면 상태·연료 차이 등 다양한 조건에서 운전하는 법, 스트레스를 받을 때 감정을 통제하는 법 등에 관한 지식이 모두 증가했을 것이다. 역동적 지식을 늘리는 요인은 다음과 같다.

- 서로 다른 상황에 반응할 잦은 필요성 이는 주의와 집중을 요함
- 결정을 내릴 필요성
- 다양한 문제에 대한 전문가의 컨설팅을 받을 필요성
- 결정을 내리고 행동을 취한 결과에 대해 받는 피드백
- 지도와 조언
- 계획적인 훈련과 더 많은 피드백을 받을 다수의 기회
- 더 많은 정보, 새로운 착상, 대안전략 및 과정을 접할 기회
- 숙련도를 더 높이는 과정 속에서 이 모든 요소의 상시적 통합

새로운 행동을 취할 때 자동차경주 선수의 신경망은 확장되고 재구조화된다. 뇌 속의 뉴런연결은 운전자가 축적한 지식과 밀접한 관련이 있다. 이것이 바로 전문지식이 늘어나는 방식이다.

이때 다른 일도 일어난다. 운전자는 자신의 운전지식을 운전에 융통성 있게 적용하는 능력을 개발한다. 자동차경주 선수의 전문지식을 형성한 요소들을 청소년은 거의 갖지 못했을 것이다(다른 종류의 지식은 습득했겠지만). 설령 청소년이 동네를 운전하면서 경험을 쌓고, 강사에게 지도를 받으며 운전코스를 돌고 교본을 읽고 교습동영상을 시청하고 공부를 하여 필기시험을 통과했다고 할지라도, 그런 경험들은 여러 가지 어려운 운전상황에서 거의 도움이 되지 못할 것이다. 미숙한 운전자가 운전을 하다가 특히 위급상황에서 끔찍한 결정을 내리는 사례를 누구나 떠올릴 수 있다. 청소년이 받는 운전교습에서는 전문지식을 거의 다루지 않고 경험도 한정되어 있다. 사실상 청소년은 전문지식의 개발에 필요한 지각/행동 학습 사이클의 반복이나 다양한 경험을 접하지 못한다.

비행기 조종사인 체슬리 슐렌버거(Chesley Burnett Sully Sullenberger)가

항공기를 비상착륙한 방식은 이런 전문지식의 놀라운 응용사례다. 2009년 1월 15일 에어웨이스 1549편 항공기가 허드슨강에 비상착륙했다. 비행기는 라과디아 공항에서 이륙한 직후 새떼와 충돌하는 바람에 양쪽 엔진이 다 꺼졌다. 동력도 없고 아직 고도도 낮은 상황이었지만, 조종사는 착륙 가능한 대안들을 모두 고려한 끝에, 비행기를 허드슨강으로 활공시켜서 동체 파손 없이 안전하게 착륙시켰다. 그 덕분에 승객과 승무원 전원 안전하게 구조될 수 있었다. 글라이더를 몰았던 경험, 항공기의 비상상황을 폭넓게 연구한 경험, 군대에서 조종사로 근무했던 경험이 전부 도움이 되었다.

현실세계에서의 능력은 이점에서 다 비슷하다. 농구선수·과학자·금융컨설턴트 모두 환경의 변화를 읽고, 행동을 취하고, 무슨 일이 벌어지고 있으며, 무엇이 필요한지에 대한 이해와 평가를 토대로, 현재의 상황에 맞게 대응한다. 따라서 현실세계에서 능력을 발휘하려면 지각과 행동의 조합이 필수적이며, 여기에는 구체적 아이디어와 기술 및 과정을 다양한 상황과 맥락에 적용하고 연관시키는 게 필요하다. 그리고 이러한 학습과 적용의 모든 과정에서 지각/행동 사이클은 푸스테르(Fuster, 2003)가 파악한 여러 층위에서 지속적으로 작동된다.

학교 대(對) 비디오테크

여기서 다시 왜 전통적인 방식의 학교공부보다 비디오테크를 활용했을 때가 학생들에게 더 잘 기억되는지 그 이유를 살펴보자. 이유는 단지 배우는 내용의 특성 차이에만 있지 않고, 자연적 학습이 어느 정도까지 이루어지는가에도 달려있다. 이 책에서 지적했듯이, 거의 모든 학교교육은 지각/행동 학습 사이클의 자연적이고 생물학적인 요소들 중 상당수를 억누르는 경향이 있다.

현재 교육체계 속에서 결과적으로 학생들은 대부분의 기준에 비추어볼 때 상대적으로 빈곤한 망—비활성 지식, 즉 표피적 지식—을 형성한다. 이 표피적 지식은 맥락에 맞게 정보를 활용하는 측면에서는 실용적인 가치가 거의 없으며, 이해하지 못한 채 암기한 사실정보와 틀에 박힌 기계적 절차로 구성되어 있다.

반면에 비디오테크 세계에서 작동하는 과정과 행동을 살펴보면 복잡한 지식망이 형성되는 것을 알 수 있다. 비디오테크 세계에서는 설령 내용이 해롭거나 유익한 특성이 전혀 없다고 할지라도, 참여할 수 있는 단계별 수준이 훨씬 많다. 학생들이 참여하는 행동을 나열하면 다음과 같다.

- 구매했거나 온라인에서 찾은 게임을 할 때 서로 대화를 나누고 경쟁한다.
- 한 번에 몇 시간씩 집중하곤 한다.
- 상황을 해석하고 적절한 결정을 내리고 즉시 피드백을 받는다.
- 깊이 생각할 것도 없이 본능적으로 감정이 개입된다.
- 물리적 위치가 변하고 이동한다(이를테면 서로의 집으로).
- 자신이 하고 있는 일을 뒷받침할 온갖 것(영화·잡지·세계적인 전문가·웹사이트 등)을 게임 바깥세계에서 찾는다.

그 결과 학생들은 비디오테크 환경의 '교육과정' 속에서 훨씬 높은 수준의 지식망을 구축한다. 또한 게임과정을 더 깊은 수준에서 이해하고 그것을 자신의 삶에 끌어들이고 활용한다. 그들은 게임세계와 웹이 어떤 것이라는 느낌을 갖는다, 즉 '감'을 잡는다(Caine & Caine, 1991). 이것은 많은 복잡한 경험을 통해서만 얻을 수 있는 것이다. 비디오테크 세계에서 배우는 것의 상당수가 역동적 지식, 다시 말해서 더욱 복잡한 비디오게임과 기술을 헤치고 나아가는 데 사용될 수 있는 종류의 지식이 되는 것은 바로 이런 이유에서이다. 모든 게임은 학습자에게 더 잘할 수 있는 기회, 그럼으로써 능력을 개발할 수 있는 기회를 제공한다. 사실상 비디오테크 세계는 학습의 자연스런 생물학적인 토대를 학교보다도 훨씬 더 많이 활용한다. 그러니 비디오테크 세계가 학생들에게 더 큰 영향을 미치는 것은 당연하다.

교육자들은 작은 지식망(원소의 주기율표, 수학공식의 첫 연습문제, 문장의 단락나누기 같은)에서 시작하여 필요할 때 지식을 능숙하게 적용할 수 있는 단계에까지 이르려면, 단편적인 지식부터 한 번에 한 단계씩 순차적으로 과정을 밟아가야 한다고 가정했다. 셀 수 없이 많은 수업계획안과 대부분의 직접교수법이 이러한 가정을 기반으로 한다. 하지만 자연적 학습에 관한 연구결과는 이해와 숙달이 이런 식으로 이루어지는 것이 아님을 보여준다.

교육을 위한 도전과제

학교교육의 본질적인 문제는 지각/행동 사이클과 지각/행동 학습의 대부분이 학교의 '학습'에서는 억제되거나 배척된다는 것이다. 이것은 학교에서 형성되는 지식망이 매우 빈약하고, 습득한 지식의 질이 매우 낮다는 의미이다.

진정으로 학생들의 학업수준을 끌어올리고 그들이 지식시대를 살아갈 수 있도록 준비시키고자 한다면, 우리는 자연적 학습이 중요하다는 점을 받아들여야 한다. 문제는 많은 교육자가 자연적 학습의 연구결과를 바탕으로 새로운 교육을 시도해왔음에도 불구하고, 현재의 밈은 그런 교육이 확산되는 것을 허용하지 않는다는 것이다.

지각/행동 사이클과 지각/행동 학습은 자연적 학습의 핵심을 이룬다. 지각/행동 사이클과 같은 학습능력은 모든 아동이 타고나는 것이므로, 아동은 엄청난 자연적 학습잠재력을 지니고 있는 셈이다. 교육수준을 크게 향상시키는 열쇠는 먼저 이 타고난 잠재력에 맞게 교육하는 데 있다. 그러면 어떤 아이도 뒤처질 이유가 없다.

직접교수법도 역할이 있을까? 물론 있다. 하지만 교육이 경험기반학습과 직접교수법이라는 잘못된 이분법을 조장해왔다는 데 문제가 있다. 지각/행동 학습 사이클에서 보면, 이 두 가지 접근법을 이분법적으로 나누어야 할 근거는 전혀 없다. 오히려 지각/행동 학습을 온전히 작동시키려면 지도·설명·연습과 시연·때로는 암기까지 활용하여, 사실·자료·개념·기능을 통합해야 한다. 더 온전하고 더 의미 있게 참여시키는 경험적 접근법이라는 맥락에서 말이다. 우리는 『교육을 새로운 관점에서 보기(Seeing Education in a New Light)』(Caine & Caine, 출간 준비 중)라는 새 저서에서 이 접근법들을 깊이 다룰 예정이다.

앞서 말한 사람들을 포함하여 많은 교육자, 철학자, 연구자가 교육에 경험적 접근법을 취할 것을 주장해왔다. 교육에서 이루어진 가장 큰 전환 중 하나는 체험, 즉 삶의 경험을 포함하는 교육을 선호하는 쪽과 그렇지 않은 쪽 사이의 주도권 교체였다.

비디오테크의 세계가 그토록 성공적인 이유는 아이와 어른의 자연적인 행동패턴을 충분히 이해하고 활용하기 때문이다. 하지만 이 세계는 매우 한정되어 있다. 개발되어야 하는 상위인지능력, 자기성찰역량을 지원하는 게임은 가장 정교한 것들뿐이기 때문에, 이 세계는 아이의 성장을 돕기에는 역부족이다(Shaffer, 2006). 게다가 게임내용의 대부분이 온라인 환경에서만 적용될 뿐 현실세계에는 적용될 수 없다.

교육의 도전과제는 자연적 학습의 힘을 활용하는 것이다. 그것도 학생이 핵심 학업기준을 숙달하도록 돕는 동시에, 성숙한 개인으로서 자신의 학습과 역할을 책임지도록 돕는 방식으로 활용해야 한다. 온갖 형태의 기술이 이 역할을 해갈 것이다. 우리는 게임을 포함한 첨단 미디어를 포용하고 통합하고 초월해야 한다. 만약 교육이 수준을 한 단계 높이고 깊이 있는 이해가 가능하도록 지도하고자 한다면, 현실세계를 살아갈 수 있는 역량을 갖추는 것은 물론이거니와, 한 단계 더 나아가 이러한 도전을 학습자 스스로 헤쳐 나갈 수 있도록 해야 한다.

9장

전통적인 학습과 지각/행동 학습의 비교

교사가 모든 것을 알 것으로 기대하던 시대가 저물어 가는 것을 보면서,
교육자는 학생들을 가르치던 것에서 학생들과 함께 배우고 더 나아가
학생들로부터 배우는 방향으로 그 역할을 전환해야 한다는 점을 이해하기 시작했다.
– 테드 매케인과 이언 주크스(Ted McCain and Ian Jukes, 2001, p. 121)

이 장의 목표는 새로운 종류의 지도법(teaching)을 위한 여정을 떠나는 것이다. 먼저 지각/행동의 작동을 기반으로 하는 자연적 학습을 생생하게 보여주는 수업사례를 소개할 것이다. 이 새로운 유형의 지도법은 7장에서, 또 이 책의 다른 곳에서 언급한 수업방법의 근간을 이룬다. 예컨대, 교육목표에 도달하기 위해 지각/행동의 사이클을 적극 활용하는 프로젝트기반학습(project-based learning), 자기주도학습(self-directed learning), 도전학습(challenge learning) 등의 실천사례들이 그것이다. 사실 훌륭한 교사들은 이런 학습양식 가운데 상당수를 이미 활용하고 있긴 하지만, 그들이 지각/행동 사이클의 자연적 학습력을 의식적이고 일관성 있게 활용한다면, 이 새로운 유형의 지도법을 훨씬 더 효과적으로 이용할 수 있을 것이다. '현실' 세계에서 전문성의 개발과 연관되어 이루어지는 많은 일도 이와 비슷하다(Leonard & Swap, 2005).

먼저 지각/행동 학습을 체계적으로 소개하는 것부터 시작해보자. 학교에서 지각/행동 학습을 하려면 정교한 프로젝트기반 접근법이 필요하다는 점을 인식하는 게 중요하다. 목표는 언제나 두 부분으로 되어있다. 학습의욕을 갖도록 동기를 부여하는 동시에 도전적인 과제를 내줌으로써, 학생들이 뇌의 집행기능인 고등사고력을 활용하도록 한다. 그리고 이러한 여러 경험을 통해 학습내용을 숙달할 수 있도록 한다. 지각/행동 학습은 본질적으로 가변적이고 그때그때 상황에 맞게 다양한 선택을 할 수 있음에도 불구하고, 여기에는 변하지 않는 요소가 있으며 이것은 5~7장에 걸쳐 설명한 것과 일치한다.

자연적 학습을 토대로 한 교육과 전통적인 교육을 비교하기 위해서 우리는 아래에서 두 가지 예를 따로 제시할 것이다. 5학년 학생에게 소화기 계통을 가르치는 상황이다. 한쪽은 전통적인 교육법(TDI)을 활용하고, 다른 한쪽은 지각/행동 학습법(P/AL)을 이용한다. 양쪽 다 '안내자'로서의 교사에 초점을 맞추고 있지만, 전제로 한 가정도 서로 다르고 그에 따른 결과도 전혀 다르다.

전통적인 교육

여기에서 우리는 전통적인 교실환경에서 일어나는 단원 수업계획을 제시하고, 이어서 학생들의 과제도 제안한다. 우선 학생들이 소화에 관해서 이런저런 것들을 알아야 한다고 명확히 적시한 성취기준이 있다. 교사는 진도표상의 정해진 시간에 이 주제를 소개한다. 이를테면 40~50분이라는 짧은 시간에 다루도록 정해져있는 식이다. 교육자료는 교과서와 교사의 프레젠

테이션으로 이루어진다. 학생들이 관심을 갖고 있는 여타 문제는 대체로 무시된다.

이런 상황을 염두에 둘 때, 다소 전형적인 접근법은 다음과 같을 것이다.

- 교사는 그 주제를 소개하고 교과서의 해당 장(章)을 가리킨다.
- 교사는 소화계에 관한 파워포인트자료를 보여주며 강의를 한다.
- 강의를 마친 뒤, 정해진 수업시간 내에 학생들이 한 번에 한 단락씩 읽고 토의를 하도록 지시한다.
- 교사는 학생들에게 교과서에 나와 있거나 강의 때 설명한 내용을 알고 있는지 질문을 던진다. 답이 불충분하다면 교사는 학생이 추가로 알아야 할 내용을 명확히 설명한다.
- 수업을 마칠 때, 교사는 이러저러하게 하라고 구체적으로 적시한 숙제를 내준다.
- 교사는 다음 주 금요일에 쪽지시험을 볼 것이라고 말한다.

다음으로 소화계가 음식을 어떻게 분해하는지 학생들이 탐구하도록 과제를 제시하는 사례를 살펴보자.

1. 사용할 모든 용어의 정의를 제공한다.
2. 소화계의 기능을 개략적으로 설명한다.
3. 각 영양소의 대표적인 식품을 소개한다.
4. 영양가 높은 음식과 낮은 음식의 차이를 설명하고 대표적인 식품을 소개한다.
5. 기계적 소화와 화학적 소화의 의미를 정의하고 차이를 알아본다.

6. 소화계의 각 부위를 그림으로 보여주고 각각의 기능을 설명한다.

7. 영양소가 혈액으로 전달되는 방식을 설명한다.

8. 1주일 동안 등산을 하는 데 필요한 영양식단을 짠다.

9. 다양한 살빼기프로그램이 세포에 해롭지 않은 방식으로 효과가 있는지 판단한다.

교사가 교과의 교육과정을 포괄적으로 다룰 수 있는 지도법

교사용 지침에는 다음과 같은 것들이 포함될 수 있다.

- **1단계.** 교사가 자신이 준비한 학습지침을 학생들에게 제공하는 목적을 설명한다. 학생들의 과제완수를 돕기 위해 준비한 것임을 납득시킨다.
- **2단계.** 과제완수에 유용한 정보를 찾는 지도(map)로 학습지침이 사용될 수 있다는 것을 학생들에게 설명하고 돕는다. 학습지침은 이해하기 어렵지 않게 '사용자 친화적'이어야 한다.
- **3단계.** 학습지침을 가장 잘 활용하는 방법은 교과서·연습문제지·공책 등 현재 사용하고 있는 학습자료 옆에 그것을 놓고 참조하는 것이라고 알려준다. 부모가 차를 몰고 목적지에 가기 위해 지도를 사용하는 것처럼 그런 식으로 학생들은 학습지침을 사용할 것이다.
- **4단계.** 학습지침을 소개하는 페이지의 상단에 수업의 핵심 개념이 눈에 잘 띄도록 놓여야 한다고 학생들에게 알려준다. 그러면 학생들은 과제를 해결하는 열쇠로서 그 핵심 개념에 초점을 맞출 것이다('24장', '십진법', '제2차 세계대전'과 같은 의미 없는 과제제시와는 정반대로).

해설

이 방식은 면밀한 계획을 거친 고도로 구조화된 접근이며, 몇몇 다양한 방식으로 학습내용을 공부하도록 함으로써, 학생들이 소화의 개념과 과정을 이해할 수 있도록 하기 위한 노력이다. 학생들의 학습방식 중에는 스스로 생각해내는 것도 있고 현실세계와 연관 지으려는 것도 있다. 현실세계에서 쓰일 건강식단을 짜라는 도전적 과제처럼 심지어 문제해결을 어느 정도 요구하는 것도 있다.

하지만 주목할 점은 학생들에게 전하고 설명할 내용을 교사용 지침에 명시한다는 점과 지각/행동 학습 사이클을 활성화할 때 필요한 특징들이 여기에 결여되어 있다는 점이다. 학생의 관심을 촉발하도록 짜인 것이 거의 없거나 아예 없다. 학생이 상황에 따라 그때그때 필요한 질문을 할 수 있는 여지도 거의 없다. 신체적 참여는 쓰기와 그리기에 국한되고, 학습과정에서 참여자 간 상호작용이 이루어질 여지 또한 거의 없다. 정보는 대부분 사전에 주어지며 스스로 탐구할 여지라곤 전혀 없다. 그리고 학생마다 활동방식이 다를 수 있는데도(당장 시작하거나 꾸물거리거나 하는 식의 공부습관) 모든 학생이 똑같은 방식을 따르도록 되어있다. 학생이 학습주제의 특정 측면에 적용할 수 있는 개인적 선호나 독특한 기술 같은 것이 여기에서는 무시된다. 가장 심각한 것은 개인적으로 관심 있는 질문을 할 수 없다는 점이다. 이런 질문은 리서치를 하고, 차별적인 자료와 해결책을 찾고, 계획하고, 사회적 상호작용과 의사소통을 하고, 대안적 관점을 찾아볼 동기를 부여하는 매우 중요한 요소인데도 말이다. 이러한 제반 활동은 집행기능의 발달을 위해 활용될 수 있는데, 이는 소화에 대한 개인적 관심과 관련해 계획을 수립하고 의사결정을 할 때 고등사고력이 동원되기 때문이다. 아울러 이런 활동들은 현실세계에 응용하고 해결책을 찾는 데에도 필요하다.

지각/행동 학습

앞으로 말하고자 하는 것은 하나의 공식이 아니며 앞에서 자세히 언급했던 사항들도 아니다. 이 접근법 전체의 방향을 인도하는 것은 지각/행동 학습 사이클이 이렇게 저렇게 하면 가장 활성화되고 계속해서 작동할 것이라는 교사의 '느낌'이다. 우리가 '능동적 처리과정(Active Processing)'이라고 이름 붙인 지속적인 형성평가 및 총괄평가를 교사와 학생이 활용함에 따라 교육과정의 성취기준과 세부내용은 저절로 만들어지게 된다. 교사에 의한 이러한 능동적 처리는 학습활동이 이루어지는 과정 내내 지속적으로 이루어진다. 이것이 가능하려면 교사는 학습자들에게 필요한 성취기준과 핵심 역량이 어떤 것인지 내면화하고 있어야 하며, 학생들의 잠재력을 탁월하게 실현시키기 위해서 계속 고민하고 실행해야 한다(18장).

이 맥락은 앞에서 설명한 것과 상당히 다르다. 소화라는 주제는 학생들의 진척상황과 관심의 흐름에 맞추어 적절한 시점에 다루어질 것이다. 따라서 수업에 소요되는 시간은 상당히 길어질 수 있다. 또한 교사가 나름대로 선호하는 문헌이 있겠지만, 학생들은 다른 사람들과 전문가들, 그리고 수많은 웹사이트와 기타 디지털자료와 같은 자원으로부터 많은 정보와 자료를 찾을 수 있을 것이다.

다중감각 몰입경험의 소개로 시작

교사는 학생들이 소화에 대해 먼저 실제로 직접 경험할 필요가 있다는 것을 안다. 그래서 학생들에게 도시락을 꺼내라고 하거나(점심을 먹기 전이라면), 점심을 먹은 후라면 간식거리를 남겨두라고 말한다. 또 교사는 먹을 것이 없는 학생들을 위해 빵이나 과자를 준비한다. 다중감각 몰입경험(Multisensory Immersive Experience, MIE)을 위해서다.

교사는 소화에 대한 이야기는 전혀 꺼내지 않은 채, 학생들에게 음식을 입에 넣으라고 말한 뒤 재빨리 덧붙인다. "삼키지는 말아요! 그냥 관찰할 거예요." 그런 뒤 학생들에게 가만히 앉아 있는 채로 입에 물고 있는 음식물에 주의를 집중해서 느껴보라고 말한다.

"음식에 침이 스며드는 것을 느끼나요? 왜 그런지 알아요? 대답하지 말아요 삼키지도 말고 그냥 자신이 이것을 어떻게 하고 싶은지에 주의를 집중해 봐요."

"좋아요, 이제 자동적으로 씹고 싶어진다는 것을 알아차렸을 거예요. 자, 그럼 씹기 시작해 봐요. 하지만 삼키지는 말아요! 왜 씹고 있는지 이해가 되나요? 대답하지 말아요. 씹는 데에만 주의를 기울여요."

"좋아요, 이제 손을 목에 갖다 대봐요. 그리고 삼켜요. 무슨 일이 일어났을까요? 이제 음식은 어떻게 될까요? 어디로 갔을까요?"

| 감각 처리 | 학생들은 음식이 입 안에 있는 동안 무슨 일이 일어났으며, 무엇이 이상하고 좋은지, 그리고 음식에는 어떤 일이 생기는지 등을 이야기한다. 이 시점에서 교사는 학생들에게 무엇이 궁금한지를 물어본다.(학생들과 좋은 관계를 맺고 있는 진정으로 창의적인 교사는 이것을 수수께끼 형태로 풀게 할 수도 있다.)

| 행위자 중심의 적응적 질문 | 몰입경험의 주된 목적은 행위자[학생] 중심의 질문을 제기하는 것이다. 학생이 하는 질문들은 터무니없어 보이든 그렇지 않든 상관없이 모두 칠판에 적는다. 이어서 교사는 학생들의 의견을 받

아 질문의 범위를 좁힌다. 학생들이 조사할 수 있으면서 교사가 보기에 궁극적으로 교과과정에 포함될 문제들만 남긴다.

예를 들어, "사람은 왜 삼시 세끼를 먹을까요?"라는 질문은 "인간은 왜 먹을까요?"라는 질문으로 바꿀 수 있다. 교사는 이런 식으로 나서서 질문을 할 수도 있다. "음식을 먹고 배설하는 사이에 어떤 일이 일어날까요?" "음식의 소화과정에서 간의 역할을 아는 사람 있나요?" "간이 어떤 일을 하는지 조사하고 싶은 사람은 누구?" 아무도 간을 조사하고 싶어 하지 않는다면, 교사는 나중에 학생 스스로 조사를 하기에 적절한 시기가 왔을 때, 간에 대한 조사를 그때 포함시키도록 적어둔다. "좋아요, 우리는 음식 중 일부가 결국 배설된다는 것을 알아요. 음식이 실제로 우리에게 제공하는 것은 뭘까요?"

이 질문을 개별 학생의 관심과 연결시킬 수 있는 방안을 살펴보자. 편식문제나 당뇨병이나 비만문제가 있는 학생도 있을 것이고, 가난한 다른 나라의 아이에게 음식을 줄 수 있다면 어떨까 고민하는 학생도 있을 것이다. 그밖에도 드러나지는 않지만 이런저런 문제를 안고 있는 학생도 있을 것이다. 학생들로 하여금 개인적인 관심이 있는 질문을 골라 조사하게 하고, 조사한 내용을 소화의 핵심 내용과 연관 지어 정리하도록 하는 방안을 찾는 것이 부분적으로는 교사의 핵심 역량이다. 하지만 학생들이 스스로 조사하여 찾아낸 것을 발표하고 교과내용과 일치하지 않는 부분에 대해 토론하도록 한다면 그다지 어려운 과제는 아니다.

| 계획·구성·조사활동·역량개발 | 학생들은 조사할 과제를 정하고, 조사를 혼자 할지, 짝과 할지, 모둠으로 할지도 결정한다. 학생들의 관심사항과 조사하는 질문에 따라 모둠을 어떻게 나눌 것인지가 정해진다. 각자 시간표를

정하되, 필요할 때 시간을 늘리거나 줄일 수 있도록 미리 감안하여 시간표를 짠다. 학생들은 조사할 자료를 같이 정하고 그 내용을 발표한다. 모둠 간혹은 학급 전체를 대상으로 발표를 하는 과정에서, 자신이 배운 어휘를 익히고 배운 내용을 정확히 전달하는 능력을 발달시킬 수 있다. 전문가를 인터뷰할 때 다양한 기술을 사용할 수도 있다.

학생들은 때때로 모임을 갖고 교사는 소집단이나 학급 전체를 대상으로 질문한다(능동적 처리과정). "그러면 소화계 설명을 찾아낸 사람 있나요?" "영양가 있는 음식과 영양가 없는 음식의 차이를 알아낸 사람은 있나요?" "기계적 소화와 화학적 소화의 차이점을 알아낸 사람은요? 설명할 수 있어요?" "위산은 무엇으로 이루어져 있을까요? 어떤 기능을 할까요? 스트레스에 어떻게 반응할까요?" "이것이 다른 질문들과 어떤 관계가 있을까요?" 교사의 질문은 대부분 학생의 의견과 조사결과로부터 나온 것이며, 필연적으로 학습기준에 연결된다. 교사는 학생들이 질문을 처리하는 데 어려움을 겪거나, 어떤 정보가 모두에게 도움이 될 수 있을 거라는 점을 알아차리면, 설명을 하거나 짧은 강의를 해준다. 어휘나 발음을 연습시킬 때도 마찬가지다. 하지만 이 모든 과정은 '학생'의 활동과 질문 및 리서치를 지원하는 차원에서 이루어져야 한다.

발견한 내용을 발표하는 양식은 구두로 글로 그 외 다양한 방식이 가능하다. 다만 기록에 사용되는 어휘·철자·문법·핵심 개념·사실·기술을 정확히 사용하도록 해야 한다. 모든 발표는 학생이 이해한 방식으로 설명하되, 학생 자신의 언어로 이루어져야 한다. 이때 교사가 확실히 해둘 것이 한 가지 있다. 소화계에 대한 이야기는 다양한 형태로 이루어질 수 있지만, 용어의 사용은 반드시 정확해야 한다는 점이다.

| **새로운 학습을 활용하도록 요구하는 결과물 생산** | 마지막으로, 새로운 지식은 구체적으로 적용되어야 한다. 예를 들어, 교사는 이렇게 제안할 수도 있다. "우리가 일주일 동안 등산을 간다고 상상해봅시다. 어떤 음식이 가장 좋을까요? 좋은 이유는 뭘까요?" 그런 뒤 학생들끼리 토의하고 의견을 말하고 자기 입장을 방어하고 설명하는 등의 활동 기회를 준다.

사례를 또 하나 들자면, 학생들은 다양한 재료를 써서 축적 비율에 맞추어 소화계의 모형을 만들 수도 있다. 혹은 자신의 관심 방향과 일치한다면, 주나 정부기관에 보고서를 제출하고 심지어 정치적 행동을 취할 수도 있다. 이런 활동은 행정·입법·정부가 어떻게 작동하는지 깊이 이해할 수 있는 기회로 쉽게 이어질 수 있다.

| **형성평가 및 총괄평가는 능동적 처리과정에서 이루어진다** | 능동적 처리는 학습의 핵심적인 과정으로서, 생략하고 넘어가서는 절대 안 된다. 학생 중심의 학습이 이루어지는 과정 내내, 교사는 학생이 제대로 이해했는지, 사전지식과 충돌하는 부분은 없는지, 완전히 자기 것으로 소화했는지, 맥락에 맞게 정확하게 구사할 수 있는지를 파악하기 위해서 적절한 도전과제를 던진다. 또 교사는 학생들이 팀워크를 잘하고 있는지 주기적으로 점검하도록 한다. 여기서 학생 모두를 학습에 참여시키는 것이 학생 사이에 긍정적인 관계를 형성하고 유지하는 데, 그리고 학생 모두가 확실히 기여하도록 하는 데 아주 중요하다. 참여는 '성적을 올린다'는 목적만을 갖고 있는 것이 결코 아니다. 참여는 학습에 대단히 중요하며, 자기주도적 학습자로 만드는 데 꼭 필요하다. 역량 발달을 위해 필요하고 교사와 학생 모두가 동의한다면, 온오프 개인별 맞춤 교육프로그램을 부분적으로 도입할 필요가 있다. 예를 들어, 일부 학생은 새로운 용어를 발음하고 기억하는 데 도움이 필

요할 수도 있다. 그럴 때 소프트웨어를 이용할 수도 있는 것이다. 글쓰기 기술이 떨어질 때 학생들은 학습센터를 방문하거나 글쓰기 문제를 해결하는 소프트웨어를 통해 공부할 수도 있다.

| **공식 피드백** | 최종 결과물에는 공식 피드백을 반드시 해야 한다. 공개실연·발표·모형·온갖 형태의 보고서 작성이 사용 가능한데, 용어사용(글과 말로)에 주의를 집중한다. 또한, 여기에는 적확한 용어와 개념을 사용해 전문가나 초보자의 즉석 질문에 답변하는 역량도 포함된다.

| **기술은 이 과정 전체에 통합되어 있다** | 기술은 어느 단계에서나 필요하다. 다중감각 몰입경험은 위의 사례에서처럼 직접적이고 체험적일 수도 있고, 동영상이나 상호작용적 게임이나 웹사이트를 포함할 수도 있다. 학생들이 탐구하는 주제가 현실세계에 어떻게 적용되는지를 보여주고 학생들의 관심을 불러일으키고 더 많이 알고자 하는 동기를 부여할 수 있는 한, 모든 것이 가능하다. 복잡한 비디오게임의 제작자들과 동영상 제작자들의 작품은 바로 여기에서 대단히 유용할 수 있다.

뇌 집행기능의 자연스러운 통합

학생들이 높은 학업성취도를 달성하는 동안 이러한 교수법이 어떻게 상시적으로 피드백을 허용하는지에 주목할 필요가 있다. 그와 동시에 학생들은 4장에서 지식시대의 학습역량이라고 정의한 것을 개발해야 한다. 교사는 학업성취도를 높이면서 학습역량도 함께 키운다는 관점을 가질 필요가 있다. 잊지 말아야 할 것은 교사가 이러한 학습역량을 키워줘야 하며, 이런 역량은 실제의 적용을 통해서만 길러진다는 점이다.

- 목표를 설정한다.
- 미리 계획하고 시간을 효율적으로 관리한다.
- 문제를 해결한다.
- 효율적인 결정을 내린다.
- 만족을 지연시킨다.
- 자신의 감정을 지켜보고 조절한다.
- 협업한다.
- 변화하는 세계에 적응한다.
- 학습법을 배운다.
- '큰 그림'뿐만 아니라 세부사항도 다룬다.

이러한 역량들은 고등사고력의 발휘가 필요한 것들로서, 세상을 성공적으로 살아가려면 반드시 갖춰야한다. 따라서 이 교수방식은 자기를 알고 이해할 수 있는 관문으로 사용될 수 있다. 이것은 지식시대에 필요한 생존기능뿐만 아니라 학업성취와 지식증대를 동시에 이룰 수 있는 주된 방식이다.

전전두피질(prefrontal cortex)은 수초화(축삭돌기는 뉴런 간의 신호 전달속도를 높이는 지질의 절연물질인 수초로 덮인다)되도록 설계되었는데, 해부학적으로는 사춘기가 지나야 수초화가 절정에 이른다. 알다시피 전전두피질은 상위인지력과 의사결정역량에 핵심적인 역할을 한다. 이 역량을 키우는 최선의 방법은 학생이 아주 어릴 때에도 학습자 중심의 적응적 결정을 내리도록 하는—그리고 자기선택을 책임지도록 만드는—것이다.

그러므로 학생의 선천적 학습능력을 활용할 열쇠는 교육이라는 세계 전체를 학창생활 내내 지각/행동 학습을 활용하는 과정들과 융합시키는 것이다. 본질적으로 교육은 현실세계의 경험 중심으로 구성된다. 이러한 경험 속에는 지각/행동 학습방식이 작동될 수 있는 조건이 갖추어져 있으며, 지각/행동 학습방식에는 높은 수준의 학습내용이 내장되어 있다.

지각/행동 학습방식에 따라 바뀌는 것

지각/행동 학습이 도입되면 지도(teaching)의 주안점과 방식이 완전히 바뀌게 된다. 이유는 교사의 지도가 아니라 학습자의 학습이 중심이 되기 때문이다. 이럴 때 학생은 위대한 발명가나 연구자처럼 학습에 몰입할 수 있다.

　하지만 전통적인 교육방식에서 다루는 많은 학습내용이 여기에서도 다루어진다는 점에 주목할 필요가 있다. 실제로는 그 내용을 훨씬 더 복잡하고 상호작용하는 방식으로 다루는데, 이런 이유로 더 깊이 있는 학습이 가능해진다. 심지어 조금 겹치는 과정들이 일부 있다는 점에도 유념하자. 예컨대, 전통적인 접근법에서도 교사는 학생들에게 일주일 동안 등산을 하는 데 필요한 음식을 준비하라고 말할 수 있다. 핵심적인 차이는 지각/행동 학습에서는 과제가 학생의 관심사에서 도출되었으며 진짜로 학생들이 선택했다는 점이다. 교사주도형과 학습자주도형 교육의 차이는 실제로 선택하고 결정하는 쪽이 누구냐에 달려있다. 이런 탐구과정에서 학생들은 교사가 알지 못한 정보 및 문제점과 맞닥뜨릴 가능성이 농후하므로, 교사 역시 이 과정에서는 학습자의 모습을 보이게 된다. 이 상황은 실제로 교사가 묻는 질문을 더욱 풍성하게 만들고, 반드시 더 깊이 있는 학습을 촉진하는 방식으로 질문하게 해준다.

학생의 역할이 근본적으로 바뀐다

- 이 전체 과정에서 학생들은 더욱 자기주도적이 되고 학습을 스스로 결정하므로 참여도가 높아진다.
- 학생의 욕구와 선호 및 과제의 특성에 따라 협력학습, 자율학습이 자연스럽게 결정된다.
- 학생들은 질서 있고 협력적인 공동체를 유지할 책임이 커진다.

교사의 역할이 극적으로 바뀐다

교사는 지각/행동 학습 사이클이 역동적으로 일어나도록 촉진하는 역할을 한다. 이는 지속적으로 질문하고 능동적 처리과정(Active Processing)을 통해 참여를 이끌어낼 때 가능하다. 형성평가와 총괄평가라는 피드백과 이러한 피드백에 대한 성찰은 학생의 조사 및 프로젝트 활동 전(全)과정에서 설계되고 포함되도록 해야 한다. 해당 분야에서 역량을 갖춘 사람들(교사뿐만 아니라 전문지식을 갖춘 부모, 온라인 참고자료, 전문가를 포함하여)의 평가라는 형태로 정식 피드백을 받을 수도 있다. 새로운 용어를 짧게 '반복 연습'하는 훈련은 없앨 것이 아니라 재미있게 만들면 된다. 노래, 시, 민요를 배울 때처럼 학생들이 협업이나 모둠활동으로 칭찬하고 서로 밀어줄 수 있다. 책과 논문·연구요약·논평 형태의 문헌을 읽을 수 있게 할 필요도 있다. 모든 유형의 읽기를 장려하지만 강요해서는 안 된다. 교사가 읽기자료를 선별하고 그 자료를 어떻게 활용하는지 모델을 보여주는 것이 아주 중요해지는 지점이 바로 여기다.

유념해야 할 것은 교사의 추가적인 노력과 안내는 늘 필요하다는 점이다. 이따금 교사는 중요한 점을 강조하고, 새로운 개념을 논의하고, 특정 기술을 세부적으로 정리하기 위해 학생들을 모이게 하기도 한다. 교사가 할 수 있는 일과 할 수 없는 일의 한계와 기준을 정할 때도 있을 것이다. 그러나 이 모든 일은 학생들의 도움을 받으며 더 큰 단위의 과정 속에서 이루어진다. 목표지향적 지각/행동 학습이 펼쳐지는 것도 이와 같은 지원 속에서 이루어지고 이를 통해 학생들의 참여가 일어난다.

　이런 모든 과정을 통해서 학생들이 그들 자신의 질문에 대해 연구할 때, 교사는 그들로부터 새로운 것을 배울 자세가 되어 있어야 한다. 교사는 또한 편안한 마음을 갖고 자신이 가끔 함께 배우는 사람이 되는 것을 학생들과 같이 즐기기도 해야 한다. 사실상 이런 지식/행동 학습과정 속에서는 모두가 학습자가 된다. 학생들은 서로에게서 그리고 그들 자신이 선택한 학습자료로부터 배운다.

학교공동체 및 운영의 구조가 근본적으로 바뀐다

학습이 더 심층적이고 역동적으로 될수록 전통적인 시공간의 제약은 느슨해져야 한다. 가령, 학생들은 교실과 학교에서 더 자유롭게 돌아다니고, 프로젝트와 여러 활동을 개인시간은 물론 때로는 다른 수업으로까지 가져가며, 학생공동체는 스스로 역할을 잘 하고 있는지 모니터링하기 시작한다.

　이와 같이 학생의 자연적 학습능력을 활용할 열쇠는 지각/행동 학습이란 과정이 모든 교육에 지속적으로 반영되도록 하는 일이다. 본질적으로 교육은 경험을 중심으로 조직되며, 이런 경험 속에는 성취기준이 반영되고, 학생이 지닌 전문성은 타인과 교사로부터의 피드백을 통해 지속적으로 키워진다. 이 모든 일이 일어날 수 있도록 물리적 구조도 갖추어야 한다.

시스템을 효과적으로 작동하게 하기

수업지도를 효과적으로 잘 하려면 높은 수준의 기술과 역량을 갖추어야 한다. 인간의 타고난 학습방식에 가까운 이 교수방식의 핵심 과정을 숙달하는 것만으로도 복잡한데 그것으로 끝이 아니다. 그 이유는 학생이 빈 서판(blank slate, '깨끗이 닦아낸 서판(scraped tablet)'이라는 뜻의 중세 라틴어 '타불라 라사(tabula rasa)'를 의역한 말로 '백지상태'를 뜻함 – 옮긴이)이나 컴퓨터 같은 대상이 아니기 때문이다. 지금까지 설명했듯이, 감정·관계·물리적 맥락·마음상태와 같은 인간의 모든 개인적 특성이 학습에 작용한다.

우리는 이 모든 일을 감당할 수 있게 하는 방법을 찾아내야 한다. 신경과학자 조제프 르두(Joseph LeDoux, 1996)는 뇌에 고등사고능력이 작동하는 경로인 '상위 경로(high road)'와 본능적 반사경로인 '하위 경로(low road)'가 있다고 설명한다. 우리는 그의 이 말을 지침으로 삼고자 한다. 고등사고력을 학습에 활용하는 사람들과 협력하는 방법이 있는가 하면, 그 고등사고력을 억제하고 학습을 약화시키는 사람들과 협력하는 방법도 있다. 지각/행동 학습의 힘을 강화하는 열쇠는 상위 경로를 이해하고 활용하는 것이다. 이 문제는 다음 장에서 살펴보기로 하자.

Natural Learning for a
Connected World

3

몸/마음의 연결

동기부여: 지각/행동 학습의 구동엔진

10장

수준 높고 도전적인 학습(rigorous learning)목표와
즐겁게 배우자는 목표는 조화시킬 수 없는 상호 배타적인 것일까?
내가 보기에 아주 많은 교사와 학자는 그렇다고 믿으며,
마치 학업상의 통과의례인 양 똑같은 고통을 대물림하면서
학습을 재미있게 만들려는 노력을 모조리 거부한다.
너무나 터무니없는 짓거리다.

– 마크 프렌스키(Marc Prensky, 2006, p. 85)

'소화' 같은 광범위한 주제에 어떻게 접근하는 게 좋은지, 그 탐색과정에 대해서 질문하고 학생 스스로 탐구할 수 있도록 선택권을 허용해보라. 그러면 전혀 새로운 세계가 열린다는 것을 알게 될 것이다.

이러한 질문은 다중감각 몰입경험(Multisensory Immersive Experience)뿐만 아니라, 자신의 삶과 어떻게 연관 짓고 개인적으로 어떤 의미를 추구하느냐에 따라 질문의 유형과 수준이 달라진다. "형이 당뇨병이 있어서 당분을 먹을 수 없는데 그 이유를 조사해도 될까요?" 또는 "딴사람들은 먹으면 살이 찌는데 왜 저는 먹어도 살이 안 찌나요?"와 같은 질문들이 그렇다. 교사는 어떤 것이 좋을지 공감대와 의견을 모으는 과정을 통해서 질문의 범위를 좁혀야 한다. 하지만 학생들이 그때그때 상황에 따라 관심 있는 질문을 던지면, 그 질문의 답을 학생 스스로 탐구하도록 허용하는 것이 매우 중요하다. 일단 그렇게 하면 학생들은 교사의 전문지식을 뛰어넘어 그 이상으

로 나아갈 가능성이 매우 높다. 물론 이런 식으로 학생들에게 교사가 통제할 수 있는 범위를 벗어날 수 있게 허용하는 것이 쉬운 일은 아니다.

여기서의 목표는 학생의 관심과 에너지를 이끌어내고 유도하는 것이다. 다중감각 몰입경험은 지각/행동 학습(Perception Action Learning, P/AL)의 단계를 밟는 것이 그 시작이며 그것의 주된 목적은 학생 중심의 적응적 질문, 즉 개인적으로 관련이 있고 의미 있는 질문을 도출하는 것이다. 행위자 중심의 질문은 대개 구체적인 탐구분야와 관련이 있지만, 이런 질문을 통해 학생들은 스스로 어떤 주제나 제재를 사용해서 탐구하는 '자기만의 방식'을 찾아낼 수 있다. 모든 자료와 전문가는 주변에서 또 인터넷상으로 이용 가능하므로 교사는 학생들을 지원하는 역할을 맡아야 한다.

자연적 학습에 필수적인 다른 단계들로 넘어갈 때에도 내적 동기는 유지되어야 한다. 주제에 대한 몰입(본보기 찾기·코칭받기·인터넷검색·전문가의 식견 등), 새로 배운 것을 통합하고 표현하는 자기만의 결과물 만들기, 피드백 받기 등 자연적 학습과정의 모든 측면은 학습동기를 유지하는 데 도움이 된다.

학생들은 지각/행동 학습(P/AL)의 단계를 거치는 내내 교사의 지도와 격려를 받을 수 있지만 통제나 강요를 받아서는 안 되며, 학생들이 계속 의욕을 갖도록 동기부여하는 것이 교사의 가장 큰 도전과제 중 하나이다. 여기에는 세심한 노력이 요구된다.

동기부여란 무엇일까?

소방관이 되겠다는 동기를 부여하는 것은 무엇일까? 땀을 비 오듯 쏟아지게 만드는 15킬로그램이나 나가는 방화복을 입고 거기에다 35킬로그램에 달하는 장비를 들고서, 두 계단씩 뛰어 올라가거나 고층건물의 옥상으로 올라가는 훈련을 받으면서까지 말이다. 실패만 거듭하면서도 연구자를 다시 실험실로 돌아가게 만드는 것은 무엇일까? 선거에 지거나 중요한 법안을 통과시키는 데 실패한 뒤에도 정치가는 어떻게 다시 의욕을 불태우는 것일까?

그것이 무엇이든 간에 인간으로 하여금 기존의 한계를 깨고 역경에 계속 맞서도록 하려면 어떤 불꽃이 필요하다. 이 불꽃은 자신에 대한 믿음에서 나오며, 개인적인 목표 혹은 목적과 관련된 무언가를 사랑한다거나 거기에 매료된 경우에 나온다. 동기부여는 지각/행동 사이클(perception/action cycle)을 돌리는 엔진이자, 중요하고 의미 있는 목표를 향해 행동하도록 만드는 개인 내부의 자극 같은 것이다. 학생에게서 이 불꽃이 어디에서 어떻게 일어나든지 간에 자연적 학습은 동기부여라는 이 불꽃을 이용한다.

동기부여는 어떤 행동경로를 따르거나 벗어나게 하는 요인을 총칭하는 용어이다. 지각/행동 학습은 학생이 지닌 욕구나 요구사항에 의해 이루어진다. 그것은 "나는 무엇을 하고 싶은가?" "그 관심이 강렬한가?"와 같은 질문들에 어떤 반응이 나오는지를 보면 알 수 있다.

동기부여를 다룬 연구는 대단히 많으며 그것을 설명하는 이론도 많다(Petri & Govern, 2003). 우리가 이 수많은 연구를 제대로 평가하는 것은 불가능하겠지만, 동기부여가 너무나 중요하기 때문에 그것을 무시할 수는 없다. 여기서는 핵심적인 내용 몇 가지에만 초점을 맞추기로 하자.

자연적 학습이라는 목적에 비추어볼 때, 가장 중요한 사항은 '외적 동기'와 '내적 동기'의 구분이다(Ormrod, 2010).

동기부여의 종류

'외적 동기(extrinsic motivation)'는 대체로 개인적인 선택이나 의미와는 무관한 방식으로 사람의 행동을 부추기거나 강요하거나 유인하는 것을 가리킨다. 외적 동기는 행위자 혹은 학습자 중심의 적응적 결정이 아니라 학생을 위한 결정, 즉 6장에서 언급한 '남이 내리는 결정'이 이루어질 때 나타나는 경향이 있다. 개인의 외부에 있는 무언가 또는 누군가가 어떤 일이 반드시 특정한 방식으로 이루어지도록 영향을 미치거나 통제하거나 강요하는 것을 말한다.

'외적 동기'는 학습의 의미와 목적이 학습자가 아닌 다른 누군가에게 있는 것을 의미한다. 이러한 외적 동기는 비교적 즉각적이고 직접적이다. 대체로 그것은 행동에 따르는 어떤 가시적인 보상이나 즉시적이고 구체적인 확실한 처벌로 이루어진다. 교사가 '배워야 한다'고 강요하는 것을 학생이 원하지 않을 때, 외적 위협이나 보상을 이용한다면 학생의 행동을 유도하고 특정한 결과를 낳을 수 있다. 교사가 정한 과제를 성적이나 시험과 연계시키면 소기의 목적을 달성하게 되는 것은 이런 원리에서다.

반면에 '내적 동기(intrinsic motivation)'는 내면적이고 개인적이며 의미있고 적응적이다. 그것은 개인의 내면에서 나오고, 행위자 중심의 적응적 질문과 그에 따른 결정과 행동으로 이어지는 개인적 소망과 욕구를 비롯하여, 충동·설득·힘을 가리킨다(Zuckerman, Porac, Lathin, Smith, & Deci, 1978). 외적 동기와 내적 동기의 차이점은 적응적(adaptive)이라는 단어에 담겨 있다. 이 말은 해결책이나 답을 찾고자 하는 개인적 욕구를 가리킨다. 즉, 내적 동기를 지닌 학습자는 알고자 하는 자신의 욕망이나 욕구에 따라 행동한다. (6장에서 다룬 행위자 중심의 적응적 의사결정을 떠올려보라.)

동기의 활용

다음의 사례와 비교해보자. 플로리다대학교의 한 교원연수과정에서 어느 학부모가 아이의 학교에서 이루어지고 있는 새로운 행동수정프로그램(behavior modification program)을 심하게 비판했다. "우리 애는 배우는 것 자체를 너무나 좋아해서 온갖 것을 알고 싶어 하는데, 정답을 말할 때마다 아이에게 초콜릿을 준다고 하네요. 그것이라면 질색하던데 정말이지 화가 나는군요!" 여기에서 알 수 있는 것은 학습에 대한 보상으로 초콜릿을 사용함으로써 배움 자체에서 느끼는 기쁨이 사실상 억압되었다는 것이다.

학습동기를 유지하기 위해서는 내적 동기와 외적 동기를 적절히 구사해야 한다는 점을 명확히 밝힐 필요가 있겠다. 즉, 이 논의의 핵심은 '양자택일'이 아니라 '양자비율'의 문제에 가깝다는 것이다. 처음에는 원하지 않았던 어떤 행동을 취하거나 경험을 하도록 내몰렸거나 이끌렸다가, 나중에서야 그것을 더 하고 싶다는 동기가 촉발되었던 경험이 누구에게나 있을 것이다. 동기부여의 두 가지 유형 간 팽팽한 긴장에 관해 최근 들어 어느 정도 깊이 있는 연구가 진행된 것은 바로 이런 이유에서이다(Cameron, Banko, & Pierce, 2001; Deci, Koestner, & Ryan, 1999). 우리 앞에 놓인 도전과제는 내적 동기와 외적 동기의 적정한 균형점을 찾아내고, 때때로 외적 동기를 활용해서 내적 동기를 유발하고 이끌어내는 것이다.

물론, 지시에 따르지 않으면 위험에 처하게 될 경우에는 학생에게 내적 동기를 부여하는 과정을 건너뛰고 보상이나 처벌을 통해 강요하는 방식을 쓸 수 있다. 이 방식은 에너지 절약을 위해 전등을 끄는 행동처럼 습관의 관리 및 유지가 필요한 상황에서도 쓸 수 있다. 길을 건너기 전에 좌우를 살펴보거나 잠자러 가기 전에 손을 씻는 것도 처음에는 외적 동기가 필요한 대표적인 습관이다.

행동을 요구하는 사람과 학생 사이의 관계가 긍정적이고 견고하다면, 학생은 그 사람을 기쁘게 하고 싶어서 그의 말에 따를 수도 있다. 어떤 어머니는 최근에 아들에게 축구를 하도록 신중하게 자극을 준 좋은 사례를 말해줬다. 아이는 처음에는 망설임과 거부감이 심했지만, 축구를 직접 한 후에는 자신이 축구를 너무나 좋아한다는 것을 알고서 축구클럽에 보내달라고 졸랐다는 것이다. 이 사례는 새롭거나 도전적인 무언가를 시도하도록 학생을 자극하기 위해 처음 시도할 때에는 '보상'을 해야 할 수도 있다는 단서를 교사들에게 제공한다.

여기서 중요한 점은 지각/행동 학습을 하려면 가능한 한 학생 스스로 동기부여를 해야 한다는 점이다. 그 이유는 뭘까? 내적으로 동기부여된 상태에 있어야만 처음 경험할 때부터 최종 피드백에 이르기까지 지각/행동 학습의 모든 단계를 거칠 수 있기 때문이다. 계획하고, 자신의 행동을 분석하고, 현명한 의사결정을 하는 등 고등사고력의 발달에도 내적 동기는 핵심적인 역할을 한다. 외부 권위자의 통제를 받거나 보상이나 처벌을 통해 추진되는 행동은 사고·성찰·결과에 대처할 필요성·비판적 논의·지적인 질문보다는 순응을 이끌어내는 경향이 있다. 하지만 분명한 점은 지각/행동 학습도 언제든 방해를 받거나 곁가지로 흐를 수 있다는 점이다. 이 문제는 다음 장에서 상세히 다룰 예정이다.

학생들에게 내적 동기부여를 하는 것은 무엇일까?

교육자들이 반드시 알아야 할 점은 엄청나게 강력한 내적 욕구 및 요구가 자연스럽게 학습충동을 일으킨다는 점과 이러한 내적 동기는 지각/행동 학습을 통해서 유발될 수 있다는 점이다. 이런 유형의 자연적 학습이 내적 동기를 유발할 수 있는 방법 몇 가지를 알아보자. 여기에서는 이해를 돕기 위해 각 방법을 따로따로 살펴보겠지만, 이 방법들이 실제 삶에서 펼쳐질 때는 서로 겹치고 연결되어 있다.

연결되는 패턴의 추구

사람은 누구나 이른바 '연결되는 패턴'을 발견함으로써 세상을 이해하도록 되어 있다(Gregory Bateson, 1979). 이것은 타고난 능력이다. 패턴탐색은 태어나는 순간부터 죽을 때까지 평생 이어진다.

> 음식이나 섹스에 대한 충동처럼 우리에게는 일종의 '설명하려는 충동(explanatory drive)'도 있는 것 같다. 세계를 이해하려는 이 충동은 아이들에게서 가장 순수한 형태로 나타난다. 생후 첫 3년 동안 아기는 대상을 탐구하고 실험하려는 욕망에 사로잡힌다.(Gopnik et al., 1999, pp. 85~88)

자연적 학습은 탐구·연구·모델링·실험·성찰을 강조하며 모든 학생이 지닌 '패턴형성능력'에 토대를 둔다. 그와 동시에 교사와 전문가의 설명, 인터넷과 각종 자료로부터 나오는 설명도 중요하다. 그런 설명은 학생들이 패턴을 찾는 데 도움을 주고 이해하는 데 핵심이 된다.

목적과 열정의 힘

목적과 의미는 수행능력을 정점으로 올리는 데 중요하다. 자기계발·각종 요법·경영·인력개발의 세계에서 나오는 조언들은 대부분 이 사실을 토대로 한다. 스티븐 코비(Stephen Covey, 1990)는 저서 『성공하는 사람들의 7가지 습관(Seven Habits of Highly Effective People)』에서 "목표를 머릿속에 분명히 그리고 시작하라(Begin with the end in view)"고 말했다. 제임스 힐먼 (James Hillman, 1996)은 더 깊이 파고들며 다음과 같이 말한다. "수많은 사람의 삶에서 상실되었지만 회복해야 하는 것이 있다. 바로 개인의 소명의식이며 이것이 내가 살아가는 이유다"(p. 4).

위대한 발명가, 사상가, 기업가 등이 보여주는 불굴의 태도·끈기·인내는 삶의 목적이 얼마나 큰 힘을 지니고 있는지를 입증한다.

지각/행동 학습의 묘미는 학생이 진정으로 관심을 갖고 선택을 하도록 함으로써 이러한 기본적인 학습욕구를 자연스럽게 활용한다는 것이다.

창의성과 문제해결의 기쁨

'깨달음'을 얻는 순간 우리는 정말로 짜릿한 경험을 한다. 깨달음은 진정한 기쁨과 엄청난 희열을 안겨주기 때문에, 내적으로 동기를 부여하고 사람들이 무언가를 계속 추구하여 거의 불가능한 수준에까지 이르게 할 수도 있다.

인간의 다른 충동들과 마찬가지로 설명하려는 충동에도 감정이 따라붙는다. 즉, 무언가를 이해할 수 없을 때에는 답답해서 미칠 것 같은 욕구불만을 느끼고, 이해할 수 있을 때에는 짜릿한 기쁨을 느낀다.(Gopnik et al., 1999, p. 162)

프록터앤갬블(Procter and Gamble)의 회장인 존 페퍼(John Pepper)는 기업이 잘 돌아가려면 학교교육이 제대로 이루어져야 한다며 다음과 같이 설명했다. "기본적인 사고능력, 발견의 기쁨과 성취감, 학생들이 이런 것들을 경험할 때 당연히 학습욕구를 더 느끼게 될 것이다"(Hirshberg, 1999, p. 43에서 재인용).

위대한 과학자는 연구를 하면서, 위대한 예술가는 창작을 하면서, 아이들은 놀이를 하면서, 모두가 이 상태를 경험한다. 이것은 종종 다른 기본적인 욕구들을 밀어낼 만큼 눈을 뗄 수 없을 정도로 흥미진진하다. 이것은 인간의 가장 강력한 동기부여 요인 중 하나다. 창작의 기쁨은 다음 장에서 설명할 몰입상태와 많은 공통점을 지닌다. 몰입은 눈앞의 과제를 탐구하는 데 너무나 즐겁게 빠져들어서 시간이 가는 것조차도 모르는 상태를 가리킨다(Csikszentmihalyi, 1990/2008).

그리고 학습에 대한 이런 접근의 핵심은 바로 깨달음의 전율을 맛볼 기회를 자주 제공한다는 것이다.

남과 연결되고 함께 일하는 기쁨

사회관계망만 보더라도 인간에게는 늘 남과 관계를 맺으려는 욕구가 있으며, 관계가 이어질 때 기쁨을 느낀다는 것을 알 수 있다. 과학을 통해 우리는 연결하려는 이 욕구가 삶 자체의 토대임을 안다. "우리는 서로 깊이 의존해야만 생존할 수 있는 지극히 사회적인 종(species)이다"(Gopnik et al., 1999, p. 23). 신체적 생존이라는 차원을 넘어 더 깊이 들어가면, 우리가 생각하고 배우는 방식의 대부분은 서로 맺는 관계를 바탕으로 한다. 시겔(Siegel, 2001)은 그것을 이런 식으로 말한다. "마음은 뇌의 활동에서 나오고, 뇌의 구조와 기능은 대인관계의 경험을 통해 직접적으로 형성된다"(p. 1). 학습의 사회적 특성은 1장에서 말한 맥락적 인지(situated cognition)를 통해 더 자세히 설명할 수 있으며 14장에서는 이를 더 상세히 다룰 것이다.

사람들 사이의 상호작용은 아주 미묘하며 언어를 수반하지 않는 경우도 많다. 이러한 상호연결 양상을 설명하고자 애쓰는 일부 과학자는 이따금 사람들 사이에 일종의 '마음상태공명(mental state resonance)'이 이루어진다고 말한다(Siegel, 1999, p. 70). 예컨대, 공명은 치료를 할 때 대단히 중요하다. 공명이 이루어질 때 환자는 자신이 가장 깊은 차원에서 '이해받고 있다'고 느낌으로써 의사와 비언어적 형태의 의사소통을 할 수 있다. 환자는 상대방이 '감지하고 있다는 느낌'을 받는다. 이 마음상태의 동조는 협조적이고 상황에 맞는 의사소통이 이루어질 수 있는 비언어적 토대를 형성한다.

본질적으로 대부분의 학생은 집단에 소속되어 남들과 함께 공부할 기회가 오면 그것을 즐긴다(Damasio, 2003; LeDoux, 1996, 2002; Siegel, 1999). 우리의 정체성은 공동체를 이루고 거기에 소속될 방법을 찾아내는 것에 어느 정도 좌우된다(Boleyn-Fitzgerald, 2010). 그것은 '접촉욕구(contact urge)'로 일컬어진다(Brothers, 1997, p. 7).

자연적 학습은 공동탐구를 지속할 수 있게 하며, 다른 사람들과 함께 일한다는 사실 자체가 내적 동기를 부여할 때도 종종 있다.

자기유능감

'자기유능감(Self-efficacy)'은 앨프레드 밴두러(Alfred Bandura, 1997)가 내놓은 개념으로서 사람들이 자신의 유능함에 대해 갖는 믿음을 가리킨다. 자신이 유능하다고 마음속으로 더 믿을수록, 그렇게 행동하고 학습하려는 동기가 더 높아진다.

> 지각된 자기유능감은 스스로 설정하는 도전목표의 수준, 동원할 노력의 정도, 역경에 맞서 끈기를 발휘할 수준에 영향을 미친다. 또한 지각된 자기유능감은 스스로 설정한 목표에 직/간접적으로 영향을 미침으로써 수행성취도에 영향을 주는 것으로 이론화된다. (Zimmerman, Bandura, & Martinez-Pons, 1992, p. 665)

물론 우리가 제시하는 학습방식은 통상적인 학업성취에도 기여한다. 동시에 이 방식은 학생들에게 자신의 학습과정과 성취를 되돌아볼 다양한 기회를 제공하며, 그럼으로써 학생들은 자기 자신을 조절할 능력을 함양하고 점점 더 높은 수준의 성과를 올린다.

학생들의 삶에서 내적 동기의 수준을 알려주는 지표는?

전체적인 맥락이 고려되어야 하겠지만 학생들의 내적 동기가 높음을 보여주는 지표들이 있다(Ormrod, 2010). 몇 가지를 들자면 다음과 같다.

- 다시 상기시키지 않고 위협이나 보상이 없어도 참석률이 높아진다.
- 방과 후에 프로젝트나 숙제를 자발적으로 한다.
- 프로젝트나 숙제가 어려워 보일 때에도 오랜 시간 붙들고 있다.
- 시키지 않아도 자발적으로 관련 질문을 한다.

• 교사가 자리를 비워도 프로젝트나 과제를 계속한다.

학교와 공동프로그램을 수행할 때면 우리는 교사들에게 주기적으로 교실을 떠나 회의에 참석해달라고 요청한다. 어떤 교실에서는 교사가 자리를 비워도 학생들이 별 동요 없이 하던 공부를 계속한다. 한 번은 교사가 자리를 비웠을 때, 보결교사에게 조용히 교실에 들어가 돌아다니면서 만돌린만 연주하도록 했다. 대부분의 학생은 이 사실을 거의 알아차리지 못했다. 학생들은 모둠별로 모여서 신도시의 도로를 설계하는 가장 경제적인 방법을 찾아내라는 수학문제를 풀고 있었다. 건물들 사이를 다닐 수 있도록 도로를 가장 적은 비용으로 설계하는 것이었다. 보결교사에게 주로 어디에서 연주를 하는지 묻는 학생이 한두 명 있긴 했지만(그는 동네 레스토랑에서 정기적으로 연주를 한다고 말했다) 그저 예의상 물었을 뿐이고 곧바로 다시 하던 과제를 계속했다.

그때 이후로 우리는 여러 반에서 이런 반응을 종종 관찰했는데, 대체로 학생들이 흥미를 느끼는 문제에 깊이 몰두하는(그들은 내적으로 동기부여가 된 상태다) 반에서 이런 반응이 나타났다. 반면에 교사가 명확하게 지시하고 통제함으로써 주로 외적으로 동기부여가 된 학생들에게서는 전혀 다른 반응이 나타났다. 교사가 자리를 비우거나 보결교사가 들어오면 그들은 무질서해지는 경향이 있다.

외적 동기부여는 전통적인 교육을 지배한다

전통적인 교육은 외부에서 정의하고 통제하는 행동목표와 교사가 설계한 규칙·루브릭(rubrics, 평가기준)·전략·벤치마크(benchmarks, 기준점)를 제시해왔다. 학생들이 숙달해야 할 정보는 물론이고, 요구되는 행동을 하도록 학생들을 촉구하는 보상이나 처벌까지도 교사가 통제한다. 이 교육방식은 최근 들어 '학습진도표(pacing guides, 정해진 기간에 다루어야 할 교과과정과 관련된 개념·주제·기술을 적은 시간표)'와 교사가 무엇을 어디에서 가르치고 학생이 어떻게 수행해야 하는지를 규정한 통합프로그램을 구축하는 방향으로 나아가고 있다.

대체 이런 것들을 왜 중시해야 할까? 지각/행동 학습에서는 교사와 교육자들이 학생의 내면세계를 자극하여 불을 붙여야 한다. 이렇게 내적 동기를 자극함으로써 학생은 자기에게 의미 있는 방식으로 학습목표와 연관된 질문을 하고, 그중에서 가장 좋은 질문을 선정하고, 끈기와 인내심을 갖고 탐구와 연습활동을 계속한다. 또한 전반적으로 고차원적 사고력을 포함하는 전문지식을 습득하고 숙달하는 방향으로 나아간다. 하지만 앞에서 설명한 바와 같이 사전에 정해준 대로 지도하는 방식으로는 고차원적 사고력이나 문제해결능력을 개발하지 못한다.

그렇다고 지각/행동 학습 접근법이 학생들 맘대로 하라는 자유방임 방식은 절대 아니다. 학교·학부모·공동체는 학업·사회적 기술·자기조절능력을 비롯하여 학생들이 숙달해야 할 교육목표를 구체적으로 지정한다. 학생의 자기결정과 공동체의 요구를 조화시킬 방안을 찾는 것은 교육이 해결해야 할 핵심 과제 중 하나다. 지각/행동 학습이 바로 그것을 위해 고안된 것이다. 하지만 그것을 가능하게 하려면 지금까지 세워진 장애물들을 좀 더 자세히 살펴볼 필요가 있다.

역사의 단편 – 교육자들을 강타한 신기루

학교는 외적 동기부여의 장점에 대해 어떻게 그렇게 확신하게 되었을까?

학교가 처음부터 그런 것은 아니었다. 그렇게 되기까지는 19세기 교육관행과 산업계에서 이미 확립되어 있었던 신념과 관습에서 비롯된 많은 요인이 작용했다. 하지만 주된 역할을 한 것은 심리학에서 등장한 행동주의였다. 과학적 연구라는 관점에서 볼 때, 행동주의는 러시아 과학자 이반 파블로프(Ivan Pavlov)의 유명한 실험에서 시작되었다. 파블로프는 먹이를 줄때마다 종을 울리는 방법으로 개가 침을 흘리도록 조건화할 수 있다는 것을 보여주었다. 먹이가 나올 때마다 종소리를 듣는 일이 반복되자, 개는 먹이 없이 종소리만 울려도 침을 흘리기 시작했다. 개는 종소리와 먹이를 연관 지었기에 종소리만 들려도 침을 흘리는 법을 '배웠던' 것이다. 이것이 바로 '고전적 조건화(classical conditioning)'이다(Ormrod, 2007).

이 실험에 이어 수많은 연구가 있었고 '조작적 조건화(operant conditioning)'라는 더 발전된 형태의 실험과정이 나왔다. 이것은 스키너(B. F. Skinner, 1971/2002)가 개발한 것이었다. 고전적 조건화(파블로프)가 조건들을 짝지어서 새로운 행동을 일으키는 것이었다면, 조작적 조건화는 행동에 맞추어서 강화물(행동의 횟수를 증가시키는 자극)이 제시되는 것이었다. 스키너의 저서 『월든 투(Walden Two)』(1948/1976)에서 제시한 탁월한 사례는 '수정된' 개인들로 가득한 세계가 어떤 모습일 것인가라는 이상향의 꿈을 보여준다. 그의 연구는 궁극적으로 '행동수정(behavior modification)'을 낳았다. 행동수정은 용어가 뜻하는 바 그대로다. 그것은 불필요한 행동을 없애거나 더 바람직한 행동이 나타날 가능성을 높이는 쪽으로 행동을 수정하는 방식이다. 그것은 학교에서 규율을 유지하려는 무수한 행동접근법의 토대 역할을 한다.

이제 지각/행동 역학(perception/action dynamic)으로 되돌아가보자. 우리는 5장에서 지각/행동 역학이 대체로 반사적이고 무의식적으로 일어난다고 정의했다. 이것은 습관적인 행동양식 및 바꾸기 어려운 습관을 가리킨다. 부정적인 습관의 예를 들자면, 상황에 맞지 않는 부적절한 분노와 폭력으로 반사적으로 반응하는 것, 상습적으로 지각하는 것, 이 외에도 주어진 상황에 적절할 수도 있고 그렇지 않을 수도 있는 여러 가지 긍정적인 행동들도 여기에 속한다. 개인자산관리의 세계에서도 부정적인 습관의 예를 찾을 수 있다. 저축과 소비는 각각의 역할이 있지만 논리나 이성을 잃으면서까지 반사적으로 반응하는 저축과 소비라면 둘 다 파괴적일 수 있다. 우리의 통제능력을 넘어선 것 같은 습관처럼 자동적으로 일어나는 이런 행동은 말 그대로 수천 가지가 있다. 때로는 이와 같은 상황에서 행동수정이 다른 반사적 행동을 하도록 길들이는 데 쓰일 수도 있다.

교육자들이 행동수정이라는 개념에 매료된 정도는 그것이 기이한 것만큼이나 분명했다. 그들은 모든 학습이 행동의 변화로 환원될 수 있으리라고 보았다. 사실 '급진적 행동주의(radical behaviorism)'라고 불리곤 하는 더 강한 형태의 행동주의에서는 마음 따위는 중요하지 않다고 주장했다. 그리고 모든 가르침은 외부에서 주는 보상과 처벌을 조합함으로써 행동을 바꾸는 조건조작으로 환원될 수 있으리라고 보았다(이것은 Ormrod, 2010처럼 가장 기초적인 심리학 문헌에서 다루는 포괄적인 주제가 되었다). 따라서 어떤 행동이 바람직한지 아닌지 그 여부를 외부의 통제자가 결정했다. 이것은 곧바로 프로그램수업(programmed instruction)으로 이어졌는데, 이것 또한 스키너가 제시한 개념이다(Ormrod, 2010).

심리학 자체는 이미 행동주의를 뛰어넘어 발전해왔지만, 우리가 이 주제를 좀 길게 다룬 이유는 행동주의가 교육자—그리고 사회 전체—가 동기부여를 바라보는 방식과 학습을 정의하는 방식에 지대한 영향을 미쳤으며, 지금도 여전히 그렇기 때문이다. 학생들에게 학습에 대한 보상이나 처벌을 주자거나, 학습을 '학생 자신의 일'로 여기자거나, 학생들의 시험점수를 토대로 교육의 책무성을 묻자는 주장이 나올 때마다, 그 토대를 이루는 동기부여이론이 동원된다. 이 이론은 행동수정과 보상 및 처벌의 역할과 그 힘에 대한 믿음을 바탕으로 한다.

이 관점에서 무엇이 잘못되었을까?

1970년에 발표한 '동기부여의 두 관점'이라는 논문에서 콤스(Combs)는 파블로프(Pavlov) 실험의 근본적인 한계를 지적했다(Richards, 출간예정). 따지고 보면 파블로프는 아주 쓸모없는 개를 키우는 거창한 방법을 찾아낸 것일 뿐이라고 콤스는 주장했다. 결국 그 개는 파블로프의 실험에 쓰이는 것 이외에는 아무런 쓸모가 없이, 이상한 짓이나 하면서 부적절하게(이유 없이 침을 흘리니까) 행동했을 뿐이라는 것이다. 파블로프는 이 쓸모없는 행동을 유도하기 위해 먼저 그 개를 다른 개들과 격리시켜야 했고, 이런 식으로 해서 자기 종과의 사회적 접촉을 차단했는데, 콤스는 이점 또한 지적했다. 게다가 파블로프 자신이 의도한 것 외에는 다른 식으로 행동할 수 없도록 개의 움직임을 제한했고, 다른 어떤 자극이 실험조건에 유입되어 혹시라도 개를 혼란에 빠뜨릴까봐 철저히 차단했다. 이것은 어느 정도였냐면 "당시 황제가 그 문제에 매우 관심이 있었는데, 마차가 돌 위를 지나가면서 덜거덕거리는 소리가 실험실의 개들을 방해하지 않도록 파블로프의 실험실이 있는 도로 전체에 나무껍질을 깔도록 했을" 정도로 극성스러웠다(Richards, 출간예정, p. 71).

파블로프와 그 뒤를 이은 모든 연구에서는 "개가 무엇을 원했을까?"라는 질문은 아예 거론되지도 않았다. 이 질문이 터무니없어 보이지만, 학교에서 파블로프의 실험을 가르칠 때 으레 거론조차 되지 않는 이 질문이야말로 실제로는 학생들이 궁금해 하거나 관심을 두는 내용이다. 다시 말해서, 학생들이 알고 싶어 하는 사항을 학교는 학습과 무관한 것으로 치부하곤 한다. 더 나아가 『월든 투(Walden Two)』에서 스키너는 자신의 접근법이 성공한 인간과 건강한 사회를 만드는 완벽한 해결책이라고 주장한다. 그 사회에서는 사람들을 무작위로 선정하여 조건강화를 통해 빵 굽는 사람, 건설노동자, 농부가 되도록 하며, 그들은(스키너에 따르면) 각자의 운명에 만족하며 살아간다. 이 모든 게 이상적으로 들린다. '설계자'(이 경우에는 스키너)가 사실상 신(神) 역할을 하고 있다는 점을 독자가 마침내 깨닫기 전까지는 말이다.

지금 우리는 조건화가 효과가 없다고 주장하거나 그것이 매우 유용할 수 있다는 사실에 의문을 제기하는 것이 아니다. 분명히 인간은 상당한 정도로까지 프로그래밍(부모로부터 유전될―옮긴이)될 수 있다. 앞에서 지각/행동 역학을 논의했던 내용을 떠올려보라. 행동은 생존욕구에 따라 종종 생물학적으로 '프로그래밍'되곤 한다. 일단 자리를 잡으면 이런 행동은 쉽게 변하지 않으며 한정된 상황에 적용된다. 행동수정이 대단히 유용하고 효과가 있는 상황도 있다(특히 치료를 받는 상황이 그렇다).

더 중요한 점은 지식시대에 교육의 토대로 삼기에는 행동주의와 행동수정이 너무 불충분하다는 것이다. 이것은 학습이 일어나는 인지적 과정의 많은 부분을 설명하지 못할 뿐만 아니라, 학생들이 갖고 있고 교육자가 의지할 수 있는 엄청난 능력과 잠재력을 무시하고 억압한다.

『월든 투(Walden Two)』의 논리적 귀결

다음 상황을 잠깐 상상해보자. 학생들이 서로 말 한 마디 하지 않고 오직 교사가 말하는 것 혹은 교사가 학생들에게 들려주고픈 것에만 귀를 기울이고, 교사가 읽으라는 것만 읽는다. 이 모든 일을 학생 모두가 동시에 똑같은 방식으로 할 정도로까지 교사가 학생을 통제할 수 있으며, 매력적인 보상과 처벌을 통해 이런 상황을 유지시킨다. 더 나아가 외부의 영향과 정보원(휴대전화·전자우편·월드와이드웹·책·학생들·어른들)뿐만 아니라 개인적으로 도전을 자극하는 상황이나 궁금증, 관심사에 관한 생각 자체를 제거할 수 있다고 상상해보자. 이 모든 '행동'과 반응을 제대로 할 때마다 사탕·피자·성적·칭찬·상으로 보상을 하고, 교사나 어른이 원하는 바대로 정확히 수행하지 못할 때에는 낮은 성적을 주는 것에서부터 공개적인 수치심을 안겨주는 것까지 다양한 수단으로 처벌할 수 있다고 하자. 이것은 학생의 진취성과 창의성을 말살하고, 순종하는 태도를 낳으며, 활력을 없애고, 대체로 머리를 멍하게 만들며, 동기를 약화시키는 완벽한 방식이다. 또한 지식시대에 없어서는 안 될 필수적인 기능을 학생이 숙달하지 못하도록 막는 가장 확실한 방식이기도 하다(4장).

하지만 이 시나리오는 수많은 교육자, 부모, 정치가, 연구자에게 너무나 친숙하게 들릴 뿐만 아니라, 학교에서 '학습'하고 성취하는 데 반드시 필요하다고 그들이 믿는 것의 이론적 토대이다.

행동주의에 관해 우리가 말한 내용 중에 새로운 것은 전혀 없으며, 행동주의의 한계를 지적한 내용은 수십 년 전부터 알려져 있었다. 우리는 그저 외적 동기부여를 중시하는 태도의 핵심에 놓인 그 믿음이 여전히 교육계에 만연해 있고, 중요한 선택과 의사결정을 하지 않는다면 고등사고력과 행동도 이루어질 수 없다는 점을 보여주고자 행동주의를 논했을 뿐이다. 행동주의로도 적절한 행동을 유도할 수 있지만, 이 책에서 줄곧 지적해왔다시피 학생이 행동을 숙달하는 방식은 이 외에도 많이 있다.

다행히도 더 복잡한 관점을 탐구하는 심리학의 여러 분야가 출현했으며, 그중에는 감정과 고등사고능력의 역할을 포함시키는 관점도 있다. 최근 들어 인지심리학 그리고 좀 더 최근에는 신경과학까지도 이런 개념들 중 상당수를 인정하거나 수용했다. 이런 연구성과들은 동기부여를 비롯하여 인간 활동의 모든 측면에 영향을 미쳐왔다. 우리의 '뇌/마음 학습원리'는 이 흐름을 반영하고 있다.

'지각/행동 학습'은 어떻게 다른가?

자연적 학습이론에서는 지각/행동이 삶 자체에 내재된 것이라고 말한다. 아이는 삶의 경험을 이해하는 능력을 타고나며, 삶을 경험하는 방식에 따라 뇌와 몸이 형성된다.

지각/행동 학습은 다음과 같은 사실을 토대로 한다. 학습을 위한 에너지가 이미 존재하며, 이 에너지는 위에서 설명한 내적 동기의 모든 측면에 의해 자발적으로 발현된다는 것이다. 행동하고 배울 수 있는 이 무한한 에너지를 교육자는 물론 교육에서 활용할 수 있어야 한다. 따라서 교육자의 과제는 이 모든 것이 어떻게 작동하는지 그 원리를 이해하고 나서, 학생이 할 경험과 그럼으로써 가능해질 학습으로 이끌어주고 구체화하는 것이다. 아이와 학생은 말 그대로 태어나는 순간부터 배우려는 의욕에 차 있다. 교사는 학생이 다양한 학습기회를 갖고 선택할 수 있도록 이끌어줘야 하지만, 학생에게 학습하라고 '강요할' 필요는 없다.

중요한 점은 학생이 갖고 있는 엄청난 양의 학습에너지가 불이 붙기만을 그저 기다리고 있다는 것이다. 그러나 학습동기를 자극하는 과정은 복잡하고 미묘해서 아무리 애를 써서 잘 한다고 해도 학생의 열정을 억누르기 십상이다. 이 책의 4부에서는 더 복잡하고 교육에 더 특화된 유도경험교수법(Guided Experience Approach)을 살펴볼 것이다. 이것은 우리가 고안해낸 접근법으로서, 대다수 학생이 갖고는 있으나 유달리 쓰이지 않는 동기와 에너지를 사용하기 위한 방식이다. 하지만 그 주제를 다루기에 앞서 살펴볼 것이 더 있다.

11장 학습을 위한 최적의 마음상태

학교에 갈 때마다 '(나의 에너지) 전원을 꺼야' 한다.
– 어떤 학생(Prensky, 2006, p. 10)

도전은 복잡한 학습을 강화하는 반면, 무기력과 피로감을 일으키는 위협은 학습을 억제한다.
– 원리 11(Caine & Caine, 1991)

제임스 애그리(James Aggrey, http://knol.google.com/k/leadership-prospective#)는 독수리새끼를 발견한 한 남자의 이야기를 들려준다. 남자는 독수리를 안마당에 있는 닭들 사이에 풀어놓았다. 독수리는 땅에 떨어진 모이를 쪼아 먹으면서 닭처럼 행동하는 법을 배웠다. 독수리는 실제로 자신이 닭이라고 믿었다. 어느 날 그곳을 방문한 자연사학자가 독수리를 지켜보았다. 그는 하늘을 날며 사냥을 할 수 있는 독수리가 왜 닭처럼 행동하는지 의아하게 생각했다. 그래서 독수리 자신이 원래 날 수 있는 독수리라는 기억을 떠올릴 수 있도록 매일 독수리를 야외로 데리고 나갔다.

이것은 물론 우화이지만 학습능력 면에서 본다면 인간도 이 우화에 잘 들어맞는다. 학습하고 주도적으로 이끌어갈 수 있는 능력을 거의 쓰지 않고, 대신에 두려움에 휩싸인 채 자그마한 자기 세계 속에서만 살아가면서, 마치 덜 발달한 하등한 존재처럼 행동하는 이 독수리나 대부분의 인간이 다름없지 않을까? 로봇을 만들고 우주탐사를 할 만큼 영리하면서 어떻게 인간은 아직 자기 자신이 누구인지도 이해하지 못하는 것일까? 대부분의 인간이 뇌/마음을 제대로 활용하지 못하고 있다는 게 우리의 관점이다.

감정·동기·인지·수행의 상호작용을 더 잘 이해할 때, 우리는 이 수수께끼를 푸는 데 한발 더 나아갈 수 있다.

마음상태

개인의 내면상태, 즉 마음상태는 어느 시점에 몸·인지·감정을 수반하는 뇌의 총체적인 활성패턴을 말하며(Siegel, 1999), 자신이 처한 상황 전체에 의해 영향을 받는다(LeDoux, 1994, 1996, 2002). 마음챙김(Langer, 1997), 관조 및 관조상태(Wilber, Engler, & Brown, 1986), 의식의 본질 및 의식상태(Alexander & Langer, 1990; Kihlstrom, 2007; Velmans & Schneider, 2007), 의식과 뇌의 관계(Gazzaniga, 1988, 더 전반적인 내용은 「의식학회지(Journal of Consciousness Studies)」 참조), 마음작용의 속도와 깊이 및 범위 사이의 관계(Claxton, 1997) 등 마음상태에 관한 연구는 많이 이루어져왔다(Conlan, 1999).

동기부여와 마찬가지로 학습자의 마음상태도 관련 요인이 너무 많기 때문에 만족스러울 만큼 다룰 수가 없는 주제이다. 여기에는 환경요인, 개인의 경제력과 빚, 마약, 식단과 신체적 건강, 피로와 정서적 건강, 온갖 유형의 중독, 장단기 스트레스 등이 포함된다.

교육자는 학생들은 물론 자기 자신의 다양한 마음상태와 마주친다. 이것은 주요 도전과제를 의미한다. 설령 교사가 특정한 학업과제에 초점을 두고 있을지라도, 가르치는 일 자체는 다음과 같은 사실을 다뤄야 한다. 즉, 확인할 수 없거나 누구한테서 나온 것인지 알 수 없는 요인에 의해서 어느 누구라도 영향을 받을 수 있다는 사실부터 해결해야 제대로 수업이 가능하다.

어려운 문제이긴 해도 우리는 이 문제를 다루어야 한다. 실제로 마음상태는 활력의 정도, 가능성의 범위, 주의집중과 참여의 유형, 어떤 과제나 상황에서 학습자가 발동하는 기타 능력을 나타내기 때문이다. 이 모든 것은 지각/행동 역학·지각/행동 사이클·지각/행동 학습에 영향을 준다. 예를 들어, 위의 요인들은 어느 것이든 간에 개인의 인내수준·사고의 질·주의집중력에 영향을 미칠 수 있다.

5장에서 이야기했듯이, 모든 상황의 모든 순간에 지각/행동 역학이 작동한다는 점을 명심하자. 호아퀸 푸스테르(Joaquin Fuster)는 원칙적으로 지각/행동 사이클에 몸·뇌·마음이 모두 관여한다는 것을 보여주었다. 여기서 중요한 세 가지 요점이 있다.

1. 뇌/마음은 개인을 둘러싸고 있는 인식의 장(field) 전체를 지각하며, 당사자가 어떻게 반응할지에 영향을 미친다.
2. 주의초점은 끊임없이 옮겨지며, 상황의 초기 해석에 맞추어 유지될 수 있다.
3. 어떤 형태로든 언제나 활동이 있으며, 심지어 활동하지 않는 것도 일종의 활동이다.

이 전체 과정은 개인의 마음상태에 의해 영향을 받는다.

학생, 교육자, 이 외 교육에 영향을 미치는 모든 사람의 전반적인 역할을 줄이기보다는 확장하는 것이 핵심 목표이므로, 마음상태를 살펴보는 것은 교육에서 대단히 중요하다. 적절한 마음상태를 갖추면 학습은 확장되고 열정적이고 창의적이고 도전적이고 지속적일 수 있다. 적절한 마음상태에 있지 않을 때, 학습은 쉽게 방해를 받거나 아예 학습이 이루어지지 않는다.

교육자가 거의 또는 전혀 통제하지 못하는 요인이 많긴 하지만, 다행스럽게도 학습을 방해하는 마음상태를 줄이고 학습을 강화하는 마음상태를 조성할 수 있는 여지는 많이 있다.

마음상태 조정은 단기적으로(일시적인 마음상태의 경우) 할 수도 있고 장기적으로(어떤 사람의 성격처럼 예측 가능성이 높아지는 경우) 할 수도 있다 (Dweck, 2000).

교육자가 학습을 강화하는 마음상태를 어떻게 촉진할 수 있는지 이해를 도모하는 차원에서 몇 가지 개인적인 경험을 떠올려보자. 무기력하고 아무런 관심이나 재미도 없었던 때를 떠올려보라. 그때 아마 당신은 어떤 과제가 자신의 능력 밖이라고 느꼈을지도 모른다. 혹은 그 일을 끝내든지 말든지 아예 관심조차 없었을 수도 있다. 자, 이번에는 모든 것이 제자리에 놓인 듯하고 마치 세상이 내 손 안에 들어온 것 같은 기분을 느꼈을 때를 앞의 그 상태와 비교해보라. 또는 당신에게 중요한 무언가를 생각했거나 그것을 한 뒤에 불현듯 다가온 깨달음의 순간을 떠올려보라. 주의와 관심을 쏟고 있는 세계에 온전히 몰두한 채 시간이 거의 정지된 듯한 느낌을 받았을 때만큼 고양되었던 순간은 아마 없을 것이다. 수영기록을 깨거나 멋진 장식장을 만드는 것처럼 신체기능을 수행함으로써 자신과 남들을 진정으로 감동시킨 순간, 당신은 뭐든지 할 수 있다는 자신감을 느꼈을 수도 있다. 이제 이 두 종류의 상반된 내적 감정이 자신의 삶에서 어느 정도까지 상존하고 있는지를 자문해보라.

| 질문 | 자신의 사고·동기·행동에 어떤 차이가 있었는가? 무언가를 끈기 있게 학습하는 능력에 영향을 미치는 것은 무엇일까?

그간의 경험과 연구에 근거하여 볼 때, 학습을 위한 최적의 마음상태가 있는 것은 분명하다. 우리는 그것을 '편안한 각성상태(Relaxed Alertness)'라고 명명했으며, 이는 학습자가 스스로 유능하다고 느끼며 자신감을 갖고 도전해보고 싶은 욕구로 충만한 상태를 말한다.

근본적으로, 교사는 학습자가 자신감을 갖고 스스로 유능하다고 느끼며 도전의식을 느끼는 마음상태에 들어가도록 도울 수 있다. 또한 무기력·절망감·따분함·피로를 수반하는 마음상태를 피하고 누그러뜨리도록 학습자에게 도움을 줄 수도 있다.

뇌의 두 가지 상반된 경향 – 상위 경로와 하위 경로

위에서 말한 두 가지 마음상태는 뇌에 상반되는 두 가지 경향이 있다는 개념으로 정리할 수 있다. 이것을 상위 경로(high road)와 하위 경로(low road)라고 한다(Goleman, 2006; LeDoux, 1998)(학자에 따라 '장기 경로'와 '단기 경로'로 명명하기도 함 – 옮긴이). 조제프 르두(Joseph LeDoux)는 뇌에서 두려움을 담당하는 신경경로를 찾아냈고, 공포스러운 경험·신경전달물질과 호르몬의 분비·다양한 환경조건에서 각기 다른 뇌 영역이 반응하는 방식 사이의 관계를 밝혀냈다.

르두는 뇌에 두 가지 주요 경로가 있다고 지적한다. 하나는 의식적이고 합리적인 고등사고능력 및 상위인지기능으로 이어지고, 다른 하나는 대개 무의식적이고 우리가 반사적이고 자동적인 생존반응이라고 설명한 것으로 이어진다. 그는 이 두 길을 간단히 '상위 경로'와 '하위 경로'라고 일컫는다.

르두(LeDoux)는 생존반응이 어떻게 작용하는지를 설명하기 위해 유명한 사례를 들었다. 어떤 사람이 숲 속을 걷고 있다. 그는 앞쪽 바닥에서 똬리를 틀고 있는 무언가를 순간적으로 감지한다. 뱀이다. 뱀을 무서워하는 사람은 대부분 걸음을 멈출 것이고(꼼짝 못하는 상태가 된다), 심장박동이 빨라지고 혈압이 치솟을 것이다. 동공이 확장되고 소화와 같은 필수적이지 않은 기능은 느려질 것이다. 몸은 싸우거나 피할 준비를 하고 있는 것이다. 하지만 그렇지 않은 사람도 있다. 그들의 반응과 내면상태는 위의 사람과는 다르다.

뇌는 먼저 감각기관에서 받은 기본 정보를 시상(thalamus)의 청각영역과 시각영역으로 보낸다. 여기서 뇌는 그 정보를 두 경로로 전달한다. 일부가 뱀에 관한 기본적인 기억과 사실이 처리되는 피질(cortex)로 전달된다. 뱀과 마주쳤던 어린 시절의 기억, '뱀'이라는 단어와 연결 짓게 해주는 언어기억, 이야기나 영화로부터 받은 인상 등이 그런 기억과 사실에 속한다. 이와 동시에 일부 사람에게는 뇌의 감정중추인 편도체(amygdala)가 "비상사태!"라는 감정반응을 일으킨다. 편도체에서 나오는 이 신호는 엄청나게 빨리 몸 전체의 생리적 반응을 일으키고, 온갖 종류의 중요한 정보와 데이터를 처리 과정 없이 건너뛴다. 여기서는 시간이 핵심 변수다. 편도체를 통하는 길은 재빨리 반사적인 반응을 일으키는 하위 경로다. 한편 상위 경로는 시간이 더 많이 걸린다. 신호가 먼저 피질로 보내져 이성적이거나 사려 깊은 명령을 받아 반응하기 때문이다. 하위 경로의 반응이 일어나기 시작하면 이 순간 상위 경로는 실질적으로 차단된다.

어떤 사람들은 상위 경로에 쉽게 접근한다. 뱀에 대해 알고 있고 뱀을 좋아하거나 자신이 안전한 환경에 있다고 느끼는(이를테면 파충류학자와 같이 있을 때) 사람들이 바로 그렇다. 그들의 반응은 호기심 내지는 경이롭고 신나는 반응일 가능성이 높다. 뱀이나 모든 동물을 사랑하는 사람들이라면 반응이 그럴 것이다.

이 사례는 상위 경로의 본질을 말해준다. 학습자가 뇌의 고등사고력, 즉 더 통합적인 기능에 접근하려면 긍정적인 마음상태에 있어야 한다. 다시 말해서, 도전의식을 자극하지만 두려움이나 무기력에 빠지지 않도록 하는 마음상태여야 한다. 이와 관련된 연구를 통해 우리는 자신감과 역량을 갖추고 긍정적인 동기부여가 된 학습자가 상위 경로에 가장 쉽게 접근할 수 있다는 결론에 이르렀다.

생존욕구는 이와는 정반대이다. 생존욕구는 자연재해나 비상사태 때 명확하게 드러난다. 사실 어느 정도까지는 생존욕구가 모든 곳에서 작동한다. 아기는 생존욕구를 지닌 채 세상에 나오고, 부모는 가족을 지키려 애쓸 때 생존욕구를 드러내며, 기업가는 경제적으로 힘든 시기에 생존욕구를 느낀다. 다음 장에서 살펴보겠지만 학교교육의 세계에도 생존욕구가 깊숙이 파고든다. 모든 연령대의 학생, 교실에 있는 교사, 관내의 모든 사람을 책임지는 관리자, 교육에서 나름의 역할을 맡고 있는 모든 사람은 언제든 생존모드로 진입할 수 있다.

상위 경로와 하위 경로는 하나의 연속체를 이룬다. 생존과 관련된 두려움과 무기력은 약하고 강한 정도의 차이를 보이며, 이것은 상위인지기능도 마찬가지이다. 도표 11.1은 이 연속체의 특성과 그것이 지각/행동 학습에 어

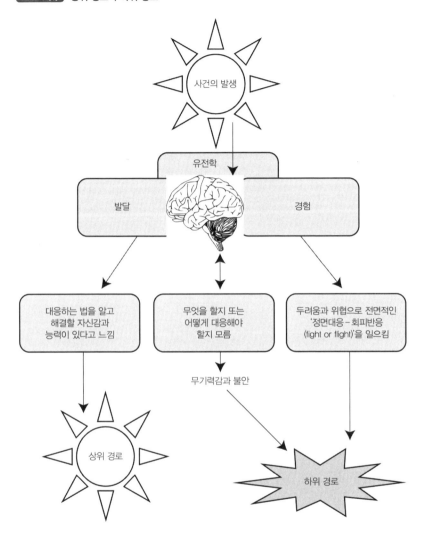

떻게 영향을 미치는지를 보여준다.

　달리 표현하자면 뇌는 전기를 보내는 전력망과 다소 비슷하다. 전력망에서 에너지를 가장 많이 필요로 하는 부분은 전력망 전체에서 에너지를 끌어오고 다른 기능들을 '절전상태'에 놓이게 한다. 두려움·무기력·극단적인 피로에 자극을 받아 생존모드로 진입하면, 뇌는 신체적 생존을 담당하는 영역을 강화하기 위해 '상위' 처리과정, 즉 처리속도가 상대적으로 느리고 더 통합적인 영역들— 집행기능을 담당하는 전전두피질, 즉 통합피질—에 돌아갈 에너지를 탈취한다(Sapolsky, 1998). 이것은 한 영역이 다른 영역보다 더 중요하다는 의미가 아니라, 그저 뇌의 각 영역이 저마다 다른 기능을 수행하며, 뇌의 하위 영역들이 담당하는 신체적 생존 측면에 먼저 주의를 기울이도록 자연이 미리 그렇게 설계해놓았다는 뜻이다. 마음상태는 아주 미묘한 방식으로든 그렇지 않은 방식으로든 이 신경연결망의 활동에 영향을 미치고 그 망으로부터 영향을 받는다.

연구자

많은 연구자는 마음상태가 한 상태에서 다른 상태로 연속체를 이루고 있을 것이라고 예측해왔다. 여기서는 그중 일부의 연구와 견해만 짧게 논의하기로 하자. 누군가에게 무엇이 특정한 반응이나 해석을 일으킬지 아닐지 우리는 단지 비슷하게 예측할 뿐이다. 하지만 이것만큼은 확실하게 알고 있다. 즉, 긍정적이고 잘 조절되며 건강한 물리적 환경뿐만 아니라 자신감과 숙련된 전문지식에 근거한 자기유능감(self-efficacy)이야말로 상위 경로를 이용하는 데 핵심이 된다는 것 말이다.

| 폴 매클린(Paul MacLean) | 마음상태 연속체의 생리적 측면을 처음으로 상세히 다룬 것은 신경과학자 폴 매클린의 '삼위일체 뇌이론(triune brain theory)'일 것이다(Corey & Gardner, 2006). 매클린은 뇌가 차례로 진화했으

며 서로 깊이 연결되어 있지만 기능이 각기 다른 세 영역으로 나뉘어 있다고 주장했다.

> 위액에 서서히 살이 타들어감에 따라서 왜가리의 모이주머니에 있는 물고기가 꿈틀거리고 몸부림치는 것을 본 적이 있는가? 기낭염(air-saccultitis)에 걸려 죽어가면서 캑캑거리는 새의 소리를 들은 적이 있는가? 그런 새에게 밤에 기침약을 주기 위해 일어난 적이 있는가? 고양이가 생쥐를 갖고 노는 모습을 본 적이 있는가? 암이 누군가의 몸을 서서히 망가뜨리는 모습을 본 적이 있는가? 타오르는 태양으로 괴로워하는 별의 가스처럼 가슴이 타는 듯한 고통이 쌓인다. 그렇다면 어째서 자연은 천천히 점진적으로 인간의 신피질(neocortex)을 진화시켜 사람들에게 따뜻한 가슴과 연민의 정을 주게 된 것일까? 이타주의와 공감은 거의 새로운 단어이다. 이타주의는 '남을 향한' 것이고, 공감은 '타인의 고통을 자기의 고통처럼 느끼는 것'이다. 다른 생물의 고통에 관심을 보이는 생물을 처음으로 고안하면서, 자연은 파충류가 파충류를 개가 개를 먹던 세계를 180도 전환하려고 시도해온 것 같다(MacLean, 1978, pp. 340~449).

매클린의 접근법이 직선형이라는 점 때문에 의문이 제기되어왔지만, 기저에 깔려 있는 그 기본 패턴은 놀라울 만큼 탄탄하다.

1. 맨 처음에 진화한 가장 오래된 파충류의 뇌는 두려움·공격성·성욕의 일부 특성을 포함하는 원초적 감정은 물론, 생물학적으로 프로그래밍 된 (반사적이고 무의식적인)기능을 담당한다(Panksepp, 1998).
2. 편도체(amygdala)와 해마(hippocampus)를 포함한 변연계(limbic

system)는 뇌의 중앙에 위치하고 있고 두려움과 분노의 더 복잡한 측면을 다루며 많은 사회적 감정의 중추이기도 하다.

3. 가장 최근에 진화한 상위 중추를 매클린은 '신포유류 뇌(neomammalian brain)'라고 불렀는데, 이것은 주로 신피질에 들어 있고 인지적·합리적·고등사고력과 상위인지기능을 맡는다.

매클린은 개인의 마음상태가 그 시점에 우세한 뇌 영역을 나타낸다고 주장한다. 파충류 뇌의 가장 기초적이고 반사적인 반응은 두렵고 불안한 경보상태일 때 우세하다. 변연계의 감정반응은 각성과 경계심을 느낄 때 우세하다. 신피질의 상위인지기능은 차분하게 몰두할 때 나타난다. 이 견해는 다음에 소개할 페리(Perry)의 연속체(도표 11.2)와 완벽하게 겹치며, 매슬로(Maslow)의 일반적인 접근법을 비롯하여 아래에 소개하는 두 주장과도 조화를 이룬다.

| 조제프 르두(Joseph LeDoux) | 르두는 많은 것 가운데 두려움의 경로가 본격적인 '정면대응 – 회피반응(fight or flight)'에서부터 좀 더 미묘한 다양한 반응에까지 이른다는 것을 보여주었다. 요컨대, 지나치게 겁먹지만 않는다면 인간은 상위인지의 몇몇 복잡한 정신적·감정적 과정에도 접근할 수 있고, 적절히 편안한 상태라면 대부분의 상황에도 대처할 수 있다. 르두는 다음과 같이 말한다(LeDoux, 1996). "자동반응이 제 아무리 유용하다 해도 그것은 임기응변에 불과하며, 인간에게는 더욱 그렇다. (자동반응이 아니라)결국에는 당신 자신이 통제권을 쥐고서 계획을 세우고 실행하는 것이다(p. 176)."

마음 상태	
차분하게 몰입한 상태 • 뇌에서 가장 활성화된 부분은 피질(전전두피질의 집행기능을 포함한)이다. • 추상적인(비유적·논리적·상징적) 용어로 생각할 수 있고, 다양한 유형의 고등사고력에 접근할 수 있다. • 장기목표(더 멀리 내다보면서)를 갖고 계획하고 자기통제를 하고, 감정반응을 제어하면서 대처할 수 있다.	**경보 상태** • 뇌에서 가장 활성화된 부위는 변연계(limbic system)와 중뇌(midbrain)이다. • 감정이 고조되어 있다. 사고는 경직되고 매우 구체적이다. • 특정 결과를 위해 좁게 사전에 설정된 목표가 따라붙는 강요된(다른 누군가가 강요한) 학습의 관점에서만 생각할 수 있다.

각성/경계 상태
• 뇌에서 가장 활성화된 부분은 피질하부(subcortex)와 변연계이다.
• 다른 전문가들이 모아놓은 기존 정보의 연습 및 수행과 관련된 구체적 학습에 집중할 수 있다. 학습의 구체적인 측면에 주로 초점이 맞추어지며, 다음과 같은 것들이 포함된다.
  - 시간이 얼마나 필요한가.
  - 단어가 얼마나 필요한가.
  - 기능을 따라하거나 정답을 떠올릴 목적으로 수행한다.
  - 노골적인 외적 보상을 위해 수행한다.
  - 사고와 이해의 통합보다는 단편적인 사실에 더 치중한다.
	두려움
	• 뇌에서 가장 활성화된 부위는 중뇌와 뇌간(brainstem)이다.
	• 반사적/반작용적 사고만 가능하다.
	• 학습은 긴박감에 의한 즉각적인 욕구를 만족시키는 것에 국한된다.
	
	공포
	• 뇌에서 가장 활성화된 부위는 뇌간이다.
	• 자각이 조금밖에 없거나 전혀 없이 거의 완전히 반사적으로 행동한다.
	• 시간감각도 없고 무슨 일이 벌어지고 있는지 의식하지도 못한다.

르두는 또한 불안과 두려움 사이에 한 가지 차이점이 있다고 주장한다. 앞으로 일어날지 모르는 일을 걱정함으로써 나타나는 상태가 '불안(anxiety)'인데 반해, '두려움(fear)'은 지금 직면한 구체적인 상황에 대한 반응이라는 것이다. 불안이라는 불편한 감정을 느끼는 사람은 자신이 한 일 또는 하지 않은 일의 결과로 일어날는지도 모를 일을 걱정한다. 이를테면, 남들이 기대하고 있는 약속한 과제를 끝내지 못했다거나, 예정된 피드백 시간에 동료 학생들이나 전문가들에게 과제를 발표할 준비가 안 되었다거나, 서로 합의해서 정한 마감시간까지 과제물을 미루고 연기했다거나, 아직 완

전히 숙달하지 못한 능력을 보여 달라는 요청을 받는 경우에 어쩌면 좋을지 그것을 걱정한다. 이런 걱정은 미처 대비하지 못한 상황이 장기간 이어질 때에도 나타난다. 예를 들면, 사랑하는 사람이 병에 걸렸다거나 어긋난 관계가 지속될 때가 그러한데, 이것은 수많은 예의 일부일 뿐이다.

불안은 학업수행에 지장을 준다. 왜냐 하면, 창의성을 펼치거나 일상적인 기대를 뛰어넘는 가능성을 탐구하거나 낯선 환경에서 단호하게 행동할 능력을 제한하기 때문이다. 두려움과 불안에 대한 반응과 결과는 대체로 불쾌하지만 그 강도는 다르다.

| 브루스 페리(Bruce Perry) | 정신적 외상환자들을 조사한 브루스 페리 (2000, 2003)의 연구도 마음상태가 연속체(continuum)로 존재한다는 점을 뒷받침해준다. 그는 무기력을 동반한 두려움에 빠질 때 뇌와 몸이 다른 마음상태들과 어떻게 다른지를 상세히 기록했고, 이런 차이점으로 인해서 일련의 감정·지각·행동이 일관되게 나타나는 것임을 입증했다. 또한 무기력이나 피로를 유발하는 두려움과 위협이 지배적일 때 뇌와 행동에 어떤 일이 일어나는지를 요약해서 설명한다. 도표 11.2는 안전하고 자신감을 불어넣는 환경을 통해서 개인이 뇌의 전전두피질, 즉 통합피질에 자리 잡고 있는 상위인지기능(집행기능)에 어떻게 접근할 수 있는지를 보여준다. 이런 상황은 그가 말한 '차분하게 몰입한(calm and engaged)' 마음상태일 때 가장 쉽게 일어난다. 이 상태는 '각성(arousal)' '경보(alarm)' '두려움(fear)' '공포(terror)'의 마음상태와는 근본적으로 다르다. 페리는 각각의 상태에서 뇌의 개별 영역이 어떤 활성을 띠는지, 그리고 그 영역들이 인지능력에 접근하는 양상을 어떻게 결정하는지 밝혀왔다. 우리는 실례를 무릅쓰고서 그의 결론

을 도표 11.2로 요약했다.

공격적으로 행동하게 만드는 '적극적 반응(과각성過覺醒, hyperarousal)'과 위축 및 무관심을 초래하는 '수동적(해리解離, dissociative) 반응'을 페리가 구분하고 있다는 점에 교육자들은 주목해야 한다. 우리 모두는 공상이 자연스럽고 때로는 기분을 유쾌하게 만드는 현상임을 인정한다. 하지만 이 수동적인 연속체의 낮은 수준에 속한 사람들이 주로 공상으로 이루어진 세계에 살고, 정보·두려움·공포에 사로잡힐 때 그들은 현실을 제대로 인식하지 못한다(현실과 해리된다).

수동적이거나 해리 상태에 있는 학생을 파악하는 일은 교사에게 도전과제가 될 수 있다. 교사는 대개 공격적인 행동을 하는 반항아는 쉽게 알아보고 도와주려고 애쓰지만, 수업을 '하는 척'만 하고 제대로 참여하지 않는 학생은 알아보지 못하는 경우가 종종 있다.

정신치료와의 관계

게슈탈트 이론가들이라고 불리는 과학자와 철학자 집단은 마음과 삶을 더 전체론적인 관점에서 바라보았다. '게슈탈트(Gestalt)'는 '전체'라는 뜻이다. 나무 한 그루에 초점을 맞추듯이 대부분의 사상가와 연구자가 개인 특유의 특성을 파악하는 데 초점을 맞춘 반면, 게슈탈트 이론가들은 나무들이 서로 어떻게 작용하는지에 초점을 맞추었는데, 이것은 숲 전체가 있음을 입증하기 위해서였다. 그들은 단편적인 지식들을 끼워 맞추기 시작하고, 과학이 뇌와 인간 '전체'에 더욱 초점을 맞추는 때가 올 것으로 내다보았다(Pessoa, 2008). 바로 지금의 시대를 말이다. 게슈탈트 이론가들은 신경과학연구의 혜택을 받지 못했지만, 일부 신경과학자들이 현재 활용하고 있고 정당화하고 있는 전체론적 관점을 제공했다(Fuster, 2003; Greene, 2010).

게슈탈트 관점은 인본주의적 사유, 즉 휴머니즘(humanism)으로 알려진 것에 깊은 영향을 미쳤다. 이 운동의 지도자들을 상기하는 것이 중요한 이유는 우리가 여기서 논의하는 연속체와 아주 흡사한 발달경로를 그들이 처음부터 구상했기 때문이다. 게다가 그들은 인간을 기계나 수리가 필요한 부품으로서가 아니라 통합된 '전체'로서 바라보았다. 우리의 몸·마음·인지를 별개의 것으로 보지 않았고, 이 모든 것을 갖춘 전인(全人, whole person)이 어떻게 기능하며 경험과 환경에 어떻게 영향을 받는지를 살펴보았다. 여기서 세 명의 주요 인물 – 에이브러햄 매슬로(Abraham Maslow), 아더 콤스(Arthur W. Combs), 칼 로저스(Carl Rogers)를 살펴볼 필요가 있다.

| 에이브러햄 매슬로(Abraham Maslow) | 인간의 동기부여와 능력에 관해 학자들 사이에 합의된 대다수 사항은 심리학자 에이브러햄 매슬로(1954, 1968)의 연구와 그의 욕구계층구조에 요약되어 있다. 그는 이렇게 주장했다.

한 단계의 욕구는 퇴행적이고 과거에 집착하고 성장하는 것을 두려워하고… 기회잡기를 꺼려하고, 손에 넣은 것을 잃을까 두려워하고, 독립과 자유와 고립을 겁내는 경향을 보이며, 두려움 때문에 안전과 방어에 집착한다. 나머지 한 단계의 욕구는 자기완전성과 자기다움을 향하여, 모든 능력의 완전한 발휘로 나아가도록, 가장 심오하고 현실적이고 무의식적인 자아를 받아들일 수 있는 동시에 외부 세계에 맞서 자신감을 갖는 방향으로 나아가게 만든다(Maslow, 1968, p. 46).

요컨대, 더 복잡한 상위 욕구를 다룰 수 있으려면 먼저 기본적인 하위 욕구가 충족되어야 한다는 주장이다. 도표 11.3은 매슬로의 욕구5단계 모델을 우리가 수정한 것이다.

여기서 강조할 점이 두 가지 있다. 첫째, 생존을 담보하기 때문에 가장 기본적인 욕구가 먼저 처리된다는 점이다. 매슬로는 이것을 '결핍욕구(deficiency needs)'라고 불렀다. 둘째, 우리는 일단 안전이 확보된 후에야 갖게 되는 상위 단계의 역량들을 분류하기 시작했다. 이것은 '성장욕구(growth needs)'로서 피라미드의 위 단계로 올라가며, 개인이 두려움을 극복할 때에만 활성화된다. 성장욕구를 가진 사람은 대체로 자유롭게 살며 현실적이고 개방적인 삶의 태도를 보인다. 진정으로 자아를 실현한 사람은 더 높은 수준의 자의식을 지닌다. 매슬로는 이 계층구조가 고정된 것이 아니고

도표 11.3. 매슬로의 욕구5단계

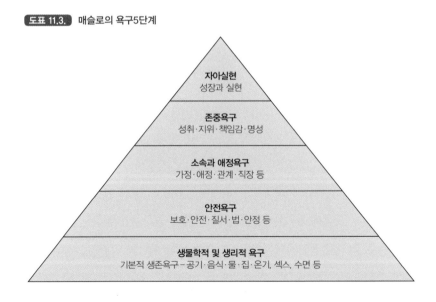

지배적 욕구는 늘 변화하며, 하나의 행동이 몇 가지 욕구와 관련이 있을 수도 있다는 점에 주목했다.

| 아서 콤스(Arthur W. Combs) | 자신과 타인에 관한 개인의 믿음을 이해하는 것이 사람의 행동을 파악하는 데 가장 큰 통찰력을 제공한다고 믿은 지각심리학자가 아서 콤스였다. 그는 의식과 무의식이라는 개념을 건너뛴 게슈탈트 관점(Gestalt view)을 채택했다. 그보다도 그는 '지각 장(perceptual field)'이라는 개념을 더 선호했는데, 이것은 행동하는 시점에서 개인이 경험하는 현실이나 자각을 구성한다. 개인은 무언가를 자각할 수도 있고 그렇지 않을 수도 있다. 어떤 일이 주의를 사로잡을 수도 있고 의식의 아래에서 진행될 수도 있다.

> 지각 장은 각자가 현실로 받아들이는… 일상적인 상황, 개인이 살아가면서 겪는 단순한 경험의 세계를 말한다. 남이 뭐라고 하든지 우리의 지각 장은 언제나 현실적이고 실질적이고 확고해 보일 것이다… 지각 장과 관련된 우리의 현실감각은 너무나 강렬해서 그것에 의문을 갖기는 힘들다(Combs, 1999, p. 21).

현재 우리가 논의하고 있는 연속체와 관련하여, 콤스는 두려움과 불안상태에서는 지각 장이 더 좁아지고 수축된다고 주장했다. 위협을 받는다고 느낄 때 개인의 지각 장은 좁아진다. 이것이 의미하는 바는 필요한 것에 맞추어 유연하게 조정할 수 있는 능력이 제한되는 것과 마찬가지로, 지각할 수 있는 것의 범위가 제한된다는 것이다. 겁에 질린 사람이 예상대로 반응하지 못하는 이유 중 하나는 말 그대로 단서를 파악하지 못하거나, 바로 눈앞에 놓인 것도 알아차리지 못하기 때문이다.

교육의 맥락에서 콤스와 스니그(Combs and Snygg, 1959)는 다음과 같이 주장했다.

학생들이 보기에 그들 자신이나 자신의 삶과 아무 관계가 없는 학습내용을 교사가 강제로 가르치는 한, 교육은 힘겨운 과정이 될 것이다. 교사는 학생들을 알아야 한다. 왜냐하면 배우고자 하는 동기는 학생들의 내면에 있고, 그들의 현상적 장(phenomenal fields)과 현상적 자아(phenomenal selves)에 있기 때문이다.

| 칼 로저스(Carl Rogers) | 인간중심치료(Person-centered Therapy)의 아버지로도 잘 알려진 칼 로저스는 자신이 '완전하게 기능하는 사람(fully functioning person)'이라고 일컬었던 것에 대한 믿음이 컸다. 수많은 심리 상담사가 이 접근법을 치료에 활용하고 있다. 이 치료법은 개인에게 적절한 조건이 주어지면, 그럴 때 그 개인은 자신의 가장 어려운 문제도 해결할 수 있다는 개념을 토대로 한다. 로저스는 다음 세 가지 조건을 제시했는데, 공감·일치·긍정적 존중이 바로 그것이다. '일치(congruence)'는 일관성 있게 정직하다는 느낌—개인의 말과 실제 행동 사이에 거의 차이가 없다는 느낌—을 가리키며, '긍정적 존중(positive regard)'은 내담자와 상담사 사이에 진심에서 우러나오는 존중을 뜻한다. 나중에 그는 이 관점을 교육에 적용했다. 그는 『학습의 자유(Freedom to Learn)』(Rogers, 1969)라는 저서에서 인간중심의 교육을 토대로 학생에게서 일어나는 깊은 개인적 변화와 학습을 논의했다.

위 세 연구자 모두가 인간은 적절한 환경과 관계가 주어지면, 누구나 지

적으로 유능하고 온정적이고 건강하고 행복하며 생산적인 존재로 저절로 '성장하고' 발달할 수 있다고 믿었다.

그 밖의 연구자들

지면상의 제약 때문에 여기서 그들을 상세히 다룰 수는 없지만, 능력의 발달을 가능하게 하고 더 많은 능력에 접근하게 해준 여러 단계 및 연속체의 관점에서 인간의 기능을 탐구한 이론가는 이 외에도 많이 있다. 예를 들면, 장 피아제(Jean Piaget, 1976, 1977), 벤저민 블룸(Benjamin Bloom, 1956/1984), 한스 셀리에(Hans Selye, 1956, 1974), 로렌스 콜버그(Lawrence Kohlberg, 1984), 켄 윌버(Ken Wilber, 2001), 알렉산더와 랭어(Alexander and Langer, 1990)가 그렇다.

긍정적인 마음상태는 교실이나 학교에서 어떤 모습일까?

긍정적인 조건이 학생의 학습능력에 영향을 미칠 수 있다면 그런 고양된 마음상태는 어떤 모습일까?

'긍정정서(positive affect)'라는 관점에서 본 사례를 하나 살펴보자. 긍정정서는 흔한 일상의 사건을 겪으면서 긍정적인 감정이 얼마간 고양될 때 수반되는 마음상태다. 힘든 일을 하는 사이사이에 찾아오는 만족감과 기쁨이 바로 그것이며, 그런 감정은 내적 동기를 부여하는 역할을 한다(Ashby, Isen, & Turken, 1999). 그런 환경에서 학습하는 사람에게서는 앞서 우리가 집행기능의 일부라고 보았던 고등사고능력이 다음과 같이 향상되었다.

- 작업기억(working memory)이 향상된다.
- 일화기억(episodic memory, 사건의 기억)이 향상된다.
- 문제를 해결할 때 대안을 더 많이 떠올린다.
- 사고를 할 때 더 유연해진다.
- 사회적 관계에 대처하는 능력(도움과 사교성)이 향상된다.
- 말이 유창해진다(더 혁신적인 사례를 제시한다).
- 의사결정능력이 향상된다.

긍정정서를 경험할 때면 학습에 영향을 미치는 신경전달물질의 분비가 자극된다. 예를 들어, 신경전달물질인 도파민이 충분히 자극을 받아서 아세틸콜린(acetylcholine)의 분비를 촉진한다. 아세틸콜린은 새로운 기억 형성의 관문인 해마를 자극한다.

'몰입상태(state of flow)'는 상위 경로와 비슷하지만 더 강력한 경험에 해당된다. 즐거우면서 생산적인 집중상태를 가리키며, 미하이 칙센트미하이(Mihaly Csikszentmihalyhi, 2008)가 상세히 연구하고 설명한 바 있다. 이 상태에 기여하는 요인들은 다음과 같다.

1. 명확한 목표와 즉각적인 피드백
2. 자신이 지각한 행동능력에 맞고 비교적 자주 접하는 단호히 행동할 기회
3. 행동과 자각의 융합으로 마음이 명확히 주의초점을 맞춘 상태
4. 현재 당면한 과제에 집중함으로써 무관한 자극이 의식에서 사라지고 걱정과 우려가 일시적으로 유예된 상태
5. 통제할 수 있다는 느낌

우리는 지금까지 설명한 접근법을 종합해서 도표 11.4에 제시한 패턴을 발견했다. 요컨대, 하위 경로로 이끄는 일군의 요인이 있고, 상위 경로로 유도하는 또 다른 일군의 요인이 있다.

유념할 것은 하위 경로로 이끄는 조건들이 지각/행동 사이클과 지각/행동 학습을 방해할 수도 있다는 점이다.

도표 11.4. 하위 경로나 상위 경로를 자극하는 조건들

무기력을 일으키고 하위 경로로 이끄는 조건들	자신감·역량·동기부여에 기여하고 상위 경로로 이끄는 조건들
• 통제력 상실 • 피로 • 무의미함과 목적의 부재 • 개인의 관심사·능력·재능과는 무관하게 외부에서 부과한 마감시한 • 개인의 능력과 성과에 대한 비관주의 • 지원의 부재 **가능한 결과들** • 반항이나 무관심 • 구체적 사고 • 단편적 사고 • 부족한 노력이나 수행 • 진부한 행동(반사적인)으로 역행 • 성공을 하나의 과정으로 인식하지 못함 • 단기적 사고(장기적 함의를 이해하지 못함) • 산만 • 불안	• 개인적으로 통제력을 발휘할 수 있다는 느낌 • 건강과 휴식 • 의미와 목적 인식 • 감당할 수 있는 과제와 계획 • 엄격하지만 의미 있는 기준 • 긍정적 태도 • 자신의 능력에 대한 믿음 • 회복력(역경을 이겨내는 능력) • 지원 **가능한 결과들** • 집중적으로 사고할 수 있는 능력 • 추상적 개념을 다루는 능력 • 합리적 수준의 위험감수 • 노력의 확장 • 애매한 상황에서 일하는 능력 • 생태 및 시스템적 사고처럼 상호 연결된 개념을 다루는 능력 • 장기계획 • 자기통제

다음 단계와 주의할 점

현실적인 문제로서 교육자는 이 모든 것을 다룰 방법을 찾아야 한다. 앞서 말했듯이, 우리는 깊이 있는 학습(deep learning)을 위한 최적의 마음상태를 설명하기 위해 '편안한 각성상태(Relaxed Alertness)'라는 용어를 만들었다(Caine & Caine, 1991; Caine et al., 2009). 이 상태는 낮은 수준으로 지각된 위협과 높은 수준의 내적 도전의지 및 동기부여로 이루어진다. 이 상태에서 학생과 교육자는 스스로 유능하다고 느끼고 자신감이 붙고 동기가 충만함을 느낀다. 이 부분은 16장에서 더 상세히 논의할 것이다.

　이 말은 학생이 그저 늘 '기분 좋은' 상태로 있는 것이 목표라는 의미는 아니다. 학습은 어렵지만 도전할 만한 가치가 있어야 한다. 9장에서 말했듯이, 좌절과 불안을 겪거나 문제가 너무 어려워서 힘들어할 때도 있을 것이다. 학습에는 진정성 있고 명시적인 피드백과 학생이 성취하고자 애쓰는 것을 지원해주는 조건이 수반되어야 한다. 존경하는 사람들로부터 그 진가를 인정받은 태도와 행동을 통해 학생들 자신이 느끼게 되는 도전의식과 자신감, 바로 이것이 우리가 추구하는 것이다. 여기서 교육자는 학생이 다음과 같은 일을 할 수 있도록 전반적인 마음상태를 조성하게 도와주어야 한다.

- 효과적인 의사결정을 내린다.
- 힘든 상황에 대처한다.
- 남들과 협력한다.
- 자신의 감정을 지켜본다.
- 단기적으로뿐만 아니라 장기적으로도 생각한다.

- 문제를 해결한다.

- 융통성과 적응력을 발휘한다.

- 직관과 논리적 사고를 결합한다.

- 진정으로 높은 기준을 달성하기 위해 절대적으로 필요한 높은 수준에
  서 전체적으로 일정하게 기능한다.

미래에 요구되는 것을 살펴볼 때 말했듯이(4장), 모든 학습자는 이러한 고
등사고능력의 더 많은 항목에 숙달할 필요가 있다. 현행 교육체제의 비극은
교육이라는 미명하에 이루어지는 일의 상당수가 하위 경로를 자극하며, 따
라서 상위인지기능의 작동과 효과적인 학습을 방해한다는 것이다. 다음 장
에서 이 문제를 살펴보기로 하자.

12장 하위 경로로 끌어들이는 교육체제

위협경직(threat rigidity)은 조직이 공격받고 있다고(즉, 위협을 받거나 위기에 빠져 있다고)
지각할 때, 위기조직 특유의 방식으로 반응한다는 이론이다.
다시 말해서, 조직이 경직된다, 중앙통제가 강화된다,
조직의 명령에 따를 것이 강조된다, 책임과 효율성 조치가 강화된다,
대안적 또는 혁신적 사고가 억제된다.

- 브래드 올슨과 데너 섹스턴(Brad Olsen and Dena Sexton, 2008, p. 15)

상위 경로로 여행하는 것은 언뜻 생각하는 것처럼 그렇게 단순하지 않다. 어떤 교사나 교육자도 고립된 채 홀로 일하지는 않는다. 각각은 전체 교육시스템을 구성하는 일부다. 전체 교육시스템의 거의 모든 활동은 학생과 교육자를 하위 경로로 내모는 역할을 한다. 이 수준에서 활동이 진행되도록 영향을 미치고 유지하는 교육체제의 힘을 결코 과소평가해서는 안 된다.

큰 틀에서 보기

우리는 앞장에서 살펴본 학자들의 연구를 종합했는데, 이는 동기부여·마음상태·인지의 상호작용을 다루는 교육자들을 위해 하나의 개요도를 만들기 위해서다.

이 목적을 위해서 우리는 'V형 접근법(Access V)'이라는 이론을 창안했다(도표 12.1 참조). 하위 경로는 'V'의 바닥에 있고, 상위 경로는 그 꼭대기에 있다. 명확하게 구분되는 것은 아니지만, 논의의 편의를 위해서 각각의 마음상태를 숫자로 구분한다. 요점은 다음과 같다. 'V'의 최저점이 가리키는 것은 실패의 두려움에 압도당해 순응상태(시키는 대로 하는)에 빠져들 가능성이 가장 높은 마음상태이다. 'V'의 중앙은 선택권과 주도권이 확대되는 전이상태를 나타낸다. 'V'의 꼭대기는 상위인지사고 및 기능이 펼쳐질 수 있는 영역이다.

'V'는 앞장에서 설명한 매슬로(Maslow)의 이론과 잘 들어맞는다. 하지만 우리는 그 피라미드를 뒤집었다. 왜냐하면 학습능력은 앞서 우리가 제시한

도표 12.1. V형 접근법

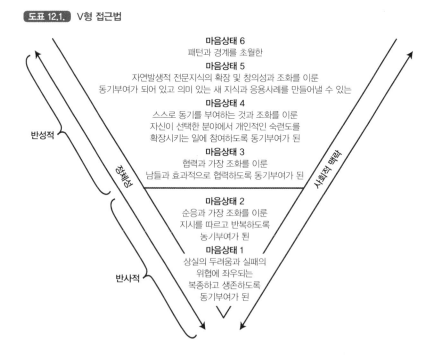

마음상태 6
패턴과 경계를 초월한

마음상태 5
자연발생적 전문지식의 확장 및 창의성과 조화를 이룬
동기부여가 되어 있고 의미 있는 새 지식과 응용사례를 만들어낼 수 있는

마음상태 4
스스로 동기를 부여하는 것과 조화를 이룬
자신이 선택한 분야에서 개인적인 숙련도를
확장시키는 일에 참여하도록 동기부여가 된

마음상태 3
협력과 가장 조화를 이룬
남들과 효과적으로 협력하도록 동기부여가 된

마음상태 2
순응과 가장 조화를 이룬
지시를 따르고 반복하도록
동기부여가 된

마음상태 1
상실의 두려움과 실패의
위협에 좌우되는
복종하고 생존하도록
동기부여가 된

반성적

잠재성

반사적

사회적 매력

여러 조건에 따라서 확장되기 때문이다. 자신의 잠재력을 최고 수준까지 개발하는 개인의 수는 전체 인구에서 최소 비율일지 모르지만(매슬로의 모형), 이 수준에서 사고하고 역량을 발휘하는 능력은 자신이 처한 환경에서 허용되는 자유와 도전의 수준과 직결된다.

'V'가 교실 바깥에도 적용 가능하다는 점은 쉽게 알 수 있다. 물론 체계적으로 정리된 절차가 필요할 때도 있다. 사실 이런 절차는 안정감을 준다. 하지만 내적 동기부여 없이 강압적으로 추진되는 관료주의적 표준화된 절차만 있을 때, 이 절차는 두렵고 무기력한 마음상태를 조성할 수 있고, 교실에서 회의실에 이르기까지 교육체제의 거의 모든 수준에서 생존반응을 일으킬 수 있다. 주목할 점은 'V'의 최저점에서 복종과 상실의 두려움이나 실패의 위협에 어떻게 동기가 초점을 맞추는가이다. 교사의 지도가 주류를 이루고 평가에 초점을 맞추는 교육은 복종을 강요하게 되어 있다. 유감스럽게도 학생과 교사에서부터 대다수 관리자에 이르기까지 거의 모든 교육시스템 당사자가 이점을 확신한다. 즉, '높은 성취기준'에 도달하는 유일한 방법은 실패에 대한 두려움을 촉발하고 이를 동기부여의 수단으로 삼는 강압적 방식이라는 것이다. 이점은 브래드 올슨과 대너 색스턴(Brad Olsen and Dena Saxton, 2008)의 「위협경직·학교개혁·현행 교육정책 맥락 속에서 교사가 자신의 업무를 바라보는 방식(Threat Rigidity, School Reform, and How Teachers View Their Work Inside Current Education Policy Contexts)」이라는 제목의 논문에 탁월하게 기술되어 있다. 교육의 대부분은 생존경로, 위축경로, 일상의 삶과 일생을 살아가는 데 필요한 것을 행하는 경로를 생성하고 그 경로를 따르는 것이다.

위협경직(threat rigidity)은 다음과 같이 수많은 유사한 방식으로 일어난다.

즉, 정보흐름의 중앙집중화와 규제, 통제강화, 일상화되고 단순화된 교수/평가방식 강화, 학교구성원에 대한 체제순응 강제화 등의 방식이다(Olsen & Sexton, 2008, p. 14).

다른 한편으로는 억동적 시스템이 존재하는데 이는 내적 동기를 요구하고 활용하며 선택과 개인의 의사결정을 허용한다. 그럼으로써 자기유능감 (self-efficacy)을 불러일으키고 로자노프(Lozanov, 1978)가 일컬은 '숨겨둔 비축자산(hidden reserves)'이라는 것과 교직원 및 학생의 충분히 활용되지 못한 뇌/마음 역량을 발동시킨다.

너무 극명한 흑백논리를 써서 이야기하고 있지만 상황은 우리가 지금까지 묘사한 것보다 훨씬 더 복잡할 것임에 틀림없다. 가령, 누군가가 스스로 의욕에 넘치고 무언가를 잘 수행하고 성취하기를 진실로 원하며 자기유능감도 또한 지니고 있다면, 교육체제가 무엇을 하든지에 관계없이 그 사람은 하위 경로를 걷지 않을 수도 있는 것이다. 그 사람은 전체적인 과정에서 개인적으로 도전의식을 느끼고, 이에 따라서 창의력과 고등사고력을 둘 다 활용할 수 있게 된다. 마찬가지로, 더 전통적인 접근법을 선호하고 그 속에서 잘 성장하는 학생들도 있다. 교사가 요구하는 것을 하는 과정에서 그들은 이미 성적과 고부담 시험(high-stakes testing)에 대처하기 위해 필요한 사항에 숙달되었기 때문이다. 그들은 치밀하게 구조화된 체제 속에서도 잘할 수 있다는 자신감을 잃지 않는다. 다른 많은 학생은 그런 체제에 지루해하고 무관심한데도 말이다. 의욕에 넘쳐 밀려 들어오는 이민자들에게서 보았듯이, 일부 학생과 그 가족은 학습내용을 어떤 식으로 전달하는지에 상관없이 새로운 나라에서 생존하고 성공하는 데 도움이 되는 내용을 '습득하는' 것 그 자체에 높은 가치를 부여할 수도 있다. 그래서 그들은 어떤 학교환경에서든 참고 배우겠다는 강한 내적 동기를 지닌다. 게다가 마음상태는 매우 다양한 상황에 맞추어서 변하기도 한다. 예를 들면, 순응할 필요성 때문에 동기부여가 된 학생은 지시사항을 따르지만(마음상태 1과 2), 스포츠나 사회관계망의 경우에서처럼 남들과 연결을 추구하는 방향으로도 동기부여가 될 수 있다(마음상태 3).

하지만 일반적으로 교육은 상위 경로를 통해서 가장 잘 이루어진다. 그것은 확장의 경로이자 창의성의 경로이며 중대한 영향을 줄 수 있는 경로이다. 상위 경로는 상호연결성을 이해하고, 구체적인 사고를 뛰어넘어 추상적인 사고를 하며, 장기적 관점을 잃지 않고, 집행기능을 작동시키는 방식으로 수행하기 위해서도 중요하다.

어떤 마음상태에 있다고 해서 반드시 고등사고력과 전문지식을 활용할 것이라고 보장할 수는 없지만, 이러한 지식의 활용은 적절한 마음상태와 그에 따른 동기부여가 없이는 불가능하다.

하위 경로로 유도하는 교육체제와 방식

불행히도 현행 공교육의 교육정책은 순응과 복종에 가장 친화적인 마음상태를 유도함으로써 일관적이고 체계적으로 하위 경로를 형성한다. 하위 경로는 현실이다. 여기서는 하위 경로를 낳는 지각의 유형(앞장의 도표 11.4 참조)을 살펴본 다음, 전통적인 교육체제가 그런 지각을 형성하는 방식 몇 가지를 탐구할 것이다. 하위 경로는 사람들이 다음과 같은 조건을 경험하도록 유도하는 지각과 행동으로 몰아간다.

- 통제력 상실
- 무의미함과 목적의 부재
- 지원의 부재
- 부적절한 시간압력과 대체로 무의미한(당사자에게) 결과를 내놓으라는
  요구에 따른 부담
- 단절과 관계의 부재

잊지 말아야 할 것은 이런 조건 하에서는 고등사고력이 방해를 받는다는 점이다.

우리는 성적을 '향상시키라'는 위험을 일관되게 사용하고 강조하는 전통적인 교육방식의 영향력을 지켜봤다. 원래 의도가 어떤 것이었든 간에, 실제로 일어나는 일을 무시할 수는 없다. 하나의 예로—같은 일이 이런저런 형태로 전국에서 되풀이되어왔다—와이오밍에서 열린 한 워크숍에서 있었던 일이다. 참여를 최대로 이끌어내도록 고안한 연수과정이었음에도 불구하고 눈에 띄게 참여도가 낮은 것을 보고 우리는 당혹스러웠다. 바로 그때, 전날 우리가 지켜보고 있었던 교사들이 우르르 다가왔다. 그들은 우리가 보여준 내용이 마음에 든다면서 전에도 여기에 참석한 적이 있다고 나직하게 말했다. 의욕에 넘치는 선의의 교육컨설턴트들이 전에도 그들과 함께 일했었다는 것이다. 매번 희망을 안고 돌아갔지만 그들이 속한 학구에서는 배운 것을 적용하려는 그들의 모든 노력을 허사로 만들었다. 그들은 우리에게 말했다. "선생님들 탓이 아닙니다. 하지만 선생님들이 떠나고 나면 우리는 이런 말을 듣습니다. 중요한 것은 오직 하나, 바로 시험성적이라고요." 시험성적 향상에 직접 영향을 주는 수업방식 이외의 것은 그것이 무엇이든지 간에 가르칠 시간을 주지 않는다. 사려분별이 있는 사람들이 다 그렇듯

이, 그런 상황에서는 교사들도 강의식 수업에서 감히 벗어날 생각을 하지 못한다.

이제 전통적인 교육체제가 하위 경로로 이끄는 구체적인 방식을 몇 가지 살펴보자.

교수방식의 표준화

공정성과 의도의 순수성에 의문이 제기되곤 하지만 미국은 언제나 가장 창의적이고 생산적인 나라 중 하나로 여겨져왔다. 하지만 기이하게도 현재 이루어지고 있는 많은 '개혁' 시도는 교수방식을 표준화하는 것을 주된 목표로 삼고 있다(Ravitch, 2010). 앞서 말했듯이, 교수방식의 표준화는 매우 정교하게 구성된 학습진도표와 자료들 속에서 드러난다. 여기에는 교사가 특정 수업시간에 특정 교재를 토대로 무엇을 말하고 무엇을 해야 하는지도 적시되어 있다. 이런 표준화는 관리자들에 의해 강화된다. 이들은 학생들이 학구의 어떤 학교에 다니든지 그들이 무엇을 공부하고 있을지 정확히 안다고 자랑스럽게 말한다. 또한 복도를 거닐며 교실 안을 들여다보기도 하는데 이런 관리자의 행태도 표준화수업을 강화한다. 이러한 일이 벌어질 때, 자신이 가르치는 내용을 학생들이 이해하든 말든 학생의 필요·능력·개별 학생의 반응에 맞추어 수업을 조정하는 것이 교사들에게는 말 그대로 허용되지 않는다. 교사는 제각기 다른 상황과 맥락에서 학생 30명을 함께 공부시킬 때 나타나는 다양한 학구열과 위기상황에 제대로 반응하지 못할 수도 있다. 학생이 내용을 숙달했는지 여부에 따라 특정 주제에 대한 학습시간을 증감하는 것도 허용되지 않는다. 요컨대, 자신의 교실을 관리하고 개별 학생 및 동료교사와 관계를 맺고 협력할 기회가 대부분의 교사에게 주어지지 않는다. 교사 자신이 결과에 따른 책임을 지고 있음에도 말이다. 학습자료를 학생들이 관심을 가지는 이슈에 연결시킬 기회가 전혀 없기 때문에 통제력 상실, 관계 상실, 학생의 요구와 무관하게 발생하는 시간압박, 의미의 부재가 나타나는 것이다.

교사가 위험을 회피하고 자리보전을 위해 최선을 다한다는 것이 놀랍지 않은가? 그리고 학생들이 교사들의 이런 행태에 맞추어 반응한다는 것도 놀랍지 않은가?

무엇보다도 중요한 점은 〈뉴스위크〉의 보도에 의하면 미국에서 창의성이 처음으로 쇠퇴했다는 것이다(Bronson & Merryman, 2010). 표준화된 교수방식과 시험에 중점을 둔 교수법이 처음 도입되었을 때 우리는 이미 이 상황을 예측했다.

표준화된 지도방식이 기술의 활용을 철저히 무시한다는 점에도 주목할 필요가 있다. 물론 컴퓨터를 비롯한 여러 도구가 사용될 수는 있지만, 대개 기존의 전달/직접교수(TDI)팀과 관련된 매우 정교하게 구성된 지도에 기여하는 방식으로만 쓰인다. 오늘날은 '온라인 접속이 가능한 학생들' 간에 벌어지는 격차가 더 큰 문제다. 학교환경으로 제한된 어떤 교실에서보다도 온라인 세계에 다중적으로 연결되어 있는 학생들의 경우, 더 많은 정보와 동기를 제공받을 수 있다. 이렇게 해서 풍부한 학습자원의 전(全)세계가 교실에서 차단될 뿐만 아니라, 학생들이 편안함을 느끼는 그 세계로부터 대부분의 학생이 단절되는 것이다. 물론, 때로는 이러한 단절이 바람직할 때도 있다. 하지만 그렇다고 해서 첨단 비디오테크 세계를 막기 위해 대규모로 장벽을 설치하는 것이 정당성을 가질 수는 없다.

지식의 파편화를 통한 성취기준의 남용

우리는 4장에서 이 문제점을 어느 정도 살펴보았다. 적정 수준으로 규정된 교육과정이 있어야 한다는 의미에서 볼 때, 핵심 성취기준 가운데 일부는 지극히 타당한 것들도 있다. 이를테면, 첨단 비디오테크의 세계에 살고는 있지만 학생들은 책 읽는 법을 반드시 배워야 한다. 심지어 다문화세계에 살고 있어도 자신이 살아가는 문화에 익숙해지는 것은 중요하다. 핵심 성취기준에 무엇을 포함시킬 것인가라는 문제는 그 범위가 너무 커서 여기서는 논의할 수가 없다.

우리 목적의 핵심 포인트는 성취기준이라는 개념을 갖는 데 있지 않고, 높은 성취기준의 이름으로 어떤 교수학습이 이루어지고 있는가에 있다. 즉, 공통교육과정을 갖는다는 개념이 아니라 높은 성취기준이라는 미명 하에 이루어지고 있는 일이 핵심 쟁점이 된다. 예를 들면, 현재 미국의 여러 주(州)에서 채택하고 있는 공통핵심성취기준(Common Core Standards, http://www.corestandards.org)에서 우리는 충분히 이해할 수 있는 우수 사례를 찾을 수 있다. 다음은 미국의 중학교 3학년과 고등학교 1학년에서 정보제공이 목적인 글을 읽는 성취기준의 예다.

핵심 개념과 세부사항

1. 추론한 내용은 물론 글에 명시적으로 나와 있는 내용에 대한 분석을 뒷받침하기 위해 확실하고 빈틈없는 근거를 글에서 인용한다.
2. 글의 핵심 개념을 파악하고 전체적인 전개과정을 분석한다. 이때, 개념이 어떻게 드러나고 형성되었으며 세부적인 설명으로 보강되는지를 포함시킨다. 또한, 글을 객관적으로 요약한다.

3. 저자가 개념과 사건의 분석이나 순서를 어떻게 제시하는지 파악한다. 이때 요점들이 나오는 순서, 요점이 소개되고 전개되는 방식, 그것들 사이의 연결을 포함시킨다.

기교와 구조

4. 비유적이고 함축적이고 기술적인 의미를 포함하여 글에 쓰인 단어나 구절의 의미를 파악한다. 특정한 단어선택이 의미와 어조에 어떻게 누적적으로 영향을 끼치는지 분석한다(예를 들어, 법원에서 쓰이는 언어가 신문에 쓰이는 언어와 어떻게 다른지).

5. 글의 특정 문장, 문단, 더 큰 단위(이를테면 절이나 장)를 통해 저자의 생각이나 주장이 어떻게 전개되고 다듬어지는지를 상세히 분석한다.

6. 글에서 저자의 관점이나 목적을 파악하고, 저자가 그 관점이나 목적을 제시하기 위해 수사학을 어떻게 사용하는지 분석한다.

교육의 문제는 성취기준이 전달/직접교수(TDI)밈의 구조를 가질 때 발생한다. 첫째, 주목할 것은 성취기준의 구성은 일련의 추상적인 개념과 절차로 이루어진다는 점이다. 성취기준은 학생의 삶에 어떻게 영향을 미치는가라는 틀로 짜인 것이 아니다. 공통핵심성취기준 그 자체는 어떤 교수방식을 써야 한다고 정하고 있지 않으며, 과정이 순차적으로 실행될 것을 요구하지도 않지만(도입 참조), 현실에서는 대다수 교육자가 전달/직접교수밈을 통해 단순하게 순차적으로 성취기준을 다룬다. 그래서 성취기준은 학생들이 이해하고 관심을 갖는 것이나 그들의 삶과는 연계되지 않는다. 학생의 생활이나 관심사와 동떨어진 글의 편린들이 사용될 때, 그 학습자료는 추상적이고 정서적인 유대감이 부족하며, 대개 무의미하고 학생 자신의 삶과 무관한 것으로 인식된다. 그리고 이것은 하위 경로를 촉발하는 경향이 있다.

한 가지 언급해둘 점은 성취기준을 실제의 삶과 연계시킬 필요성에 대해 공통핵심성취기준에서도 인지하고 있다는 점이다. 유감스럽게도, 성취기준을 학생의 삶과 통합하려는 많은 시도가 그 핵심 의도를 잘못 이해하고 있다. 성취기준을 현실세계와 연결하는 어휘문제를 출제하는 것은 아주 바람직하다. 하지만 그것은 실제 프로젝트 수행을 통해 성취기준에 이르는 것과는 근본적으로 다르다. 프로젝트의 수행은 현실세계 속의 실제적인 일이기 때문이다. 이를테면, 이것은 교사가 학급아이들에게 이민에 관한 신문 기사를 분석하라고 과제를 내는 것과, 현재 살고 있는 도시의 이민사례를 조사하기로 한 학생들을 멘토링하다가 정보검색 과정에서 교사가 그 기사를 우연히 보게 되는 것과의 차이라고 할 수 있다.

둘째, 성취기준의 범위를 모두 다루는 것, 즉 진도를 빼는 것이 교사의 최우선 과제가 될 때, 그 밖에 다른 것들은 할 여지가 거의 없다는 점에도 유념할 필요가 있다. 학생의 관심사, 교실에서 불쑥 화제로 떠오른 현실세계의 사건에 대한 열렬한 관심, 주제 전체를 바라보는 대안적인 사고는 그냥 회피하게 된다. 이런 상황에서는 교사와 학생 모두가 활기를 잃는다. 이런 식으로 하위 경로로 향하는 관문이 열리게 되는 것이다.

물론 교사는 뛰어난 교수기술을 동원해서 이런 개념들을 의미 있게 만들어야 한다. 이는 교사가 지각/행동 학습을 통해 학생들을 참여시킴으로써 가능해진다. 그러나 대개의 경우, 이것은 학습을 지식망의 확충으로 보고 역동적 학습을 지향하는 새로운 교수법을 요구한다(Pessoa, 2008; South Australia, 2010).

셋째, 또 한 가지 유념할 점은 학습내용이 단편적이면 학생들은 암기는 하지만 이해는 못한다는 것이다. 예를 들면, 우리는 3~4학년 아이들이 이치에 닿지 않는 엉뚱한 질문들을 하는 것을 지켜봤다. 이런 현상은 논리정연하고 통합된 지식이나 폭넓은 지식망이 결여된 것과 관련이 있다. 최근의 사례를 하나 들자. 청교도 순례자들이 미국대륙에 첫발을 디딘 역사적 사건에 초점을 맞춘 플리머스 바위(1620년 메이플라워호를 타고 영국에서 북아메리카 플리머스로 향한 청교도들이 처음 발을 디딘 바위라고 함 - 옮긴이)에 관한 영화를 한 교사가 3학년 학생들에게 보여주었다. 학생들이 추수감사절의 기원을 이해하도록 돕기 위한 '수업'이었다. 교사는 학생들에게 개인적으로 궁금한 질문을 하라고 했다. 처음에 학생들은 '자기가 궁금한 질문'을 한다는 말이 무슨 뜻인지 이해하지 못하는 듯했다. 그들은 대개 스스로 질문을 떠올리기보다는 남들이 한 질문에 답하는 것이 익숙했기 때문이다. 하지만 교사가 계속 질문을 유도하자 학생들은 질문을 쏟아내기 시작했다. 그중에서 눈에 띄는 질문 두 가지를 소개하면 다음과 같다.

"청교도단이 우리의 적이었나요?"
"이 일은 공룡이 지구상에 살기 전에 일어났나요, 후에 일어났나요?"

공통핵심성취기준에서 나온 사례를 보면, 텍스트 분석의 절차와 작문기법을 '배웠다'고 하는 학생들에게서도 그것을 제대로 아는 것이 아니라 그냥 암기한 수준임이 드러난다. 예컨대, 그들은 '비유적이고 함축적이고 기술적인 의미'를 정의하고 설명할 수는 있을 것이다. 하지만 현실세계에서 정보를 찾기 위해 글을 읽으려 할 때면, 그러한 개념과 과정을 상황에 맞게 자연스럽게 활용할 능력이 거의 없을 수도 있다. 그들은 피상적인 정보와 사실을 기억해냄으로써 시험에 통과할 수는 있겠지만, 교사가 '가르치는' 사실들 사이의 연관성을 전혀 알아차리지 못하는 학생들이다. 이런 현상이 계속 일어나면 학생들은 제대로 연결되지 않은 정보를 갖게 된다. 문제는 여기서 끝나지 않는다. 많은 학생과 관련이 있는 것들임에도 불구하고 수많은 정보와 경험이 무시되고 만다. 바로 이런 종류의 수업관행이 하위 경로로 유도하는 것이다.

성취기준을 이렇게 전통적인 교수행위의 관점에서 해석하면, 상위 경로로의 접근은 어렵게 되고 기술의 접목은 터무니없는 소리가 되고 만다.

표준화시험에 대한 집착

10년 전만 해도 우리는 시험의 압박을 그다지 심각하게 생각하지 않았다. 우리가 장기간에 걸쳐 함께 작업했던 학교들은 모두 시험점수가 올랐다 (Caine & Caine, 1997a; Caine, 2008). 관할 교구가 각 학교의 성공을 돕기 위해 취하는 다양한 조치는 예상을 뛰어넘는 숫자였다. '어떤 교사도 사용할 수 있고' 교사에 상관없이 일정한 결과를 가져올 수 있는 교육과정, 표준화된 학습자료, 단일 채택교과서, 컨설턴트의 활용 등이 그 대표적인 예다. 성공을 거두겠다는 일념 하에 나온 이 모든 것은 거의 전적으로 시험점수와 결부된 전통적인 밈(meme)의 산물이었다.

우리가 지닌 개념상의 맹점은 시험점수, 학습내용에 대한 진정한 이해, 현실세계에 적용했을 때 기대되는 성과가 직접적으로 연결된다고 가정하는 것이다. 사실은 그렇지 않다. 그 연결은 간접적이다. 이것이 의미하는 바는 무엇일까? 시험점수에 대한 집착은 실제 학생이 가장 필요로 하는 것을 익히는 데 방해가 된다. 시험점수에 집착하게 되면 고등사고능력, 풍성하고 상호 연결된 지식망의 발달 등은 기대할 수 없게 된다. 그리고 시험점수에 집착하는 상황에서는 교육자는 학생이 배운 것을 실제로 이해하고 있는지 파악할 수 있는 지표를 만들어서 관리할 의욕을 느끼지 못한다. 교육자는 시험점수만을 판단의 근거로 삼는 성공 여부에 대해 책임질 뿐이다. 현재의 봉급, 승진과 정년 보장, 심지어 학교의 존폐 여부까지 학생의 시험점수에 따라 평가되기 때문에 교육자는 시험점수에 목을 걸 수밖에 없다. 이 모든 것은 교사와 학생 사이의 거리를 넓히고, 하위 경로의 핵심을 이루는 무력감만을 키울 뿐이다.

공장식 시간관리 모형

3장에서 설명했듯이, 대부분의 학교는 생산라인처럼 관리된다. 그럼으로써 'V형' 구조의 바닥에서 이루어지는 학습을 지원하게 된다. 목표는 정해져 있다. 시간표도 만들어져 있다. '학습'의 단원도 정해진 시간 동안에 배우도록 미리 규정되어 있다. 과정이 제대로 진행되는지 점검이 이루어지고 재점검이 이루어진다. 그럼으로써 표준화된 교수와 평가를 위한 맥락이 조성된다. 그렇지 않은 학교도 많겠지만, 전체적으로 볼 때 그런 학교들은 소수일 가능성이 매우 높다. 여기서 강조할 점은 관리자와 교사가 정한 엄격한 시간제한이 학습자의 요구나 현안과제의 해결과는 무관하게 설정되는 경향이 있다는 점이다. 마감시한이 있는 것은 어쩔 수 없지만, 남들이 정한 비현실적인 시간표와 상대적으로 무의미한 목표는 통제력의 상실과 무력감만 키운다. 이는 다시 하위 경로를 촉발하는 기제가 된다.

전반적으로 통제와 강압에 토대를 둔 교육

교육을 바꾸겠다고 실행하는 일의 상당수는 보상과 처벌을 휘두르는 강압을 통해 이루어지며, 이전 장들에서 살펴보았듯이 교사가 학생을 관리하는 방식도 대부분 강압을 수반한다.

그럼으로써 성취도 향상이라는 미명하에 교육체제는 그 의도와는 정반대로 성취도를 낮추는 데 기여하는 학습조건을 조성한다. 이는 재앙이 아닐 수 없다. 기존 체제에 순응할 것만을 강요받는 상태에서는 학생 중심의 교육과 목표지향적 교육이 이루어지지 못한다. 실패하면 어쩌나 하는 두려움이 앞설 때 개인은 최상의 능력을 발휘하지 못한다.

학생은 어떻게 반응하는가

모든 사람이 그렇듯이 학생들도 시간을 어떻게 쓰느냐를 통해 자신이 무엇에 가치를 두는지를 드러낸다. 1장에서 지적했듯이, 학생들은 첨단 비디오테크에 1주일에 50시간 이상을 쓴다. 그들은 정말 거기에 자신의 인생을 걸기라도 한 것처럼 시간을 많이 쓴다. 그리고 대개 교육시스템의 작동방식이 빚어낸 결과로, 학생의 대다수는 '학교공부'에 시간을 할애하는 쪽을 택하지 않는다. 오늘날의 학생들은 선택할 수 있는 대안이 무수히 많기 때문에, 여러 활동을 하고 스스로에 대해 좋은 느낌을 갖게 하거나 자신의 관심을 끄는 경험을 하는 쪽을 얼마든지 선택할 수 있다. 그러니 자기가 하고 싶은 것을 지원하지 않고, 시키는 대로 해야 하는 환경을 선호할 이유가 어디 있단 말인가? 도전할 의욕을 자극하지도 않고, 내용을 이해하지도 못하고, 개인적인 의미를 찾을 수도 없고, 창의성도 다양성도 없는 것에 숙달되어야 한다고 강요하는 교육체제에 자신의 열정과 에너지를 투자할 이유가 어디 있단 말인가? "미국 전역에서는 매일 7,000명이 학교를 중퇴하고, 정식 학위증서를 받고 고등학교를 졸업하는 학생은 약 70%에 불과하다"(Miller, 2009; Vallerand, Fortier, & Guay, 1997).

학생들은 선택권도 있고 재미도 있는 세상으로 탈출할 수 있다. 그런 세상에서는 타인과 관계를 맺으며 새로운 가능성을 발견하고 적어도 최소한의 자기결정권까지도 가질 수 있게 된다. 역설적으로 학교는 예술의 역할을 최소한으로 줄이거나 아예 배제시킨 반면(예술이 뇌 발달에 중요한 역할을 한다는 모든 연구 결과에도 불구하고), 학교 밖에서 학생들은 음악·영화촬영·동영상 제작·웹사이트 디자인·사진촬영에 매료된다. 그리고 학생들은 예술의 이 폭발적인 열기에 참여하는 방법을 가르쳐줄 수 있는 사람들을 중심으로 모여든다. 더욱 역설적인 점은 현재 많은 학생이 원근법을 비롯한 디자인 원리를 배우는 데 더 많은 시간을 들이고 있다는 것이다.

결과적으로 학생 자신이 원하는 것을 하고 자신의 목표를 추구하는 맥락 속에서 자연적 학습의 많은 측면이 학생의 삶에서 일어나고 있는 것이다. 많은 학생에게는 온갖 형태의 기술이 놀라울 만치 매혹적이고 유혹적으로 다가온다. 또 한편으로는 불운하고 대개 그런 기술에 접속할 여건이 안 되는 학생들은 학교를 중퇴하고, 자존감이나 자유를 경험하고 원하는 행동을 할 수 있게 해주는 다른 세계를 추구한다. 더 장기적으로는 결국 그런 자존감이나 자유를 박탈당하게 될지라도 말이다.

자긍심도 없고 그다지 관심을 두는 대상도 없이 결국 자신이 쓸모없는 존재라고 느끼게 되는 학생들은 미디어에 지나치게 몰입하는 것에서부터 마약남용에 이르기까지 우리 사회를 좀먹는 현실도피주의에 빠지기 십상이다.

최근에 한 학부모는 대학입학만을 최고의 기준으로 인정하는 교육체제에서 자신이 느낀 좌절을 다음과 같이 설명했다. "대학에 가는 것 말고 다른 일을 하고 싶어 하는 아이들이 너무나 많아요." 우리도 동의한다. 트럭운전을 하든지 건설업을 하든지 웹사이트를 만들든지 간에, 대학에서 4년을 보내지 않고서도 할 수 있는 수백만 가지의 일자리와 직업에 쓰일 전문지식을 습득하는 것이 새로운 교육시스템의 목표가 되어야 한다. 아마도 그 학부모가 한 말 중에서 가장 중요한 내용은 현행 교육체제에서 자신이 낙오되고 쓸모없다고 느끼는 젊은이들이 너무나 많다는 부분일 것이다.

전통적 교육의 모든 것이 하위 경로로 유도할까?

우리는 지금까지 가장 기본적인 교수형식을 강조해왔다. 그 주된 이유는 현행 개혁의 상당 부분이 그 방향으로 나아가고 있는 듯이 보이기 때문이다. 앞서 언급했듯이, 실제로는 우리가 연구하고 경험한 바에 따르면 학교교육과 교수방식에 접근하는 방법들은 하나의 연속체를 이룬다. (출간 예정인 『교육을 새로운 관점에서 보다(Seeing Education in a New Light)』라는 책에서 이 주제를 깊이 다루었다.)

심지어 가장 기본적인 전달/직접교수(TDI) 형식의 교수법도 개선하고 의미 있게 살릴 수 있다. 예를 들어, 학생들에게 사실이나 절차를 암기하라고 요구할 때 그 과정을 즐겁고 성공적인 경험으로 만들도록 교사가 이용할 수 있는 도구들이 많다. 교사는 잠시 '편안한 각성상태(relaxed alertness)'라는 환경을 조성할 수 있으며, 여기에서는 내용을 암기하는 도전과제가 즐거운 일이 된다. 예컨대, '가속학습(accelerated learning)'이라는 이름으로 이루어지는 많은 것의 취지가 바로 이것이다(Rose, 1998). 만약 이런 일이 상호 존중하는 분위기에서 일어난다면, 학생들은 전통적인 접근법 하에서 시험을 잘 보고 좋은 성적을 얻는 데 보탬이 될 기본적인 날짜와 장소, 공식, 기타 사실들을 숙달할 수 있다. 그리고 이 과정이 성공으로 이어질 때, 학생(그리고 교사)이 숙제와 시험을 스스로 해낼 수 있도록 역량과 도전의식, 유능감과 자신감을 불어넣는 데에도 도움을 줄 수 있다.

학생들이 서로 상호작용을 하고 조사를 하고 문제를 해결하고 과제를 하게 만드는 훨씬 복잡한 접근법들이 직접교수에도 있다. 린다 달링-해먼드(Linda Darling-Hammond)가 매주 정기기고를 하는 애넌버그 웹사이트 (http://www.learner.org/courses/learningclassroom)에서 이런 일이 어떻게 이루어지는지를 알려주는 탁월한 내용을 찾을 수 있다. '사고중심 교육과정(Thinking Curriculum)'을 연구하는 로렌 레스닉(Lauren Resnick, 2010)의 접근법도 하나의 사례다. 이 두 접근법은 학생들이 전통적 교육모형의 틀 안에서 더 복잡한 방식으로 생각하고 고차원적인 사고기능을 발휘하도록 인도한다. 현행 교육체제의 제약조건에서도 이런 수업이 가능하다면 말이다. 그리고 이런 일이 일어날 때, 학생은 반사적인(reflexive) 마음상태에서 빠져나와 반성적인(reflective) 마음상태로 진입한다. 또한 이보다 훨씬 더 많은 학생의 경우는 자신들의 잠재력이 살아나고 내적 동기가 향상되며 하위 경로로의 극단적 반응은 뒤로 미뤄지게 된다.

하지만 이러한 높은 수준의 교수접근법에서도 학생과 교사 사이에는 매우 중요한 차이가 존재한다. 학생들은 교사가 부여하는 의제를 따라가려고 하고, 교사는 학생들의 선택과 흥미를 존중해 성취목표를 이런 과정에 녹여내고자 한다. 여기서 잊지 말아야 할 점은 우리가 추구하는 지식은 해결을 요구하는 현실상황에 즉시 적용할 수 있는 역동적 지식이란 점이다. 사실과 절차의 목록을 암기(설령 재미있게 암기한다고 할지라도)하거나, 현실세계에서의 능력으로 전환되지 않는 지적 이해력을 개발하는 것으로는 큰 성과를 기대하기 어렵다. 여전히 도전적인 과제는 학생들에게 가이드를 제공해서 창의력·계획세우기·타인과 협상하기 등과 같은 고등사고력을 발휘하게 하는 일이다. 이런 것은 도전적인 성취기준을 운영하는 상황에서 더욱 필요하다. 이런 유형의 고등사고력을 발휘하게 하려면 근본적으로 다른 환경 및 학습과 교수의 철학이 요구된다.

기술이 해결책을 제공할까?

우리가 보기에 이런 질문은 전혀 생산적이지 않다. 기술의 활용은 양자택일의 문제가 아니다. 기술은 그것이 지닌 엄청난 힘과 더불어 더 넓은 환경을 변화시켜온 방식 때문에 우리에게 의미가 있다. 기술은 효율적이고 의미 있게 교육과 통합되어야 한다. 기술을 통합하려는 목적은 지각/행동 학습이 잘 작동되게 하기 위해서다. 지각/행동 학습은 실제 삶의 환경 속에서 멋진 아이디어에 사로잡혀 초기 열정이 촉발된 순간부터 최종 생산물이 만들어지고 이에 대한 전문가의 피드백을 받기까지 전(全) 과정에서 이루어져야 한다. 기술만으로는 이 목표를 이루지 못한다. 이와는 반대로, 대규모 학술기관에 소속된 많은 교수들은 말 그대로 하루 종일 온라인에 접속되어 있는 학생들이 딱할 정도로 주의집중력이 떨어지는 것을 지켜보고 있다(Dretzin, 2010). 이 학생들은 동시에 여러 가지 일을 할 수 있는 멀티태스킹 능력을 자랑하면서 한 번에 대여섯 가지 일을 한다. 그들은 점심시간에 한 무리의 '친구들'과 만나 점심을 먹으면서 전화로 이야기를 하고 노트북으로는 여러 웹사이트를 들여다본다.

하지만 이렇게 온갖 정보를 단기적으로 조작해봤자 탁월함이나 숙달과는 거리가 멀다. 이러한 탁월함이나 숙달은 지각/행동 학습에 필수적인 단계들을 통과함으로써만 가능하다. 학습은 주의집중·성찰·끈기·피드백 없이는 일어나지 않는다. 특히 깊이 있는 탐구나 의미 있고 정교한 의사결정을 요하는 복잡한 내용을 학습할 때는 더욱 그렇다. 이런 요소들은 지각/행동 학습에 구조적으로 녹여넣도록 해야 한다.

하위 경로가 단편적 사고를 촉발하고 단편적 사고가 하위 경로를 유도한다는 것을 명심하자. 지식시대에 필요한 것은 상호연관성을 인식하고 다루는 능력, 더 폭넓은 관계의 패턴과 개념적 사고, 고등사고력의 발휘와 적용이다. 유감스럽게도, 학생들이 상위 경로를 통해 고등사고력을 발휘하지 못하고 있는 증거는 적잖게 있다. 이는 기술의 과용 탓이 크며 인간사고작용의 빠른 속도가 피상적 지식의 습득에 매우 적합하다는 점도 그 원인의 하나다.

나아가야 할 다음 단계들

지금까지 살펴보았듯이 새로운 교수방식이 필요하다. 학습해야 할 높은 수준의 내용과 뇌와 몸의 생물학적 현상이라는 이 두 가지 요소를 적절히 다루는 접근법이 있어야 한다. 그리고 학습환경 속에서 일어나는 인간행동의 중요한 요소들 중에 우리가 주목해야 할 것들이 있다. 그 문제는 다음 장에서 살펴보기로 하자.

13장

생물학적 성향에 맞게 교육하기

더 높은 수준의 정신발달이라는 말은 더 복잡하고 더 의식적이고 더 큰 선택의 자유가 있는,
따라서 자기결정의 기회가 더 큰 행동을 뜻한다.
– 카지미어즈 다브로프스키(Kazimierz Dabrowski in Cory & Gardner, 2002, p. 328)

하위 경로(low road)는 인지에만 영향을 미치는 것이 아니다. 무의식세계에
서 자동반사적으로 일어나는 삶의 거의 모든 측면에서 인간의 행동 및 기능
에 영향을 미친다. 개인의 행동과 사회문화 전반을 형성하는 요인들을 더
깊이 살펴보기 위해 다시 생물학으로 눈을 돌려보자. 이는 가장 근본적인
수준에서 인간행동에 영향을 미치는 것이 무엇이며, 교육에서 그것을 의식
적으로 통제함으로써 행동의 질을 어떻게 향상시킬 수 있는지를 더 깊이 이
해하기 위해서다.

  지금까지 우리는 지각/행동 역학(perception/action dynamic)을 대체로
무의식적으로 일어나고 일상생활에서 자동적인 행동과 반응을 통해 기능
하는 반사적인 행동(reflexive actions)의 측면에서 정의해왔다. 이제 자연
적 학습에 영향을 미치는 또 다른 요인을 살펴보자. 우리는 이것을 '생물학
적 성향(biological predispositions)'이라고 부르는데 여기에는 많은 것들이

있다. 우리는 교육자에게 대단히 유용한 것으로 파악된 관점에서 이 문제를 탐구하고자 한다.

아무리 의도가 좋은 것이라 하더라도, 지각/행동 학습이 교육자들이 원하는 방식으로만 마냥 전개되는 것은 아니라는 점을 명심할 필요가 있다. 학생이나 어른이나 다 자신이 이해하거나 인식하지 못하는 여러 힘들에 의해서 계속 주의를 딴 데로 팔거나 영향을 받는다. 이런 행동패턴은 일상적인 요구와 욕구의 발현이라는 형태로 나타나며, 주위의 사람과 주변에서 일어나는 여러 사건에 의해 촉발된다. 이런 패턴이 반복되면 부모·교육자·학생 자신이 심한 좌절을 겪을 수 있다.

우리 각자에게 있어서 환경은 인간에 내재된 다수의 지각 '성향(predispositions)'에 작용한다. 이런 성향은 패턴을 말하는데, 이는 우리가 경험을 어떻게 해석하고 조직하며 구조화할지를 결정하는 힘으로 작용한다. 따뜻한 빵의 달콤한 냄새, 아기의 웃음소리와 울음소리, 밤거리에서 누군가 다가오는 모습, 다른 문화나 가치체계에 속한 사람과의 우연한 만남, 이 모든 것은 다소 자동적인 방식으로 대체로 반사적이고 무의식적인 지각/행동 역학을 즉각적으로 촉발한다. 더 구체적으로 말하자면, 우리 모두가 공유하는 깊은 차원의 거의 본능적인 지각 및 행동양식이 있다. 이 장에서는 그 가운데 일부를 살펴보기로 하자.

광고업자·출판업자·미디어경영자·비디오게임 설계자는 이런 측면의 인간본성을 이용하는 법을 안다. 그들은 가장 기본적인 수준에서 그 성향을 활성화하고 조직하고 촉진하는 방법을 안다. 그렇지 않다면 그 수많은 대중매체가 왜 섹스와 폭력 같은 인간의 본능에 초점을 맞추고 있겠는가? 그렇지 않다면 텔레비전방송국이 왜 군이 날씨채널이나 역사채널이라고 이름을 붙이고, 자연재해나 섹스 및 동물의 공격성에 주로 초점을 맞추고 있겠는가? 그런 주제들은 인간의 가장 본능적인 생물학적 성향을 자극하고 촉발한다. 그런 주제들에 몰입할 때는 사실상 성찰, 수학적 또는 과학적 이해, 역사적 지식, 심화연구, 혹은 문학적인 깊이 같은 것은 거의 필요하지 않다.

교육자를 위한 지도(map)

지각의 의식 아래에서 일어나는 반사적 패턴을 다루는 가장 유용한 방식 중 하나는 신경과학자 폴 매클린(Paul MacLean, 1978)의 '삼위일체 뇌 이론(triune brain theory)'에서 찾을 수 있다. 물론 매클린의 뇌구조와 발달이론은 오래 전에 나온 것이므로, 첨단 뇌영상기법을 포함한 신기술을 이용하여 얻은 갖가지 복잡한 뇌과학의 연구결과가 여기에 반영되어 있지는 않다. 그런 의미에서 매클린의 모형은 최신 모형보다 더 개괄적이고 더 단순하다(LeDoux, 1996; Patton, 2008). 그러나 사회적·생물학적 성향에 관한 그의 이론은 지금도 생물학자들과 신경과학자들의 관심을 끌고 있다(Panksepp, 1998).

11장에서 말했듯이, 매클린은 뇌가 세 층으로 구성되어 있다고 주장한다. 파충류의 뇌는 매우 원초적인 본능을 맡고 있으며 가장 먼저 진화한 층이다. 두 번째로 진화한 층인 변연계(limbic system)는 대체로 감정을 담당한다. 세 번째로 진화한 층인 신피질(neocortex)은 상위인지기능, 즉 고등사고력을 담당한다. 이 층들은 모두 복잡한 망 속에서 상호작용을 하지만, 요점은 파충류의 뇌에 속하는 기본적인 지각성향 중 상당수가 대체로 무의식적이고 반사적인 지각/행동 역학을 통해 우리 삶에서 저절로 전개된다는 것이다. 그런 성향은 없앨 수도 피할 수도 없다. 이 말은 곧 그것들을 인정하고 관리해야 한다는 의미다.

　매클린의 접근법은 다음과 같은 두 가지 기본적인 이유로 교육자에게 대단히 유용하다.

1. 이러한 여러 특징과 행동을 정리한 그의 방식은 하나의 지침이다. 또한 학교와 교실에서 학생들이 행동할 때, 그런 행동을 하도록 만드는 게 무엇인지 알아내는 방법이 된다.
2. 생존을 위한 반응(예컨대, 적극대응 혹은 회피)이 작동하기 시작할 때, 원초적이고 자동적이고 반사적인 작동모드가 더 심해진다는 사실을 이해하는 데 도움을 준다.

　이 개념을 염두에 둘 때 우리는 다시 심리학, 정체성 이슈, 학교에서의 학습 사이에 세워진 인위적인 장벽을 뛰어넘을 수 있다. 편의점 입구의 선반에서 보이는 잡지기사, 이야기 주제, 신화, 우화, 설화뿐만 아니라 각종 매체의 제목과 이야기는 인간의 본능적 성향에 담긴 기본적인 진실을 사회적으로 표현한 것들이다.

　여기서 도전과제는 인간의 기본적인 성향들을 인식한 뒤 학생의 행동을 좀 더 잘 이해하고 인도하는 것이다. 먼저 인간의 기본적인 성향을 설명하고 여러분 자신의 경험에서 그 성향들을 살펴볼 수 있도록 하겠다.

현실 검증

이 문제를 어느 수준까지 다루어야 할지 알기 위해서, 전통적인 방식으로 교육을 하는 미국의 전형적인 고등학교를 방문한다고 상상해보자. 우리는 자연스러운 사회적 위계가 학급 및 더 큰 공동체 내에서 자체적으로 작동하고 있는 것을 발견한다. 예를 들어, 교실과 복도에 있는 학생들을 단순히 관찰하는 것만으로도 누가 '덩치'이고 누가 '얼간이'인지를 쉽게 알 수 있다. 수학시험에 대비해서 공부를 하기보다는 그날 입을 옷을 고르는 데 더 많은 시간을 보내는 학생들이 대다수라는 것도 우리는 알고 있다.

교실로 들어갈 때 학생들이 줄지어서 '자기' 자리로 가고, 한편에서는 여학생들이 머리를 빗거나 화장을 확인하는 모습이 우리 눈에 띈다. 각자에게 꼬리표를 붙이고 분류하는 모습도 보인다. 다시 말해서, 외모나 행동을 토대로 어떤 학생은 '영리하다' 또는 '멍청하다', '웃기다' 또는 '별나다'라는 꼬리표가 붙는다. 한편에서 다른 학생들은 자신이 어떤 입장을 취하고 행동할지 결정하기 위해 주변에서 벌어지는 일을 계속 주시하고 있다.

이 학생들은 비디오게임을 하고, 동영상이나 TV를 보고, 이메일을 보내고 친구와 대화를 나누고, '트위터'를 하고, 페이스북과 마이스페이스 같은 SNS(사회관계망서비스)를 하면서 몇 시간씩 보내곤 하는 바로 그 세대다. 우리는 여기에서도 또한 학생들이 끼리끼리 모이는 모습과 그들 속에서의 서열과 같은 사회적 지위가 어디에서나 드러나는 것을 본다. 그들은 자기들끼리의 관계, 스포츠, 유튜브 동영상, 자신의 삶에서 나오는 갖가지 주제에 대해 이야기한다.

한편, 학생들이 학교에 있을 때 학교나 교육청은 개인컴퓨터, 웹검색(교육청이 세운 방화벽을 통해), 휴대전화의 사용을 제한한다. 교사는 학생들이 높은 시험점수를 받도록 직접교수(교사 주도의 학습)를 통해 학생들이 '배우도록' 한다는 목적으로, 교육과정과 학습계획안으로 무장한 채 온다. 교사는 금요일에 볼 시험을 학생들에게 상기시키고 실패의 두려움을 주입한다.

이는 거의 노골적인 위협에 해당된다. 이런 방식의 동기부여를 통해 학생들은 조용히 자리에 앉아 교사의 말에 귀를 기울이거나 자기 '공부'를 한다. 이것이 우리가 관찰한 모습이다.

어느 정도는 부모가 교육에 부여하는 가치와 청소년 자녀에게 일정하게 제공하는 지원내용(TV시청과 노는 시간을 제한하고, 솔직하게 논의하는 시간을 갖고, 무엇보다도 청소년이 결정할 때 참석하고 참여함으로써)에 따라 학생들이 학업이나 교사의 요구, 학교에서의 생활에 관심을 갖고 참여하는 정도가 크게 다를 수 있다.

물론 교사도 나름대로 그럴 만한 걱정거리들을 안고 있다. 학생의 실패는 '교사의' 실패이기도 하다. 시험점수는 공적으로 관리되어야 하는 기록이다. 하지만 학생의 주의와 관심을 끄는 것 중에는 교사가 통제할 수 없는 것들이 많다. 어떤 이들은 학생과 '함께(with)'가 아니라 학생을 '위해서(for)' 교육과정을 개발했다. 이들은 학생들의 목소리를 듣는다거나 학생들의 참여는 안중에도 없이 교육과정을 개발한 것이다. 교육당국도 또한 무엇보다 시험점수를 더 높이라는 요구를 받고 있다. 앞서 말했듯이, 미국의 연방정부와 주정부는 학생의 시험점수와 교사평가를 연동시키려는 노력을 계속하고 있다(McNeil, 2009 참조). 그리고 그 결과 교육시스템은 학생의 '파괴적인' 또는 '부적절한' 행동을 통제하거나 제지하는 데 점점 더 많은 에너지를 쏟게 되었다.

자, 이제 매클린(MacLean)이 파악했고 위에서 현실 검증을 통해 예시한 성향 중 몇 가지를 좀 더 깊이 살펴보자. 이를 자세히 살펴보려면 "학습자가 이러한 원초적이고 본능적인 패턴에 갇히지 않고, 그 덫에서 빠져나올 수 있도록 고등사고력이 어떻게 도울 수 있을까?"란 질문을 던져볼 필요가 있다.

무리짓기와 집단행동

무리짓기(flocking)는 "뇌/마음이 사회적이다"라는 사실의 한 표현이다. 사람은 누구나 어떤 종류의 집단이든 그것에 소속되고 연결되려는 욕구를 지니고, 남과 접촉하려는 자연스러운 욕구를 지닌다. 집단은 그 범위가 가족에서부터 씨족·부족·민족에 이르기까지 다양하며, 갖가지 형태의 많은 또래집단을 포함한다. 매클린의 이론은 집단과 그 구성원을 들여다보는 유용한 렌즈 역할을 할 수 있다. 재계와 정계 및 기업의 거물로 이루어진 인맥은 물론이고, 갱단과 마피아도 대개 자신의 영역을 정하고 종종 공통의 신념과 행동에 헌신함으로써 그것을 지킨다. 때로 신고식을 치르거나 공통의 가치와 믿음을 받아들이겠다고 맹세해야 구성원이 되는 경우도 있다. 학교에서 갱단은 남학생동아리·여학생동아리 등 우리사회를 구성하는 많은 사교집단과 마찬가지로 옷이나 나름의 꼬리표로 동질감을 얻는다. 구성원들은 함께 행동하고 몰려다니는 경향이 있기 때문에 누구라도 그들을 알아볼 수 있다(그래서 '무리짓기'라는 용어를 쓴다).

| 질문 | 자신의 경험을 돌이켜볼 때, 교실이나 학교나 지역사회나 정치 분야에서 무리짓기와 집단 내 특정 파벌이 저절로 드러나는 곳은 어디일까? 당신 자신에게서는 어떠한가? 이런 현상을 어떻게 하면 긍정적인 방향으로 이끌 수 있을까? 한 가지 제안을 하자면, 학교 안에서 더 많은 학생이 스스로 기술과 행동을 선택하고, 그것에 더욱 익숙해지도록 돕는 방법을 찾는 것이다. 몇 가지만 예를 들면, 하이킹, 새롭게 떠오르는 컴퓨터기술, 비디오 디자인, 영화촬영 등 수많은 분야에서 전문지식을 쌓도록 역점을 두면 될 것이다. 단지 사회적 유대나 정서적 욕구를 충족시키기 위해서가 아니라 전문성을 개발하기 위해 이런 주제들을 중심으로 학생들을 모이도록 한다

면, 학생들끼리 서로를 가르치고 지지해주도록 하는 데 큰 도움이 될 것이다. 일부 학교는 이런 과정을 운영할 때, 학생들끼리 서로 가르치는 방식의 단기강좌를 통해 지원하기도 한다. 두 번째 제안을 하자면, 학교생활을 하면서 무리짓기가 일어나고 집단이 형성되는 방식을 학생들 스스로가 눈여겨보고 성찰하며 그 일에 좀 더 의식적으로 참여할 수 있도록 도울 방법을 찾아내자는 것이다.

영역 싸움

동물은 영역 개념이 아주 명확하며, 경계를 표시하고 어떤 식으로든 그곳을 지키려는 경향이 있다. 오래 전 로버트 아드리(Robert Ardrey, 1996)는 이것을 '영역 표시를 위한 필수 행위(territorial imperative)'라고 했다. 인간에게서 이 개념은 더 추상적인 양상을 띠곤 한다. 예를 들면, 이는 소유권 개념에서도 표현된다. 대부분의 사람은 그것들이 자신에게 속해있고, 어떤 식으로든 자신을 정의한다는 점을 보여주기 위해 '내 집' '내 가족' '내 나라' '내 방' '내 팀' 같은 말을 사용한다(토지소유권 자체가 모든 문화에서 가치가 있는 것이 아님에도 불구하고). 무언가를 소유하고 싶어 하고 그것을 자신과 동일시하고 싶어 하는 것은 이러한 자연적인 성향의 일부이다. '내 것' 또는 '우리 것'이라고 정의되는 영토의 수호와 정복이 전쟁을 일으키는 중요한 요인인 것도 결코 우연이 아니다. 또 소유권과 영역 싸움은 비디오게임의 주제로도 쓰이며, 스포츠와 운동장에서 펼쳐지는 많은 문제의 바탕이기도 하다. 부모와 교사는 '내 것' 또는 '나의 무엇'에 관한 이런 논쟁들과 그에 따른 갈등을 매일 지켜본다. '내 책상' '내 친집' '내 의자' '내 방' '내 물건'은 지키고 옹호해야 하는 것들이다. 자신의 영역을 표시하는 일은 갱단이 하는 일 중에서 잘 알려진 부분이며, 그들은 대다수의 동물이 쓰는 표시 기법을 자신이 사용하고 있다는 사실을 거의 알아차리지 못한 채 그렇게 한다.

| **질문** | 자신의 경험을 돌이켜볼 때, 교실이나 학교나 공동체에서 '영역 표시를 위한 필수 행위'가 저절로 드러나는 곳은 어디일까? 이 욕구를 억누르는 대신에 어떻게 하면 좋은 방향으로 돌릴 수 있을까? 한 가지 제안은 그것이 책상이든지 사물함이든지 방이든지 의자든지 간에 모두가 남의 공간을 존중하게 할 확실한 방법을 실제 생활 속에서 찾는 것이다. 이 관점에서 본다면, 비행을 저지르고 있다는 소문이나 의심 때문에 어른들이 학생의 신성한 개인공간을 뒤지는 행동은 멈추어야 한다. 남의 공간을 침해할 때는 최대한 존중을 표하면서 들어가야 한다. 어른들은 가능한 한 학생의 이해와 허락을 구해야 한다. 잃어버린 신뢰와 통제수준이 학생에게 심각한 영향을 미칠 수 있고 위협감과 무기력을 초래할 수 있기 때문이다. 두 번째 제안은 교육자가 의도적으로 영역 표시 문제를 제기하면서 학교와 삶에서 그것이 어떤 방식으로 나타나는지 자세히 살펴보는 것이다. 물론 이때 도전적 과제는 어른들의 영역 의식과 아동들의 영역 의식이 차별 없이 공정하게 다뤄져야 한다는 점이다!

멋부리기와 의례적 과시행동

공작이나 다른 동물들이 강력한 경쟁자를 물리치거나 원하는 짝을 유혹하기 위해 하는 짓과 거의 똑같이, 우리도 자신을 돋보이게 하고 주의를 끌기 위한 행동을 한다. 그런 치장행위는 놀랍게도 10만 년 전부터 있었다 (Vanhaeren et al., 2006). 이 행동은 한 마디로 "나를 봐, 나는 특별하고 강하고 매혹적이야"라고 강조하는 것이다. "옷을 잘 입는 10가지 방법" 같은 잡지기사가 넘쳐나는 것을 보면 사람들이 몸치장에 얼마나 큰 관심을 갖는지를 알 수 있다. 〈아메리칸 아이돌(American Idol)〉이라는 텔레비전 프로그램은 인간에게서 이러한 행동이 어떻게 전개되는지를 보여주는 아주 좋은 사례다. '세컨드라이프(http://secondlife.com/)' 같은 가상현실에 참가하는 이들도 자신을 일반 대중보다 더 매력적이고 독특하고 돋보이도록 하는 새로운 신분과 역할을 택한다. 전국의 어느 학교에서든 학생들은 참신하거나 자신을 돋보이게 하는 옷차림을 한다. 여기에는 문신·귀걸이·코걸이·팔찌·반지·온갖 도발적인 의상이 포함된다(유념할 점은 역설적이게도 학생들은 자신을 돋보이게 하고 싶어 하는 동시에 어딘가에 소속되고 순응하고 싶어 한다는 것이다). 또한 대담하거나 독특한 존재로서 돋보이려면 스스로 고안한 언어나 매우 기술적인 언어를 써야할 수도 있다. 공개적으로 인정받는 것을 모든 학생이 원하는 것은 아니지만, 어떤 식으로든 특별하거나 독특하다고 인정받고 싶어 한다는 점에서는 거의 누구나 똑같다.

| 질문 | 자신의 경험에 비추어볼 때, 멋부리기(preening)와 의례적 과시행동(ritualistic display)이 교실·학교·공동체·더 나아가 사회에서 표출되는 곳은 어디일까? 당신 자신의 경우는 어떠한가? 영화·TV프로그램·비디오게임의 어디에서 그것들을 볼 수 있는가? 이런 패턴이 어떻게 긍정적인 힘이 될 수 있으며 이것을 어떻게 바람직한 방향으로 돌릴 수 있을까? 여러 제안 중에는 개인별 독특한 자질, 생산물, 수행결과를 비롯하여 온갖 형태의 탁월한 성취와 우수성을 인정하자는 제안이 포함된다. 인정할 때는 상대방을 재단하는 듯한 비판적 피드백을 가능한 한 삼가고, 사람이 아닌 성과물에 초점을 맞춘 피드백을 함께 제공해야 한다. 그리고 그 주제를 언제

든 세심하게 살펴볼 수 있어야 한다. 예컨대, 매체활용능력을 배우는 과정에서 이 문제를 매우 효과적으로 다룰 수도 있다(뉴멕시코 매체활용능력 프로젝트, http://www.nmmlp.org 참조). 문학과 역사에서부터 사회학과 문예에 이르기까지 다양한 기준들을 다루는 과정에 이 문제를 포함시킬 수도 있다(Cambourne, 1993).

둥지틀기 행동

둥지틀기 행동(nesting behaviors)은 사생활과 안전이 확보되는 공간을 지키는 것과 관련이 있다. 이 말은 원래 동물이 짝짓기를 하고 새끼를 기르는 공간을 만들고 지키는 것을 가리킨다. 영역 표시와는 대조적으로, 둥지틀기 행동은 내밀한 공간을 향한다. 비록 둥지틀기가 다양한 동물들이 온갖 형태의 둥지나 우리를 이용하는 것을 가리키는 넓은 의미로 쓰이긴 하지만, 이것은 아마도 새에게서 가장 두드러지게 나타날 것이다. 인간에게서 둥지틀기 행동은 '편안한' 장소를 조성하는 것으로 이어진다. "집처럼 편한 곳은 없다"라는 말 속에서 우리는 둥지틀기가 어떤 의미인지 짐작할 수 있다.

남들의 간섭과 통제 없이 내밀한 대화를 나누기 위해 조성된 공간을 학교에서도 제공할 필요가 있다. 학생과 교사 모두 진정한 안전과 긴장완화를 느낄 수 있는 공간이 필요하다. 필요할 때마다 누구나 그런 곳에서 '잠시 휴식'을 취할 수 있어야 한다.

'안전한 공간'이라는 개념은 여러 방식으로 추상화되어왔다. 그것이 바로 거의 모든 비디오게임이 '본거지(home)'를 지닌 이유이자, 거의 모든 웹사이트가 첫 페이지를 '홈(home)'이라고 부르는 이유일는지 모른다. 대다수의 미국인은 '홈룸(Homeroom, 교실을 옮겨 다니며 수업을 받을 때, 아침조회가 이루어지는 교실 – 옮긴이)'이라는 용어에도 친숙하다. '집(home)'이라는 단어가 현재 쓰이는 방식이 원래의 구체적인 의미와 거의 관계가 없어지면서 대단히 비유적인 의미로 쓰이게 되었다는 점에 주목하자. 자기 영역과 둥지가 겹친다는 점에도 주목하자. 여기서 중요한 것은 집의 안전·안락함·온기다.

| **질문** | 자신의 경험에 비추어볼 때, 둥지틀기 행동과 집의 의미가 교실·학교·공동체에서 표출되는 곳은 어디인가? 이것을 어떻게 하면 더 효과적으로 만들 수 있을까? 미시건 주의 아메다(Armeda)중학교처럼 불안감에서 자유롭고 편안하며 의욕이 넘치는 상태(학습하는 데 최적의 상태)를 진지하게 고려하는 학교들이 좋은 사례다. 아메다중학교의 교장은 편안한 가구와 원예식물들을 이용하여 학생과 어른이 모일 수 있는 공공 공간을 조성했다. 복도에는 클래식 음악이 들리는데 이 음악은 문제행동을 줄이는 데 기여해왔다. 또 일부 학교에서는 학생들이 학교를 청소하고 점검하고 보호하는 데 자발적으로 참여함으로써, 학교를 '자신들의 것'으로 만들기 시작하면서 성공을 거두었다. 이런 성공사례들에서도 우리는 깊은 인상을 받았다.

짝짓기 의식

짝짓기 의식(mating rituals)을 의미하는 희롱하기·집적거리기·작업걸기 같은 용어는 어느 언어에든 있다. 그것은 생물 종(種)으로서 지닌 가장 원초적인 생존반응 중 하나와 결부되어 있다. 바로 번식이다. 살을 빼거나 성형수술을 받거나 최신 유행하는 옷을 입도록 누군가에게 동기를 부여하는 것의 상당수는 설령 무의식적이거나 반사적인 수준에서라도, 성적(性的) 상대를 유혹할 필요에서 나온다. 여기서도 그 주제가 텔레비전·영화·비디오게임

등 오락세계의 여러 측면에 침투해있음을 알 수 있다. 짝짓기 의식이 때로 저학년, 심지어 유년기(아기모델선발대회 같은)에도 장려되는 사례를 종종 볼 수 있으며 그런 행동을 부추기는 것은 부모들이다. 잡지를 훑어만 보아도 "당신의 남자를 기쁘게 하는 10가지 방법"이나 "모든 남자가 공개하지 않는 4가지" 같은 짝짓기를 다룬 기사들이 무수히 실려 있음을 알 수 있다.

| 질문 | 자신의 경험에 비추어볼 때, 짝짓기 의식이 교실·학교·공동체에 서 표출되는 곳은 어디일까? 어른들이 강요하는 규칙에 의해서가 아니라, 다른 방식으로 어떻게 하면 유혹적인 옷차림을 하는 것을 줄일 수 있을까? 텔레비전을 통해서? 광고를 통해서? 이 유혹적인 행동에 어떻게 더 효과적 으로 대처할 수 있을까? 우리는 갖가지 형태의 다양성을 옹호하지만, 학생 의 복장 면에서는 교복을 옹호하는 쪽에 지금껏 있어왔다. 어떤 형태든 간 에 최신 유행하는 유혹적인 옷차림과 집적거리기는 실제로 학습에 집중하 지 못하게 한다. 그러나 학생들은 정체성의 표출과 그들 스스로 결정하고 싶은 욕구가 있기 때문에, 교복을 정할 때에는 취향과 디자인에 관해 정기 적으로 학생의 의견을 묻고 이를 충분히 반영하는 게 필요하다.

속임수

속임수(deceptive behaviors)를 쓸 이유는 많다. 데이비드 리빙스턴 스미스 (David Livingstone Smith, 2007)는 "속임수는 우리의 생물학적 과거에 깊이 뿌리를 두고 있다"라고 말한다(p. 10). 일반적으로 속이는 목적은 사람(또는 동물)이 자신의 삶을 헤쳐 나가도록 돕는 데 있다. 때로 카멜레온 같은 동물 은 먹이를 먼저 차지하거나 적을 혼란에 빠뜨리기 위해 속임수를 쓴다. 인간에게서는 속임수가 교묘한 공격의 형태로 나타날 수 있다. 그리고 그것은 거짓말 속에 드러난다. 스미스에 의하면, "거짓말은 의식적이거나 무의식적이거나, 언어적이거나 비언어적이거나, 명시적이거나 암묵적일 수 있다"(p. 14). 속임수의 사례는 정치와 경제분야에서 무수히 찾을 수 있다. 많은 비디오게임에서 주된 기만도구 중 하나는 남을 속이는 이미지를 만들어 내는 것이다. 학교에서는 숙제를 하거나 시험을 볼 때 속임수를 쓸 수 있다. 이뿐만 아니라 속임수는 거짓웃음에서부터 옷차림에 이르기까지 모든 형태의 거짓과 우리가 어울리는 사람들을 선택하는 것까지도 포함한다는 점에 유념하자.

| 질문 | 당신의 경험에 비추어볼 때 교실·학교·공동체와 사회 그리고 당신 자신의 어디에서 위장과 속임수가 표출될까? 어떻게 하면 속임수에 더 효과적으로 대처할 수 있을까? 이러한 이슈를 제기하고 상위인지능력인 고등추론능력을 적용하는 것이 어떻게 도움이 될 수 있을까? 그룹을 지어 이 문제를 정직하게 검토하는 것이 아주 효과적일 수 있다. 우리가 보기에 문제의 상당 부분은 속임수가 전달/직접교수(TDI)밈이라는 맥락 속에서 생존과 성공의 열쇠가 된다는 것이다. 따라서 문제해결의 핵심 열쇠는 더 많은 개방성과 정직성의 혜택을 실제로 얻는 교수법을 채택하는 것이다. 그것이 바로 이 책에서 설명하는 유도경험교수법(Guided Experience Approach)의 장점 중 하나이다.

사회계층구조를 확립하고 유지하기

대다수의 집단은 어떤 식으로든 계층구조를 이루고 있으며, 따라서 지배와 복종, 이끄는 사람과 따르는 사람이라는 패턴을 지닌다. 겉으로는 민주적인 과정에 충실한 듯해도, 대다수의 조직과 문화의 상당 부분은 '지배계층구조(dominance hierarchies)'라는 것을 토대로 한다(Eisler, 1994). 지배는 생물학적·지적·사회적·신체적 우위를 포함하여 다양한 방식으로 인식되고 표현될 수 있다. 그것은 운동장·비디오게임·교사휴게실에서뿐만 아니라, 스포츠에서부터 사업·정치·유명인사에 이르기까지 공동체 전체에 걸쳐 전개될 수 있다.

도널드 트럼프(Donald Trump)가 진행하는 텔레비전 프로그램인 〈어프렌티스(The Apprentice)〉는 지배계층구조가 텔레비전에서 어떻게 펼쳐지는지를 보여주는 완벽한 사례다. 지배계층구조는 무엇보다도 지도자의 선택과 권력 및 추종자들의 상대적인 복종에 반영되어 있다(MacLean, 1978, p. 322). 이 계층구조는 비디오게임에서도 때로 기본적인 주제로 부각되며, 이 게임을 잘하는 게이머는 일상세계에서도 친구들과 게이머들 사이에서 높은 평가를 받기도 한다.

| 질문 | 당신의 경험에 비추어볼 때 교실·학교·공동체에서 지배와 사회계층구조가 표출되고 유지되는 곳은 어디일까? 당신 자신에게서는 어떠한가? 지배계층구조의 영향을 줄이기 위한 한 가지 방안은 그것이 어떤 것이든 간에 각자의 전문지식이나 책임을 인정받을 기회를 거의 모든 사람에게 허용하는 것이다. 전문학습공동체(professional learning community)를 구성할 때에는 둥글게 앉도록 해서 구성원들이 평등하다는 느낌을 갖도록 하고, 교육자들이 더 자유롭고 더 평등해질 수 있도록 경청의 장(field of listening)을 조성한다(Caine & Caine, 2010). 이와 비슷한 과정이 교실의 학생들에게도 매우 유용할 수 있다(Caine et. al., 2009).

하위 경로의 재평가

앞의 두 장에 걸쳐 설명했듯이, 사람은 상위 경로나 하위 경로로 혹은 그 스펙트럼 상의 어느 지점에서든 활동할 수 있다. 하지만 학생들이 하위 경로를 취하고 고등사고능력이 억제되거나 강제로 정지된 상태일 때, 르두(LeDoux)가 말했듯이 생존반응이 전면에 드러난다. 그러면 감정반응과 파충류의 반응이 우세해진다. 레스 하트(Les Hart, 1978)는 이러한 현상을 기술하기 위해 '다운시프팅(downshifting)'이라는 용어를 만들어냈다.

이것은 실제로는 다양한 생물학적 성향이 더 빨리 반사적으로 촉발되고, 보다 강렬하게 극단적인 흑백논리에 따라 작동한다는 의미이다. 예를 들어, 자신의 영역을 침범하는 행동이 일어났다는 느낌이 강하게 들면, 그저 의견이 다를 뿐인 사람을 결국은 적으로 인식할 수도 있다. 마찬가지로 직장에서 승진하기 위해(혹은 학교에서 성적을 올리기 위해) 극심한 경쟁을 벌일 때, 상대방이 상종할 수 없는 나쁜 놈으로 여겨질 수도 있다. 그리고 강한 영역 싸움과 관련된 행동은 교실·운동장·어른세계에서 아주 극적으로 펼쳐질 수 있다.

문제는 모든 성향이 상호작용을 하며, 생존모드일 때 긴장에서 발생되는 각종 반응과 행동이 교육자와 학생에게서 직/간접적으로 표출될 수 있다는 것이다. 예컨대, 12장에서 우리는 '위협경직(threat rigidity)'이라는 개념을 소개했다. 위협경직은 이 장에서 논의한 각종 생물학적 성향이라는 관점에서 재평가될 수 있다. 우선, 학교에 변화가 강요될 때 겪게 되는 위협경직은 지배계층구조가 작동중임을 보여준다. 그런 상황에서는 영역 싸움·속임수·집적거리기도 전면에 부상한다. 누구는 우리 집단에 속하고 누구는 아니라는 식의 파벌이 형성된다. 다른 뇌기능들은 제대로 작동하지 못한다.

교사와 관리자가 행사하는 권력은 학생들에게 이와 비슷한 영향을 미치는 경향이 있다. 'V'의 아랫부분이 활성화될 때 나타난다고 말한 일련의 행동은 모두 이 장에서 자세히 설명한 성향들이 발현된 결과다.

따라서 요점은 생물학적 성향은 결코 사라지지 않는다는 것이다. 그렇다면 그것을 무시하기보다는 이해하고 활용하는 편이 낫다.

교육자와 그들이 속한 사회는 몇 가지 어려운 질문을 해야 한다

생물학적 성향에서 비롯된 여러 행동이 감당하지 못할 지경에까지 이르는 상황을 교육자들이 걱정하는 것은 지극히 당연하다. 마음상태가 바깥세계에 어떻게 영향을 받는지, 그리고 고등사고능력이 발휘되도록 하는 것이 얼마나 중요한지를 떠올려보라.

그렇다고 해서 모든 처벌규정을 없애야 한다고 주장하는 것은 '아니라는 점'을 강조해야겠다. 학교는 구성원들의 안전을 보장해야 할 사회기관이다. 중요한 것은 규칙의 강요 ─강요된 훈육의 힘─이 제1순위가 되어서는 안된다는 것이다. 다양한 성향을 인정하는 좋은 분위기에서 제대로 이루어지는 교육은 모든 학생의 학습경험을 강화하고 모든 성향을 활용할 수 있다. 예를 들어, 그런 분위기에서 이루어지는 매체활용능력수업은 매체와 온갖 유형의 기술이 어떻게 구축되고, 매체가 전달하는 내용에 무엇이 영향을 미치는지를 이해하도록 돕는 수단이 될 수 있다. 우리의 삶에서 기본적인 성향을 파악하고 숙달함으로써, 우리는 그것들을 통제할 수 있는 힘을 얻고 배울 수 있다.

불행히도 대부분의 학교가 택한 접근은 가장 기본적인 성향과 신체기능의 패턴을 관리하고 통제하고 제약을 가하는 것이었다. 실제로 어떤 일이 벌어지고 있는지에 대한 정확한 인식도 없이, 또한 실제 어떤 일이 벌어지고 있는지 학생들이 인식할 수 있도록 돕지도 않으면서 말이다. 이미 지적했듯이, 많은 '훈육'프로그램이 보상과 처벌체계를 기반으로 설계되어 학교에서 제도화되었다. 이러한 훈육프로그램은 학생에게서 자동적인 행동양식을 더욱 억누르거나 제거하는 것을 목표로 삼는다.

물론 한 가지 주된 문제점은 전통적인 학급경영 도구들이 대부분 생존반응을 촉발하는 경향이 있다는 것이다. 따라서 인간의 본능적 성향이 전면에 부상하고, 대개 교사는 학생과는 전혀 다른 부족이나 집단의 지배적이고 적대적인 구성원으로 여겨지게 된다.

서글픈 사실은 교육시스템이 학생의 타고난 기본적인 행동성향을 무시하거나 억제하는 경향이 있으며, 그럼으로써 그런 성향을 더욱 안 좋은 방향으로 강화시킨다는 점이다. 여기에 억압수단이 추가로 도입될수록 생존반응은 더욱 강화될 뿐이다. 교육자가 통제하고자 애쓰는 바로 그 생물학적 성향이 실제로는 더 강화된다. 학생들은 반항적이 되고 화를 잘 내고 폭력적이 되고 위축되고 무관심해진다. 전달/직접교수(TDI)틀을 벗어나서 근본적으로 다른 교수법을 채택해야 하는 한 가지 이유는 학생과 교직원의 기본적인 생존성향을 효과적이고 적절히 활용할 환경을 조성하기 위해서다. 모두가 공통의 규칙을 지키면서 긍정적이고 일관성을 띠는 학교나 학습환경을 조성하려면, 그 규칙을 만들고 유지하는 과정에 모든 사람이 적절히 참여하도록 해야 한다. 여기서 매우 중요한 부분은 자신의 행동을 이해하는 것이다.

학생들이 학교생활에서 가치 있고 존중받는 참여자로 여겨지지 않을 때, 자신의 개인공간이나 영역을 거의 지니지 못할 때(많은 학교는 사물함조차 없애버렸다) 그들은 계층구조의 바닥에서 자기가 돋보일 수 있도록 어떤 특정

방향으로 튀는 행동을 하게 된다(남을 못살게 구는 식으로). 그들은 서로에게 환심을 사기 위해서 혹은 기성세대에 반항하기 위해서 튀는 옷차림을 한다. 교사를 속일 궁리에 열중하기도 한다. 그 결과 학생들이 자기 세계—그리고 교과과정—을 인지할 수 있도록 안내해주는 가장 강력한 원동력 중 일부가 그들 자신을 방어하는 데 사용되고, 학생들은 교과과정이 자신의 삶과는 아무런 상관이 없다는 인식을 종종 갖게 된다. 강압적인 방식으로 행동을 통제하는 기존의 접근법은 이렇게 자연적인 욕구를 망가뜨리고 왜곡하므로 재검토되어야 한다.

아마 가장 중요한 것은 좋은 인간관계를 만들어가기 위해 공을 들여야 한다는 것, 그리고 협력을 촉진하는 공통의 이해와 목표를 토대로 학습공동체가 구축되어야 한다는 점일 것이다. 교육자가 해야 할 일은 사실상 지각/행동 현상의 이 기본 측면들이 지닌 힘을 더 건강한 사회환경으로 전환하는 것이다. 이런 전환이야말로 더 현명한 접근이라 할 수 있다. 주인의식, 성적 매력, 남보다 돋보이기 같은 여러 문제에 공감하고 이해하는 것을 학생들이 어떻게 배울 수 있을까? 자신의 말을 들어주고 중요한 의견을 받아주고 인정을 받을 수 있는 기회를 학생들은 어디에서 얻을까? 어떻게 하면 모든 학생이 지도력을 발휘하는 경험을 맛볼 수 있을까? 인간으로서 겪는 이러한 더 복잡한 양상을 어떻게 하면 학생들이 문학·역사·과학·수학을 배우는 방식 속에 통합할 수 있을까?

일부 정교한 비디오게임이 대다수의 학교교육보다 확실하게 앞서나가는 지점은 바로 여기다. 샤퍼(Shaffer, 2006)는 시뮬레이션에 바탕을 둔 이런 게임 중 일부에 지식게임(epistemic games)이라는 이름을 붙인다. 이 게임을 하는 학생들은 과학에 관해 배울 뿐만 아니라, 과학자로서 과학을 탐구하는 법도 배운다. 그들은 과학자의 세계를 본뜬 과학적 절차를 사용하는 것은 물론, 행동규칙을 적용함으로써 여러 발견을 한다. 역사가·발명가·작가·화가가 되어 자신의 학문분야를 다룸으로써, 학생들은 자신의 기량을 갈고닦는 법뿐만 아니라 현실세계의 결과물로 가득한 세계에서 행동하고 상호작용하는 법도 배운다. 남들과 경쟁하거나 과제를 함께 해결함으로써, 그들은 행동하고 타협하며 개인적인 난제와 대인관계의 딜레마를 해소하고, 목표에 맞추어 일하면서 겪는 도덕적 및 윤리적 쟁점을 처리하는 방식을 접한다. 이런 게임은 사회적 세계와 학업을 통합하는 방법을 알려주는 완벽한 사례다. 이 둘은 현실세계의 경험이나 뇌에서 서로 동떨어져 있거나 별개로 있지 않다.

어떤 모습으로 바뀔까?

지금까지 말한 사항들을 학교의 학습환경에 적용하려면 가르친다는 것이 무엇인지에 대한 전혀 새로운 관점이 필요할 것이다. 이것이 바로 지각/행동 학습(Perception/Action Learning)과 유도경험교수법(Guided Experience Approach)이 제시하는 것의 핵심이다(15~18장). 그러려면 다른 유형의 사회공동체도 필요할 것이다.

한 예로, 우리 중 한 명인 조프리(Geoffrey)는 얼마 전에 콜로라도의 한 초등학교를 방문했다. 수학수업중인 한 교실로 들어갔을 때, 그는 처음에는 전통적인 방식의 수업이 이루어지는구나 생각했다. 학생들은 의자에 앉아 있었고 한 명이 칠판에 무언가를 적고 있었다. 좀 더 지켜보면서 그는 학생들 각자가 답을 칠판에 적고 서로 체계적으로 질문을 하고 의문을 제기하면서 전반적인 수업진행을 책임지고 있다는 것을 알게 되었다. 과정 전체가 질서 있게 진행되었고 학생들은 교실에서 벌어지고 있는 일에 온전히 참여하고 있었다. 이것은 학생들의 말소리가 들리고, 그들이 중요한 의견을 내고, 학생들이 자신의 공부와 생각으로 인정받는 탁월한 사례였다. 여기서 중요한 점은 수학에 초점을 맞추고 있는 동시에, 모든 기본적인 충동과 본능, 즉 소속욕구·인정욕구·안전욕구·집단 속에서 영역을 확보하려는 욕구가 충족되고 있었다는 것이다.

어디에서 시작해야 하는가?

결론은 단순하지만 실행하기는 쉽지 않다. 학생들은 학교에 배우러 오긴 하지만 하나의 독립적 인격체인 것이다. 그리고 한 인간의 '모든' 측면이 지각/행동 현상·지각/행동 사이클·지각/행동 학습에 참여한다. 위에 묘사한 가장 기본적인 성향은 학생의 학교생활 내내 작동한다. 기본 성향은 억압될 때에도 여전히 작동한다. 다만 밖으로 드러나지 않을 뿐이다. 따라서 우리는 그것을 억누름으로써 학습 이외의 다른 것에 주의를 돌리게 할 수도 있고, 그것을 인식하고 이를 작동시켜 학습에 활용할 수도 있다. 후자가 훨씬 어렵다. 하지만 그것이야말로 자연적 학습으로 나아가는 길이다. 그리고 그것은 모든 학생이 녹슬도록 방치하고 있는 잠재적 가능성에 접근하는 비결의 하나다. 이런 잠재력 역량을 활용하면 학생들은 즐겁게 학습할 수 있고 창의력과 혁신능력 및 고등사고력을 발휘할 수 있게 된다.

그러므로 학생의 타고난 성향을 자연스럽게 활용하고, 그 성향들이 더 적절한 형태로 발현되도록 이끄는 새로운 학습 및 교수접근법을 출발점으로 삼아야 한다. 4부에서 소개한 유도경험교수법을 통해 그 길의 첫 단계로 들어서보자.

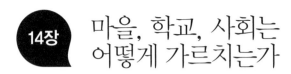

14장 마을, 학교, 사회는 어떻게 가르치는가

거울뉴런(mirror neurons)은 남을 지켜볼 때 발화된다(전기화학적으로 활성화된다 – 옮긴이).
예를 들어, 남이 머리를 긁거나 눈물을 훔치는 모습을 볼 때,
우리 뇌의 신경발화패턴 중 일부는 그것을 모방한다.
우리는 보고 있는 것에서 나오는 바로 그 정보를 우리 자신의 운동뉴런에 투사함으로써,
마치 스스로 그 행동을 하는 것처럼 남의 행동에 참여할 수 있다.

– 대니얼 골먼(Daniel Goleman, 2006, p. 42)

1950년대 초 TV가 일반 가정에 보급되기 시작하면서 한 가지 놀라운 일이
일어났다. 어린 소년들이 마치 카우보이 영웅인 양, '보이지 않는' 권총허리
띠를 차고서 '보이지 않는' 권총을 뽑는 흉내를 내기 시작했다. 나중에 아이
들이 끈덕지게 조르는 바람에 진짜 허리띠와 플라스틱 총이 생산되기 시작
했고, 아이들은 '서부에서 제일 빠른 총잡이'가 되겠다고 맹연습했다. 이 아
이들에게 카우보이·권총허리띠·총에 관해 직접 가르친 사람은 아무도 없
었다. 그들은 TV에서 영웅들이 활약하는 모습을 지켜보면서 배웠고, 자동
적으로 그들을 흉내내기 시작한 것이다.

더욱 놀라운 점은 어른들은 아이의 행동을 '귀엽다'라고 생각했을 뿐, 어
떤 일이 일어나고 있는지도 아이가 텔레비전이나 배우들의 행동을 보면서
자동적으로 무엇을 배우는지도 전혀 궁금해하지 않았다는 사실이다. 실제
로 어른의 반응은 대부분 TV에서 자극을 받은 그 역할을 더 해보라고 충동

질하는 것이었다.

이 사례에는 우리가 지금까지 논의한 요인들이 모두 관여하고 있다.

- 아이들은 상대적으로 의식의 통제를 거의 받지 않는 욕구와 욕망에 따라 움직이고 있었다. 위의 사례에서 입증된 한 가지 분명한 동기부여의 원동력은 자신에게 중요한 사람을 닮고 싶은 욕망이다.
- 타고난 성향이 활성화되었다. 구체적인 사항은 불분명하지만(개별 일화와 전개 양상에 따라 달라진다) 앞장에서 설명한 내용을 고려할 때, 자기 영역(자신의 집이나 땅에 해를 끼칠 만한 이들로부터 개인을 보호하는), 사회 집단, 지배와 복종('보안관'과 '악한') 같은 쟁점 사안들이 처리되고 있었다고 볼 수 있다.
- 모든 욕구·성향·행동은 아이가 다음과 같은 것을 했을 때 지각/행동 사이클이 되어 전개되었다. (1) TV프로그램을 자신에게 중요한 무언가로서 경험하고 (2) 자신이 본 것을 해석하고 (3) 결정을 내리고 (4) 무언가를 만들어내고('권총허리띠'와 '총'을 상상하고 '뽑는' 행위를 연습하고) (5) 자기 행동에 대한 피드백을 받고(감탄, 인정, 또는 반대) 배웠다.

우리는 지금 학습의 사회적 특성을 이야기하고 있으며 이 주제는 사실 다년간 깊이 연구되었다. 이 사고방식의 선구자 중 한 명은 비고츠키 (Vygotsky, 1993)로서 그는 아이가 남들과 외부의 의사소통을 경험한 뒤에야 내면의 목소리를 획득한다고 주장했다. 사회학자·인류학자·사회심리학자도 이 개념을 깊이 탐구해왔다. 그리하여 인지심리학에서는 '맥락적 인지 (situated cognition)'라는 개념, 즉 사람들이 자기 세계에서 지각하고 이해하고 참여하는 방식은 사회적 맥락에 깊이 영향을 받는다는 개념이 출현했다(Lave & Wenger, 1991).

사회적 학습의 생물학적 토대

새로운 연구에 의하면 모든 연령대의 학생은 남들이 제공하는 것 중 최상의 것과 최악의 것을 식별하고, 그대로 따라할 준비가 된 채로 태어난다. 실제로, 신념·태도·행동의 발달 중 상당수 아니 어쩌면 그 대부분이 생물학적 토대를 지닐는지도 모른다는 것이 이제는 알려져 있다. 그 토대란 남의 감정과 행동에 '반응하고' 그들의 행동을 예측하는 능력이다.

타인의 얼굴과 몸짓을 지각하여 흉내내고 그것을 즉시 부호화하듯이 자기 것으로 소화하는 뇌의 능력은 공감의 신경학적 토대가 된다. 다양한 방식과 수준이기는 하지만, 우리는 이를 통해 우리 자신의 행동과 대인관계를 구축할 수 있다(Rizzolatti & Sinigaglia, 2006, p. 192).

거울뉴런 연구는 오래된 격언인 "아이는 어른의 말이 아니라 행동을 보고 자란다"를 강력하게 뒷받침한다.

거울뉴런

1장에서 짧게 소개한 바 있고 이 장의 첫머리에 실린 골먼(Goldman)의 인용문에도 나와 있듯이, '거울뉴런(mirror neurons)'은 관찰자의 뇌에서 행위자의 뇌에 있는 뉴런과 동일하거나 비슷한 방식으로 반응하는 뉴런을 말한다. 거울뉴런은 남의 행동과 감정표현 양쪽에 반응하며, 종종 남의 행동과 감정을 무의식적으로 흉내내고 경험하고 채택한다.

거울뉴런은 매우 중요한 역할을 한다. 특히 개인이 한 직업의 문화를 '받아들이고', 더 나아가 어느 특정 전문분야의 미묘한 특징들을 숙달할 때 그렇다. 대니얼 골먼(Daniel Goleman, 2006)은 다음과 같이 말한다. "거울뉴런은 감정 전염과 사회적 동조에서부터 아이가 배우는 방식에 이르기까지 삶의 엄청나게 많은 영역을 설명한다"(p. 42).

한 가지 사례가 있다. 어느 고등학교교사 현장교육에서 교사들이 극장식 대강당에 줄지어 앉아 있었다. 강연자는 모두가 자리에 앉고 조용해질 때까지 기다렸다. 그는 한두 가지 농담으로 분위기를 살린 뒤, 교사들을 둘러보면서 물었다. "제가 강의하는 동안 채점작업을 할 작정을 하고 오신 분이 얼마나 되나요?" 그가 솔직하게 말하라고 잠시 구슬리자 몇 명이 좀 당혹스러운 표정으로 손을 들었다. 이어서 그는 강의가 지루해지면 읽으려고 아침신문을 들고 온 사람은 얼마나 되는지 물었다. 정직하게 답변해도 괜찮겠다는 생각이 들자 교사들은 아주 서서히 손을 들었다. 그 다음에는 차라리 밖으로 나가서 아침식사를 느긋하게 하거나, 교무실에 남아서 중요한 일이나 하는 것이 낫겠다고 생각한 사람은 얼마나 되는지 물었다. 흥미나 관심이라곤 없는 강연을 들으면서 이 강당에 앉아 있으려는 사람이 거의 없다는 것이 명확해지자 더 많은 교사가 손을 들었다. 몇 초 동안 잠자코 있다가 그는 교사들을 둘러보면서, "교실에 앉아 있는 학생들도 여러분과 똑같이 생각하지 않겠습니까?"라고 물었다. 농담을 하는 방식이나 인정을 받으려는 태도나 인기를 얻거나 '멋져 보이려는' 행동 면에서, 고등학교교사들이 학생들과 다를 바 없이 행동하는 경우를 이따금 볼 수 있다. 이것은 학생들과의 지속적이고 친밀한 관계가 교사의 가치관과 행동에 어느 정도 영향을 미칠 수 있다는 가능성을 의미하는 것은 아닐까? 시간이 흐르면서 긍정적 방향과 부정적 방향 양쪽으로 말이다.

비록 인간관계와 사회적 맥락이 인간의 발달과 사회적 학습 둘 다에 큰 영향을 미친다는 데 대부분의 연구자가 동의하긴 하지만, 거울뉴런의 세부내용에 모두가 동의하는 것은 아니다(Lingnau, Gesierich, & Caramazza, 2009). 이와 관련해서 언급해둘 점은 거울뉴런은 더 큰 신경연결망과 긴밀히 연계되어 있다는 점이다. 이런 연결망은 맥락과 개인의 과거경험과 연계되어 전기화학적 발화를 일으킨다.

자코모 리졸라티(Giacomo Rizzolatti)의 이탈리아 연구진이 처음 거울뉴런 연구결과를 발표한 이래로 이 분야는 급속히 발전하고 있다. 현재 거울뉴런은 더 복잡한 학습에도 관여하는 것으로 보인다. 거울뉴런은 가정에서 그리고 부모 및 또래와의 상호작용 속에서 아이의 삶의 모든 측면에 작용한다. 이것은 의사소통·사회적 상호작용·적절한 감정표현·언어사용의 방식을 숙달하는 데 필수적인 것으로 보인다. 사실, 거울뉴런은 남의 신념을 이해하고 그 신념을 자신의 신념으로 번역하는 데 필요한 것 같다. 이것은 갈등과 도덕적 딜레마에 대한 반응에도 영향을 미칠 수 있다. 일부 과학자가 '마음이론(theory of mind, 신념, 욕구 등의 마음상태를 자신 및 타인과 연관 짓고 타인의 마음상태를 이해하는 능력 – 옮긴이)'이라고 하는 것을 아이가 구축하는 데 실질적으로 도움을 줄 수도 있다(Cozolino, 2006; Meltzoff & Gopnik, 1993). 마음이론이 있기에 우리는 남들이 무엇을 하거나 원하거나 알고 싶어 하는지를 느낄 수 있으며, 그 덕분에 아이든 어른이든 모두 자신의 환경을 읽어낼 수 있다. 따라서 학습자에게 마음과 행동이 어떠한 관계에 있는지 경험할 수 있는 기회를 많이 주면, 이들은 대안적 해법을 개발하고 가능한 행동의 결과를 예측할 수 있게 된다.

거울뉴런이 의미하는 바는 우리가 지각/행동 학습의 단계들을 거칠 때, 중요한 사람들로부터 경험하는 것이 우리의 신경망에 깊이 새겨지고, 우리의 반응 방식과 장래의 행동에 영향을 미친다는 것이다. 그리고 상대방이 우리와 더 가까운 사람일수록, 우리는 그들의 행동을 택할 가능성이 더 높다(Rizzolatti & Sinigaglia, 2008; Rowe, 2009). 근접성도 중요하지만 흥분·고조된 감정·신뢰·지위·친밀도도 중요하다(Iacoboni et al., 1999). 중요한 사람이 취한 폭력·마약·섹스에 대한 태도뿐만 아니라, 친절함·연민·심지어 독서애호까지도 아이의 삶에 영향을 미친다. 이것은 굳이 상상력을 발휘하지 않아도 짐작할 수 있다. 앨프레드 밴두러(Alfred Bandura, 2000)도 오래 전에 이점을 지적했다.

비록 거울뉴런이 어떻게 자체적으로 조직되는지 아직 이해하지 못한 부분이 많긴 하지만, 연구자들이 밝혀낸 것은 거울뉴런이 아래의 몇 가지 중요한 영역에서 핵심적인 역할을 할 가능성이 높다는 점이다.

- 타인의 의도 이해, 즉 누군가가 무엇을 하려고 하는지를 마음속으로 예측(Fogassi et al., 2005; Meltzoff & Gopnik, 1993; Iacoboni et al., 2005)
- 모방과 모델링을 통한 학습, 여기에는 문화적 전달을 수반하는 모든 학습과 언어가 포함됨(Arbib, 2006; Iacoboni et al., 1999; Rizzolatti & Arbib, 1998; Tettamanti, Buccino, Succuman, Gallese, Danna, Scifo et al., 2005)
- 엄마와 아이 사이의 유대 및 아기가 태어난 직후부터 흉내를 내는 것 (Cozolino, 2006; Falck-Ytter, Gredeback, & Hofsten, 2006)
- 인류문화의 진화와 후대로의 문화 전달(Cantrell, 2006)

거울뉴런은 감정과 행동이 섞인, 대체로 무의식적인 수많은 반응을 잘 설명한다. 축구경기를 지켜보는 관중이 경기장에서 벌어지는 일에 거의 동시에 '일제히' 원초적인 반응을 일으키는 것이 그 한 예라 할 수 있다. 무대 위의 춤꾼을 지켜보다가 몸이 자동적으로 반응하는 느낌이나, 남이 자신의 정서와 감정을 이해한다고 '느껴지는 느낌(Siegel, 1999)'도 그런 예다.

거울뉴런과 감정 - 더 상세히 살펴보기

거울뉴런 체계가 감정적 연결에 깊이 관여함을 보여주는 연구가 있다. 이 과정을 다양한 방식으로 기술해보면 그 연결이 얼마나 깊이 이루어져 있는지가 드러난다.

- 사람들은 자신의 반응을 자각하거나 분석하지 않고도, 남들의 감정을 그냥 파악할 수 있는 역량을 어느 정도는 갖고 있다(Iacoboni et al., 1999; Siegel, 1999). 따라서 거울뉴런은 공감의 발달에 관여한다. 다시 말해서, 남의 감정을 이해하고 남들과 공존할 수 있도록 사회적 감정을 겪고 사회적 의미를 이해하는 데 관여한다(Decety & Jackson, 2004; Preston & de Waal, 2002).

- 거울뉴런의 주요 연구자 중 한 명인 자코모 리졸라티(Giacomo Rizzolatti)는 거울뉴런이 "개념적 추론이 아니라 직접 모사를 통해, 즉 생각이 아니라 느낌을 통해 남의 마음을 이해할 수 있게 해준다."고 주장한다(Blakelee, 2006에서 인용). 이 말은 거울뉴런 체계가 활성을 띠면 남의 슬픔이나 분노를 볼 때 슬프거나 화나는 것처럼, 남의 실제 감정상태를 모사하는 반응이 촉발되는 것 같다는 의미다(Iacoboni et al., 1999).

- 대니얼 골먼(Daniel Goleman, 2006)은 더 나아가 우리가 경험하는 것이 말 그대로 전염성을 띤 감정이라고 말한다. 대니얼 시걸(Daniel Siegel, 1999)과 마찬가지로, 그도 이것이 타인이 뭔가를 하거나 우리에게 말하는 것을 우리가 따라하고 타인과 '동조'를 유지하는 방식이라고 강조한다. "우리는 '느끼다'는 단어의 가장 폭넓은 의미에서 타인을 '느낀다'. 타인의 행동이 우리의 내면에서 일어날 때 우리는 그들의 정서·움직임·감각·감정을 느낀다"(Goleman, 2006, p. 42).
- 거울뉴런은 남들의 행동을 북돋우는 마음상태를 이해하는 것에도 관여한다(Iacoboni et al., 1999).
- 괴롭힘을 당하는 아이가 왜 종종 자기보다 서열이 낮은 아이를 괴롭히는 쪽에 서곤 하는지, 또는 알코올중독자나 아동학대자의 아이가 그런 사람들과 그들의 행동에 인지적으로 혐오를 표출함에도 불구하고, 어른이 되었을 때 왜 비슷한 사람에게 끌리곤 하는지 그 이유를 거울뉴런이 언젠가는 설명해줄지도 모른다.
- 거울뉴런은 감정적으로 반응하는 것에 관여하기 때문에, 매체를 통해 접하는 폭력장면 같은 것에 우리가 의식적인 통제력을 발휘하지 못하게 만든다(Hurley, 2006b).

개인이 자신에게 중요한 의미를 갖는 주변 사람들을 지켜볼 때, 그의 뇌와 마음은 행동하는 법, 감정을 표현하는 법, 일반적으로 주변의 사건과 경험을 예견하고 그것에 반응하는 법을 익히게 된다.

폭력의 영향

거울뉴런 연구결과를 진지하게 받아들일 경우 우리가 도달하는 결론은, 폭력을 늘 접하거나(어린 카우보이들을 떠올려보라), 포르노나 약물(처방된 약물이든 마약류든 간에)에 노출되는 것이 설령 오락으로 포장된 형태라고 해도 유해하다는 점이다. "실험실이라는 통제된 환경에서 아이들을 대상으로 한 실험결과는 명확하고 확실하다. 즉, TV 등을 통해 폭력물에 노출되면 이는 모방폭력에 강력한 영향을 미친다"(Iacoboni, 2008, p. 206).

그렇기는 해도 거듭 강조해서 말하자면, 아동·청소년들이 건전한 어른 및 또래와 정서적으로 끈끈히 연결되거나 대화를 나누면, 많은 현안 문제를 장기적 관점에서 넓게 바라볼 수 있고, 폭력적인 것에 노출되더라도 이로부터 받을 부정적인 영향을 방지할 수 있다.

어떤 현상을 더 명확히 이해하려면 연구결과를 올바로 활용하는 것이 중요하다. 예를 들어, 폭력에 노출되는 것이 어떤 영향을 주는지가 단기적인 연구에 의해 나온 것이라면, 이것이 인과관계를 정확히 밝힌 것이라고는 믿기 어렵다. 하지만 장기간에 걸친 변화를 살펴보는 종단연구(longitudinal studies)는 훨씬 더 신뢰할 수 있으며, 이런 연구결과들이 이미 나와 있다. 마르코 야코보니(Marco Iacoboni, 2008)의 설명에 의하면, 1960년대에 약 1,000명의 어린이들을 대상으로 시작한 한 연구결과는 다음과 같은 상관관계를 입증했다. 즉, 매체의 폭력장면을 시청하면서 일찍 폭력에 노출된 아이들일수록, 어른이 되었을 때 더 폭력적이고 반사회적인 행동을 보인다는 것이다. 연구진은 1차로 10년 뒤인 고등학교 졸업 때까지 아이들을 추적했고, 이어서 다시 10년을 더 추적했다(총 23년 동안). 매체를 통해 폭력장면과 공격적인 행동을 일찍 접하는 것이 30세에 저지르는 범죄행동과 높은 상관관계가 있었음을 연구결과는 명확히 보여주었다. 이 연구는 아동폭력, 교

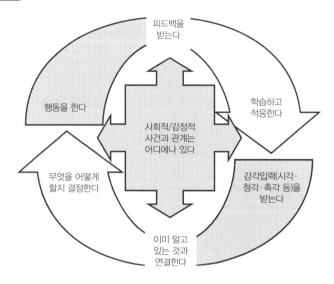

육 및 사회계층을 비롯한 다른 주요 변수들을 통제한 상태에서 이루어졌다.

> 매체폭력이 모방폭력에 미치는 효과는 남녀 모두에게서, 본래 공격적인 성
> 향이 있든 그렇지 않든 간에, 또 인종에 상관없이 취학 전 아동에서부터 사춘
> 기 청소년에 이르기까지 모든 아이에게서 관찰된다. 이 연구결과는 대단히
> 설득력이 있다.(Iacoboni, 2008, p. 206)

폭력에 초점을 맞춘 매체와 비디오게임을 오락형태로 제작하고 홍보하
는 일에 종사하는 사람들은 이런 상관관계 연구가 인과관계를 입증한 것은
아니라고 주장하곤 한다. 하지만 야코보니(Iacoboni)가 지적하듯이, 흡연과
폐암, 석면노출과 암, 뼈의 질량과 칼슘섭취를 연관 짓는 견해에 문제가 있
다고 여기는 사람은 거의 없다. 그는 이 사례들보다 폭력과 매체의 상관관

계가 훨씬 더 높다고 강조한다.

　비록 인간이 합리적인 결정을 하고 자신의 행동결과를 예측할 수 있다고 할지라도, 생물학적 성향과 깊이 결부된 사건들에 영향을 받지 않는다고 가정하는 것은 어리석은 짓이다. 우리는 이 사건들이 대체로 우리 모두에게 무의식적으로 효과를 미친다는 것을 서서히 이해하기 시작했다. 아리엘리(Ariely, 2008, p. iii)는 "우리의 결정을 빚어내는 숨은 힘"이 있다고 말한다. 우리가 지극히 합리적이고 완전한 선택의 자유를 누린다는 생각은 여러 학문분야에서 도전을 받아왔고, 지금은 신경과학 분야에서 계속 도전받고 규명되고 있는 중이다. 따라서 5장과 6장의 결론이 시사하듯이, 말 그대로 우리의 경험 자체가 우리 자신이 된다. 도표 14.1은 원래의 지각/행동 사이클(6장) 도표를 확장한 것이다. 우리는 여기에 사회적 맥락을 포함시켰다. 그것이 실제로 대단히 강한 영향을 미치기 때문이다. 거울뉴런 연구결과들을 볼 때, 노골적으로 위험한 행동을 하는 어른이나 또래와 함께 지내는 것이 어린이들에게 심각한 영향을 끼치리라는 것을 누가 의심할 수 있겠는가? 특히 부모나 문화, 혹은 정서적으로 건강하고 자신을 돌봐줄 중요한 어른들과 유대관계를 거의 맺지 못하거나 전혀 맺지 못하는 가장 취약한 아이들에게 미치는 해악은 의심할 여지가 없다.

교육에 어떤 의미가 있는가?

사회적/감정적 맥락과 거울뉴런의 힘은 상호작용하면서 두 가지 중요한 방식으로 학습자에게 영향을 미친다.

- 첫째는 교육자(그리고 다른 사람들)의 인격과 관계가 있다. 학생은 타인의 인격을 모델로 삼는다. 즉, 타인이 자신의 인격발달에 영향을 미칠 수 있다.
- 둘째는 교육과정과 성취기준 및 전문지식을 경험하고 이를 본보기로 삼는 방식과 관계가 있다. 이것은 학생이 학업내용을 실제 어떤 방식으로 접하는가를 가리킨다. 다시 말해서, 단순히 학업능력을 어떻게 제시하느냐가 아니라 어떻게 본보기로 삼느냐와 관련이 있다. 예를 들어, 권위 있는 지식뿐만 아니라 열정과 확신이 교사에게서 강력하게 조합된 모습으로 보일 수도 있다.

요컨대, 학생이 올바른 인간으로 성장하고 어떤 분야에서 탁월한 성취를 이루고, 생각하고 계획하고 예측하고 결정하고 자기관찰을 할 수 있는 상위 인지능력을 개발하기를 원한다면, 우리는 학습환경에서 학생이 이 모든 것을 경험할 수 있게 하고, 그들에게 중요한 또래와 어른을 본보기로 삼을 수 있도록 해야 한다(Sternberg, & Grigorenko, 2001).

약 30년 전 레나트 케인(Renate Caine)은 이 점을 명확히 보여준 바 있으며, 거울뉴런은 그녀의 연구결과 중 많은 부분을 설명할 수 있다. 그녀는 교사가 '나-메시지(I-messages)'와 적극적 경청(active listening)기법을 이용했을 때(Gordon, 1975), 학생의 자아개념과 학교 및 교사를 향한 태도에 어떤 영향을 미칠지에 초점을 두고서 연구했다. 나-메시지를 이용하는 교사는 "네가 이런 행동을 할 때마다..."라고 말하는 대신에 "이런 일이 일어날 때마다 나는 실망을 해"라는 식으로 말한다. 이 연구에서 '적극적 경청'이 주로 의미하는 것은 토론을 시작하기 전에 학생의 말이나 설명을 더 분명하게 고쳐 말하는 것이다.

이 연구에서는 교사들을 두 집단으로 나누어서 대조했다. 한 집단은 나-메시지와 적극적 경청을 활용하는 교육을 받은 뒤, 그것을 6개월 동안 학생들에게 적용했다. 다른 집단은 대조군 역할을 했다. 그들은 기존에 하던 방식대로 학생과 의사소통을 했다.

6개월 뒤 '나' 메시지와 적극적 경청을 활용한 교사의 반 학생들에게서 자존감과 학교 및 교사를 대하는 태도에 유의미한 긍정적 변화가 일어났다. 이러한 태도변화는 중요하다. 이것은 성취와 긍정적인 상관관계를 이루기 때문이다.(Martin & Dowson, 2009)

이 연구를 통해서 그녀는 우리의 전문성 개발방식에 깊이 배어 있는 무언가에 지금까지도 확신을 갖게 되었다. 우리가 미심쩍어 하는 부분은 교사의 행동과 상호작용이 엄청난 잠재력을 지닌 것인지, 또 교사가 존중·교과지식·전문성 면에서 어떻게 본보기가 되느냐, 그리고 학생의 말에 얼마나 귀기울이는지가 과연 중요한 것인가 하는 점이다. 학생들에게 학구열과 면학정신에서 본보기가 되는 교사들에게도 이 효과가 동일하게 나타날 수 있을까?

교사가 학습에 미치는 영향을 살펴본 이 연구의 결과는 긍정적이기도 하고 부정적이기도 했지만, 이것은 교사를 자신과 얼마나 동일시하고 좋아하고 존중하느냐에 따라, 학생마다 교사의 영향이 달라질 수 있음을 시사한다. 회복력 연구(Gillham, 2000)에서도 입증된 바, 영향력 있고 애정이 넘치고 든든하게 지원해주는 사람이 인생에 단 한 명만 있어도 학생의 삶에 중요한 차이를 만들어낼 수 있다. 따라서 개인적인 연결과 존중 혹은 존경은 중요하다. 학생이 또래의 압력에 어떻게 영향을 받는가 혹은 받지 않는가라는 문제에도 같은 말이 적용될 수 있다.

인성 발달

교사·부모·관리자의 인품과 성격뿐만 아니라, 그들이 얼마나 식견 있고 배려하고 정서적으로 건강한 사람인가 하는 문제는 일반적으로 생각하는 것보다 훨씬 더 중요하다. 어느 정도 남을 따라하려면 상대와의 관계를 파악하는 감각이 필요하기 때문이다. 성의 없는 가르침은 물론이고, 빈정거리거나 전혀 배려하지 않고 학생의 학습을 심하게 비판하는 태도는 학생이 어느 수준까지 깊이 있게 학습하느냐에 영향을 줄 수 있다. 교육자는 바람직한 행동의 본보기가 되어야 한다. 이를 통해 학생들은 건강하고 협력하고 동정심이 있고 전인격을 갖춘 인간으로 발달할 수 있다.

학생이 어떤 사람과 접하고 어떤 내용을 접하는지도 매우 중요하다. 특히, 청소년은 정체성 문제를 겪기 시작할 때 '멋지다'고 생각하는 것에 의해 영향을 받는다. 어린아이에서 어른으로 정체성이 바뀌는 길은 불안과 불확실성으로 점철될 수 있으며, 불안과 불확실성은 스트레스 요인이고 하위 경로로 유도하는 강력한 힘이다. 하지만 학생들이 자신에게 무슨 일이 일어나고 있는지를 자각하게 된다면, 그들은 성찰과 고등사고력을 동원하여 스스로 결정하는 법을 배울 수 있다. 이렇게 새롭게 이해한 내용이 유도경험교수법(Guided Experience Approach)의 핵심을 이룬다. 그리고 유도경험교수법은 교육자가 무엇을 바꾸어야 할지 지침을 제공한다.

언젠가는 밈(meme)을 거울뉴런의 작용이라고 이해하게 될지도 모른다. 밈의 무의식적 각본은 우리가 하는 일의 상당 부분을 좌우하며, '자동적인' 행동을 할 때 더욱 그렇다. 하지만 우리는 행동을 좌우하는 밈의 미묘한 힘을 알아차리지 못하는 경우가 많다."(Goleman, 2006, p. 46)

거울뉴런 측면에서 말하자면, 우리는 누가 영향을 받을지 또는 어떻게 영향을 받을지 구체적으로 예측할 수 없다. 다만 분명한 것은 아이들의 주변에 있는 사람들이 정서적으로나 사회적으로나 건강하고, 가급적 아이들이 모방했으면 하는 기술(skill)들을 소유해야 한다는 점이다. 복잡한 세계에서 이것이 과연 가능할까? 그래도 우리는 이것을 위해 노력해야 한다고 답할 것이다. 젊은 세대가 파괴적인 영향에 노출되는 대가는 너무나 크기 때문이다.

학생들에게 끊임없이 퍼붓는 모든 영향을 가시적으로 드러낼 필요가 있다. 학생들의 사고를 자극하는 책임감 있고 유능한 어른과 민감한 현안에 대해서 솔직하게 토론하고 논의하는 것이 중요하다. 신뢰할 수 있는 어른이나 자신이 존중하는 또래들과 함께 가정에서 혹은 특별토론회에서 마약·인종갈등·폭력·섹스 같은 쟁점들에 관해 자신의 의견을 말할 기회를 갖는 것으로도 학생들에게 큰 도움이 된다. 하지만 중독된 학생들이라면 전혀 다른 문제가 된다. 생리기능이 중독에 일단 장악되면 훨씬 더 강력한 문제가 발생하기 때문이다.

탁월한 교사모델과 성취목표에 몰입

이런 교사를 상상해보자. 수학을 그저 하나의 과목으로서만 가르치는 것이 아니라, 가르치는 일 자체를 사랑하고 학생을 사랑하며 수학이 현실세계에서 어떤 의미를 갖는지 생생하게 보여줄 수 있는 교사라면 어떨까? 이런 교사와 함께라면 학생들은 열정이 거의 없는 교사의 수학수업이나 교과서에서는 좀처럼 만나기 어려운 유형의 수학적 사고를 직접적으로 경험할 수 있을 것이다. 이때 학생들은 수학을 배우고 있을 뿐만 아니라, 거울뉴런은 그들이 수학과 사랑에 빠지고 있는 것을 알아차린다.

교육자들은 인간의 뇌가 배우는 수많은 자연적 방식으로 학생을 참여시키는 동시에, 특정 내용이나 기술을 교육과정에 현명하게 통합시킬 방법을 배워야 한다. 몰입과 사회화가 전문성을 개발하는 데 중요한 역할을 한다는 설득력 있는 증거가 있다. 분명한 것은 전문성 개발에 없어서는 안될 한 가지 핵심 요소가 몰입이란 점이다. 또한 전문성 개발에는 동기부여와 장기간에 걸친 세심한 연습도 필요하지만, 아이디어·개념·절차·실행의 탐구·모델링·논의·삶 속에서의 실제적 체험 등도 반드시 필요하다(Lave & Wenger, 1991; Mieg, 2006). 이 개념은 전문학습공동체(communities of practice)라는 개념을 통해 가장 잘 표현되었으며(Wenger, 1998, 2008), 지금은 대규모 기관에서 전문성 개발이라는 이름하에 이루어지는 활동 가운데 선구적인 과정으로서 유행하고 있다. 또 그것은 지속적으로 학습함으로써 자신의 전문성을 주도하려는 교육자들에게 우리가 '학습과정성찰모임 (Process Learning Circles)'을 추천하는 한 가지 이유이기도 하다(Caine & Caine, 2010).

사실상 이와 같은 학습공동체 개념은 읽기의 세계에서는 오래 전부터 두드러지게 나타났다. 예컨대, 분명한 점은 읽기를 배울 준비가 가장 잘 된 채 취학하는 아동은 집안에 읽을거리가 많은 가정 출신이라는 점이다. 읽기능력을 개발하는 가장 좋은 방법 중 하나는 모든 교과에서 읽기연습을 강조하는 것이다. 아이들은 단순히 '과학적으로 검증된' 하나의 읽기기술을 써서 읽는 법을 배우는 것이 아니다. 그보다는 오히려 사회적 학습환경 속에 푹 빠짐으로서 읽기를 배우는데, 여기에서는 모든 학습의 필수적인 부분으로서 읽기를 하게 된다. 아이들은 보고 지각하고 경험하는 읽기과정을 그대로 따라하며 이를 통해서 읽기의 과정을 배운다. 총체적 언어학습(whole language learning)은 이점에 있어서 놀라울 정도로 탁월했고 지금도 그렇다(Goodman, 2005). 몇 년 전 제롬 하스트(Jerome Harste, 1989)의 연구에서 입증된 바에 의하면, 아동이 독자로서 경험의 일환으로 읽기에 완전히 몰입하는 동안 특정 읽기기술을 끼워넣는 것이 매우 효과적이다. 이를 통해 아동은 특정한 기술을 자연스럽게 익히는 것은 물론 내용을 진정으로 즐길 수 있게 된다.

읽기를 배우는 데 가장 확실하면서 어느 한 분야나 직업의 전문가가 되는 데에도 효과적인 이 방식은 교육과정의 모든 과목에 적용된다. 교육자가 사용할 수 있는 최상의 방안 중 하나는 그 과목을 일상생활에서 진짜로 적용할 기회를 학생들에게 제공하는 것이다. 수학을 추상적인 공식으로만 가르칠 게 아니라, 현실에 응용하는 법을 아는 것이 교사에게 훨씬 중요한 것은 바로 이런 이유에서다. 지식과 기술을 실제 상황에 더 자연스럽게 녹여낼수록 학생에게는 학습이 더 쉬워진다. 학교에서 학생들이 직접 참여해서 규칙을 만들고 절차에 합의하는 경험을 갖는 것이 민주주의의 핵심원리를 실제로 이해하느냐 못하느냐에 큰 영향을 미치는 것 또한 바로 이런 이유에서다.

Natural Learning for a
Connected World

4

유도경험교수법

15장 유도경험교수법의 실행:
세 가지 핵심 요소

이 책에서 우리는 뇌가 여러 작업을 동시에 처리할 수 있는 병렬처리장치라는 사실을 살펴보았다. 이전 장들에서 살펴보았듯이, 지각/행동 학습(Perception/Action Learning)은 뇌·몸·마음을 동시에 동원한다. 교육자는 소위 유도경험교수법(Guided Experience Approach)이라는 교수방식을 통해서 이 과정을 최적화할 수 있다. 유도경험교수법에서는 학업내용·기술·생각·행동을 혼합하여 지도해야 한다. 한편, 학생들은 안전하고 건강한 교육환경에서 지속적으로 관찰되며, 개인적으로 의미 있고 중요한 어떤 것을 만들려는 의욕에 차 있다.

　3부에서 우리는 학생들이 아예 사용하지 않거나 덜 사용하는 여러 잠재능력은 물론, 그들의 지각/행동 학습을 가로막는 숨겨진 요인들을 살펴보았다. 여기에는 깊이 있는 학습이 불가능한 마음상태, 학습자들에게 흥미와 도전의식을 불러일으키지 못하거나 의미를 주지 못하는 교육과정, 외부에서 통제되고 대체로 총괄평가에 의존하는 교육관행이 포함된다. 우리는 소화를 하나의 예로 들어서 전통적인 교수법과 유도경험교수법을 비교한 바 있다. 지금까지 우리가 해왔듯이 연구를 상세히 설명할 때의 문제점은 교육자가 한 번에 한 가지씩 다루기에는 그 내용이 너무나 많다는 것이다. 따라서 유도경험교수법을 지탱하는 확고한 토대를 제공할 수 있도록 이 연구성과들을 연결하고 통합할 필요가 있다.

이 과제를 해결할 열쇠는 1991년에 우리가 처음 내놓은 개념에 들어 있는 것 같다. 즉, 서로 겹치는 다음의 세 가지 일반 요소를 통합해야 교육자가 효과적으로 지각/행동 학습을 활용할 수 있다는 개념이다.

유도경험교수법을 지탱하는 세 가지 기본 요소

여기서는 논의를 위해 유도경험교수법의 세 가지 기본 요소를 따로따로 설명하고 있지만, 지각/행동 학습의 단계들이 활성화되려면 교실에서는 그것들이 함께 작용해야 한다는 점에 유념하자.

학습에 최적화된 마음상태, 편안한 각성상태

모든 학습은 학습환경에 스며드는 학습자의 마음상태와 분위기 및 문화에 의해 영향을 받는다. 여러 분야에 걸친 우리의 연구, 특히 10장과 11장에서 이끌어낸 결론(동기부여와 마음상태에 관한)에 따르면, 학습을 위한 최적의 마음상태와 분위기는 이른바 '편안한 각성상태(relaxed alertness)'라는 것이다.

편안한 각성상태는 개인과 학습공동체 전체에서 무력감이 비교적 적고 위협수준이 낮으며, 높은 도전의식(높은 내적 동기부여)과 높은 기대수준이 조화를 이룬 상태이다(상위 경로). 이런 마음상태를 만들어내는 또 다른 방법은 유능감·자신감·내적 동기부여·도전의식을 고루 갖추도록 하는 것이다. 이런 마음상태에 있을 때 학생들은 학습할 준비가 되어 개인적으로 관심 있는 질문을 하면서 새로운 교과내용이나 교육과정에 반응을 보일 수 있다.

편안한 각성상태를 만드는 데 핵심이 되는 기반은 질서 있고(하지만 엄격하지는 않은) 배려하는 공동체이다. 이런 공동체에서만 서로 존중하고 잘 짜인 절차를 기반으로 건강한 관계가 형성되고 유지될 수 있다. 여기서는 긍정적인 관계를 만들고 유지하는 데 지속적으로 주의를 기울이기 때문에, 긍정적인 관계를 토대로 공동체 전체에 상호존중의 분위기가 조성된다. 모든 사람의 의견을 모아서 만든 경계이므로 어른이든 아이든 서로의 경계를 존중한다(Caine & Caine, 1997a, 2010)

복잡한 경험에의 잘 설계된 몰입

지각/행동 학습에 반영된 많은 절차와 학습능력을 동시에 활발히 활용하게 하는 유일한 방법은 경험을 정교하게 설계하는 길뿐이다. 지각/행동 학습은 물리적 및 사회적 맥락 속에서 몸·뇌·마음을 활성화한다. 하나의 생명을 가진 조직시스템으로서 학습자에게 있는 모든 구성요소가 상호작용을 한다. '경험'이란 바로 이런 것이다.

이것을 교육에 적용하는 방법은 교과내용이 내재된 경험에 학습자가 몰입하도록 경험을 잘 설계하고 연출하는 것이다. 실제로 경영·사업·전문적인 직업세계는 바로 이런 식으로 작동한다. 이런 세상에서 역량을 발휘하려면 개인적인 몰입이 필요한데, 이를 위해서는 특정 목적을 위한 특정 기술 (skill)과 일련의 지식을 갖추어야 한다.

우리가 다시 한 번 강조하고 싶은 것은 여기의 어떤 것도 정보의 전달·직접적인 지도·연습·반복 등의 중요성을 평가절하하려는 게 아니란 점이다. 다만 이 모든 것이 학습자의 더 큰 경험에(세상을 살아가면서 실제 삶의 다양한 상황에 적용할 때 – 옮긴이) 기여하는 의미 있는 방식으로 통합되어야 한다는 점을 말하려는 것이다. 결과적으로 학생들은 수학지식이나 역사적 사실을 단순히 습득하는 대신에 수학적 '사고'나 역사적 '사고'로 세상을 바라볼 기회를 얻게 된다.

경험의 능동적 처리과정

비록 학생이 경험을 통해 많은 것을 배울지라도, 연습과 적용을 올바로 하지 않는다면 새로운 개념·학업습관·기술·절차를 자동적으로 숙달하지는 못한다. 연구결과는 다음과 같은 사항을 더 분명하게 해준다.

- 지각/행동 사이클을 한 차례 시행하는 데는 새로운 패턴의 식별이 필요하고, 또 현상을 상세히 관찰하기 위해 많은 시간도 소요된다.
- 좋은 학습자가 된다는 것은 어느 정도는 자신의 학습을 책임지고 집행기능을 동원할 수 있다는 의미이며, 집행기능의 한 가지 측면은 상위인지다(Perfect & Schwartz, 2002).
- 즉시 형성되는 기억도 있지만 장기기억의 형성은 반복 훈련과 정보를 심층적으로 처리하는 것이 핵심인 것으로 알려져 있다(Craik & Lockart, 1975).

피드백을 받고 요약하고 생각하고 질문하고 조사하고 부가정보를 얻어 다른 관점에서 보고 자신이 경험하고 있는 것을 처리할 많은 기회를 학생들에게 보장해주는 것이 교사의 핵심 과제다. 이 과정은 교사와 또래 아이들, 그 밖의 사람들이 하는 질문과 교사의 안내를 받아 이루어진다.

능동적 처리과정(Active Processing)이란 학생 자신의 경험이 자기 안에서 재구성되도록 지속적으로 성찰하는 과정을 말한다. 따라서 능동적 처리과정은 끊임없이 지각/행동 학습의 각기 다른 측면을 풍요롭게 하고 깊이를 더하면서, 계속적으로 지각/행동 사이클이 완결되고 다시 시작되도록 만든다. 게임참가자들이 점점 더 깊이 게임에 빠져들면서 친구들과 온라인상에서 벌이는 토론은 이 과정의 완벽한(비록 낮은 수준일 때가 많지만) 사례다. 이와 같이 지속적인 의견 교환과정에서 그들은 각기 다른 맥락에서 출현하는 비슷한 기술을 다양한 층위에서 경험한다.

유도경험교수법의 세 요소는 상호작용하면서 춤을 춘다

이 세 가지 요소는 어떤 학습상황에서든 자연적으로 활성화되며 병렬적으로 작동한다. (1)마음상태와 사회적/정서적(social/emotional) 맥락은 상호작용을 하며 (2)지적/지도적(intellectual/instructional) 맥락의 중요한 부분이다. 그리고 지적/지도적 맥락은 (3)지속적이고 역동적인 새로운 학습과정에 영향을 미치고 그것과 상호작용을 한다. 이때, 지속적이고 역동적인 과정이란 새로운 학습에 대한 피드백과 학습내용의 응고화(consolidation, 단기기억을 장기기억화하는 과정 - 옮긴이)를 극대화하는 것을 말한다.

이 세 요소는 각각에 영향을 미치고 서로를 형성하기 때문에 모두 있어야 한다. 복잡한 경험에의 잘 설계된 몰입(Orchestrated Immersion in

Complex Experience)이 일어나려면, 본질적으로 건강한 관계로 이루어진 공동체가 있어야 한다. 또한 능동적 처리과정은 복잡한 경험과 건강한 관계에 달려 있다. 이는 건강하고 철저한 피드백이 확실히 이루어질 수 있기 위해서이며, 학습자는 이런 피드백을 통해 자율적 학습자가 될 수 있다.

두 가지 운영 사례

나름의 방식으로 자연적 학습을 탐구해온 용기 있는 교사와 학교가 전 세계에 많이 있다(비록 사용하는 용어와 체계는 저마다 다를지라도). 한 가지 예가 MET(Metropolitan Regional Career and Technical Center, 대도시 지역 직업 및 기술센터)인데, 주 정부의 재정지원을 받는 공립학교 학군으로 로드아일랜드의 여섯 개 소규모 학교가 여기에 속해 있다. MET의 사례에 자극을 받아서 현재는 미국 전역의 약 50개 학교가 협력망을 구축하고 있다.(http://www.themetschool.org/Metcenter/home.html). 또 다른 예는 우리가 좋아하는 곳 중 하나로, 피츠버그의 중심부에 있는 비드웰 훈련센터(Bidwell Training Center, http://www.bidwelltraining.edu/)이다.

　다음 3장에 걸쳐 우리는 개인적으로 접했던 두 가지 사례를 들면서 지금까지 말해온 내용을 구체적으로 설명하고자 한다. 한 곳은 사우스오스트레일리아에 있는 소규모 공립학교인 브리지워터초등학교(Bridgewater Primary School)이다. 또 한 곳은 샌디에이고에 있는 차터스쿨(charter school, 미국에서 창의적인 교육을 시도하는 대안학교 형태의 공립학교 – 옮긴이)로 개리 앤 제리–앤 제이콥스 하이테크하이(Gary and Jerri-Ann Jakobs High Tech High)고등학교인데, 좀 더 크긴 하지만 여전히 소규모 학교이다. 우리는 이 고등학교(http://www.realizethedream.org/programs/high-techhigh.html)를 방문하여, 교육자들을 면담하고 학생들과 대화를 나눈 바 있다. 이곳은 토니 와그너(Tony Wagner)의 저서 『글로벌 학업성취도 격차 (The Global Achievement Gap)』(2008)에도 잘 설명되어 있다. 다음에 나오는 내용은 토니 와그너의 설명, 우리가 방문하여 얻은 지식, 이 학교의 웹사이트에서 얻은 내용을 종합한 것이다.

하이테크하이

학교의 웹사이트에는 다음과 같은 내용이 실려 있다. "하이테크하이(High Tech High, HTH)는 2000년 샌디에이고의 기업가들과 교육자들이 힘을 모아 설립한 차터고등학교 한 곳으로 시작했으며, 발전을 거듭하여 지금은 초등학교부터 고등학교에 이르는 학교들의 통합네트워크가 되었고, 포괄적인 교원자격획득프로그램과 새롭고도 혁신적인 교육대학원도 포함하고 있다(http://www.hightechhigh.org)."

이 '통합네트워크'는 작은 학교모델을 지향한다. 한 반의 학생 수는 25명을 넘지 않고 한 학교의 학생 수는 500명을 넘지 않는다(이런 유형의 학습과 교육에 관한 한 가지 흥미로운 깨달음은 하이테크하이 교육대학원이 낸 『개봉된─학교에서의 성인학습학회지(Unboxed─A Journal of Adult Learning in Schools)』에 실려 있다. 학회지를 보려면 그들의 웹사이트를 참조하라 (www.hightechhigh.org/unboxed)).

현재 이 통합네트워크는 고등학교 다섯 곳, 중학교 세 곳, 초등학교 한 곳으로 이루어져 있고 학생 수는 총 3,500명이다. 학생들은 지역의 인구통계를 반영하여 추첨을 통해 뽑는다. 따라서 소수민족·특수아동·빈곤가정의 학생 등도 고루 선발된다. 학생 1인당 교육비는 캘리포니아 공립학교의 평균교육비 수준이다.

철학과 접근법은 모든 학교가 동일하지만 교육과정의 중점을 두는 분야는 학교마다 다르다. 예를 들어, 한 학교는 국제관계 중점학교이고 다른 학교는 미디어아트 중점학교이다. 결과는 어떨까? 토니 와그너는 2003년 첫 졸업생이 나온 이래로, 하이테크하이 졸업자 전원이 MIT, UC버클리, 서던 캘리포니아대학교, 존스홉킨스대학교를 비롯한 여러 대학교에 들어갔다고 말한다. 그리고 시험문제를 푸는 공부는 가르치지 않겠다고 교사들이 단호하게 거부하고 있음에도, 학생들의 시험점수는 캘리포니아 전체에서 가장 높은 수준이다.

하이테크하이와 브리지워터 둘 다 과제를 통한 지식의 활용에 중점을 두며, 그 과정에서 소위 '역동적 지식(dynamic knowledge, 삶 속의 복잡한 문제를 해결하기 위해 필요한 지식 – 옮긴이)'을 습득한다. 학생들이 만든 결과물은 최고 수준이다. 일례로 하이테크하이에서는 학생들이 쓴 책을 출간하는데, 이것은 대단히 인상적이고 학생들이 영어·과학·수학·기술에 능통했다는 데 누구도 의심하지 않을 만한 수준의 결과물이다. 그 중 한 권인 『샌디에이고만: 보전의 필요성(San Diego Bay: A Call for Conservation)』에 제인 구달(Jane Goodall)이 다음과 같이 서문을 썼다는 사실도 이점을 입증한다. "그런 중요한 결과를 고등학생이 내놓을 수 있었다고 하면 대부분은 놀라게 마련이다. 나 역시 마찬가지였다! 나는 이 학생들—'하이테크하이 뿌리와 싹(High Tech High Roots & Shoots) 동아리'—을 알게 되면서 고등학생도 이 정도 수준의 결과물을 만들 수 있다는 것에 차츰 익숙해졌다. 그들은 해마다 야생생물뿐만 아니라 샌디에이고 주민들의 삶을 개선하기 위해 지역공동체 내에서 활동하는 혁신적인 방법을 고안한다(『샌디에이고만의 전망: 현장

안내서(Perspectives of San Diego Bay — A Field Guide)』라는 제목의 비슷한 책도 학생들의 이름으로 2005년에 출간되었다)."

브리지워터초등학교

또 다른 사례는 브리지워터초등학교(Bridgewater Primary School)이다. 이 곳을 고른 이유는 우리가 지난 10년 동안 참여했던 사우스오스트레일리아 주 차원의 최첨단 교육혁신프로젝트가 실행되었던 곳이라는 점도 어느 정 도는 작용했다. 이 계획의 원래 명칭은 '학습법 배우기(Learning to Learn)' 이다. 학교들은 처음에 자발적으로 참여했고 나름의 학교공동체를 자유롭 게 구성할 수 있는 권한이 주어졌다. 계획에 참여한 학교들은 지원을 받았 고, 이 프로그램을 구상한 교육이론가 및 전문가그룹과 진행과정에서 수 시로 접촉할 수 있도록 했다. 학습법 배우기는 독립된 프로그램으로서는 2009년에 공식적으로 끝이 났지만, 그 뒤에 사우스오스트레일리아 교육아 동부의 '효과적인 학습을 위한 수업지도(Teaching for Effective Learning)' 라는 계획에 흡수되었다. 효과적인 학습을 위한 수업지도는 사우스오스트 레일리아의 공식 교육방침이라고 할 수 있으며, 교육아동부가 발간한 『사 우스오스트레일리아 효과적인 학습을 위한 수업지도 기본 지침(SATfEL Guide)』(2010)에 수록되어 있다. 우리가 이 책에서 내세우는 이론과 실천 방법도 이 자료집에 탁월하게 요약되어 있다.

운 좋게도 우리는 사우스오스트레일리아 주도(州都)인 애들레이드에 서 최초 참가학교그룹의 현직교사들을 대상으로 이틀간의 연수교육을 통 해 이 프로젝트를 출범시킬 수 있었다. 우리는 뇌/마음 학습원리 12가지 를 소개하면서 우리의 학습과정 성찰모임(상세히 다룬 문헌, Caine & Caine,

2010)을 토대로 연수교육을 했다. 참가자들은 처음에는 혼란스러워했다. 그들의 기본적인 가정과 관행 몇 가지에 우리가 확연히 의문을 제기하고 있었기 때문이다. 하지만 시간이 흐르면서 또 다양한 이론가(시스템 사고)와 전문가(주로 구성주의자)로부터 말을 듣고 지원을 받으면서, 놀라운 변화가 일어나기 시작했다. 기쁘게도 우리는 이 훌륭한 교사들과 관계를 지속해오고 있다.

'학습법 배우기'는 모든 사람에게 어떤 공식이나 그들이 따를 수 있는 구체적 지침인 로드맵을 제시하지는 않았다. 사람들이 어떻게 배우는지 그 원리와 편안한 각성상태, 복잡한 경험에의 잘 설계된 몰입, 능동적 처리과정이라는 환경을 지원하는 기술이 어떤 것인지를 이해하도록 했을 뿐이다. 따라서 학교마다 상황이 달랐다. 그들이 공유한 것은 학습과 교수에 관한 최선의 사고방식 몇 가지와 미국의 주 교육기준에 해당하는 사우스오스트레일리아 교육아동부(S.A. Department of Education and Children's Services, 2010; 4장도 참조)의 기본 지침에 접근하는 방식이었다. 또 학습법 배우기는 진정한 변화가 이루어지려면 오랜 시간에 걸쳐 상당한 투자가 이루어져야 한다는 것도 보여주었다.

몇 년 전 우리는 이 프로젝트의 독창적 개념을 제안한 이론가이자 프로젝트 책임자로 일하는 마고 포스터(Margot Foster)에게 우리의 작업이 가장 효과를 보이는 것 같은 학교가 어디인지 물었다. 그녀는 애들레이드 인근의 브리지워터초등학교를 방문해보라고 권했다. 이곳은 초등학교 고학년과 중학교 과정을 조합한 소규모 학교로서, 학생 수는 157명에 달하고 학부모와 지역사회가 학교운영에 참여하고 있었다. 비록 규모는 작아도 이 학교는 우리가 이 책에서 주장하는 것의 탁월한 모델이자 연구사례다. 가장 놀라웠던 부분은, 우리가 개발했지만 아직 발표하지도 않고 그들과 직접 공유하지도 않았던 개념 중 상당수를 이 학교가 이미 예견했다는 사실이었다. 더 나아가 이 학교는 일단 받아들일 만한 조건과 인간의 능력이 허용된다면, 자연적 학습을 학교에서 활용할 수 있다는 점도 입증했다.

이 학교는 기술을 상당한 수준으로 활용하지만, 여기서 우리가 보여주고자 하는 것은 하나의 학교가 어떻게 형성되고 유기적인 진체를 이루는가 하는 것이다. 특히 몇몇 핵심 조건이 조성되고 유도경험교수법의 세 가지 요소가 작동하고 모든 이가 지속적인 학습과 개인적인 발달 그리고 계속 진행 중인 처리과정에 참여할 때 말이다. 이 학교는 주 정부의 성과연구(Working with Outcomes)라는 웹사이트에 사례로 실려 있다(http://www.sacsa.sa.edu.au/를 통해 접속할 수 있다). 그 자료는 브리지워터초등학교의 허락 하에 게재된 것이다. ABC 라디오방송국과 인터뷰한 내용도 온라인상에서 찾을 수 있다(http://mpegmedia.abc.net.au/rn/podcast/2009/04/lms_20090420_0930.mp3).

이렇게 짧게 서술한 내용 속에서도 그 세 가지 요소—편안한 각성상태·복잡한 경험에의 잘 설계된 몰입·능동적 처리과정—가 자연스럽고 통합된 방식으로 나타난다는 것을 쉽게 파악할 수 있다.

브리지워터의 소개하는 글

브리지워터초등학교는 10년 동안 재미있는 학습여행을 해왔다(www.bridgeps.sa.edu.au). 우리는 치열하고 흥미를 끌고 의미 있는 학습에 학생들이 참여하도록 지원하고 도전의식을 자극하는 데 초점을 맞춘다. 우리 접근법의 핵심은 학교공동체의 구성원들 사이에 동반자관계를 구축하는 것이다. 학생이 중심에 있고 교사·학부모·적절한 지원담당자가 학생을 지원한다. 뇌와 학습에 관한 최근의 연구결과 중 상당수를 토대로 우리는 학습의 선택권과 주인의식이 학생의 참여를 이끌어내는 핵심적인 동기추진력임을 파악했다.

아침 8시50분 이후로 어느 때든 우리 학교를 방문한다고 상상해보자. 노란색 학습영역으로 들어서면, 만 9~13세의 학생들이 무리지어서 학습하고 있는 모습을 볼 수 있을 것이다.

- 10여명의 학생이 교실 여기저기에 흩어져서 개별적으로 학습활동을 하고 있다. 한 명은 마분지로 건물모형을 만들고 있고 몇 명은 자기가 조사한 내용을 적고 있다. 컴퓨터 앞에 앉아서 하는 학생도 있고, 책상 앞에 앉아 종이에 쓰고 있는 학생도 있다.
- 애니메이션 제작중인 여학생 네 명은 애플사의 아이북·웹캠·점토인형들이 세워진 작은 무대 주위에 모여서 원주민 창세신화의 점토애니메이션 다음 장면을 어떻게 찍을지 논의하고 있다.
- 남학생 세 명은 탁상용 컴퓨터 주위에 모여서 한 명이 만든 플래시 애니메이션을 보면서 말이나 몸짓으로 이렇게 저렇게 바꾸면 어떨까 조언하고 있다.
- 그들의 바로 건너편에서는 네 명의 학생이 한 명의 어른과 함께 학습하고 있는데, 그가 운영하는 집중 세션에서는 현재의 학습단원에 대해 계획을 세우고 마감시간을 설정하는 법을 가르친다.
- 작은 교실의 통로 건너편에서는 두 학생이 또 다른 컴퓨터 앞에 앉아있다. 한 명은 이맥(Emac)에 자판을 연결하여 악보를 연주하고 있고, 다른 한 명은 개러지밴드(GarageBand, 작곡프로그램－옮긴이)로 입력이 제대로 되고 있는지 검사하고 있다.

• 중앙 홀에서는 학생 여덟 명이 한 학부모와 함께 인도네시아 문화를 조사한 자료를 토대로 안무를 짜고 있다(Bridgewater Primary, 2010).

학생들은 개인별 학습을 하는 중이다. 학기가 끝날 즈음에는 문화제 겸 전시회가 열린다. 성공에 대한 기준이 명확하다. 이런 기준은 학생과 협의를 거쳐 결정된 것이다. 학생들은 자신이 무엇을 하는지 알고 있고 기대치는 어느 정도인지 명확하게 이해한다. 어떤 활동에 참여할지는 학생의 선택에 달려 있다.

해설

지금까지 설명한 유도경험교수법의 세 가지 요소 모두 우리가 사례로 든 두 학교의 모든 활동에 명확히 담겨 있다. 각 학교에서 우리는 학생들의 태도와 분위기가 매우 좋다는 것을 알 수 있다. 학생들은 다양한 프로젝트에 몰두해 있고, 이를 통해 교과내용을 배우고 성취기준에 도달한다. 학습경험을 처리하는 다양한 방식이 있으며, 이 복잡한 경험에 잘 설계된 몰입을 함으로써 학생들은 교과내용과 고등사고능력을 배운다. 이제 이 세 가지 요소가 어떤 것이며, 어떻게 일어나는지 좀 더 상세히 살펴보자. 이 전체 과정에서 유도경험교수법이 어떻게 세 요소를 통합하여 만들어지는지도 살펴볼 것이다.

16장   편안한 각성상태

편안한 각성상태(Relaxed Alertness)는 좋은 학습공동체와 구성원 간의 건강한 관계가 필수적이며, 여기에 맞추어 참여자들은 지속적이고 진정한 학습에 열정적으로 헌신해야 한다. 이 말은 편안한 각성상태가 학교에 감도는 분위기·기운·환경이라는 의미다. 이 상태는 가치와 신념을 공유하는 것에서 출발한다. 개인은 모든 경험으로부터 끊임없이 배울 준비가 되어 있어야 하며, 개인이 공동체에 끼치는 영향과 기여하는 사항도 편안한 각성상태를 조성하는 데 한몫을 한다. 이러한 상태를 조성하는 것은 쉽지 않다. 여기에는 의사소통역량, 이 상태에 어떻게 이르고 유지하는지에 대한 과정인식 감각(a sense of process), 자신과 남을 정직하게 바라볼 수 있는 능력이 필요하며, 순탄한 시기뿐만 아니라 힘든 시기에도 이 모든 능력이 발휘되어야 한다. 따라서 교육자와 교직원은 자신의 기술과 지식을 늘리는 데 힘씀으로써 이런 학습을 통해 공동체에 기여해야 한다. 창의성과 문제해결능력이 공동체의 특징이 되고 지혜는 존중받아야 한다.

우리는 연구를 하면서 어른들과 교직원들이 다음과 같은 기본적인 핵심 역량을 갖추었을 때, 유익한 결과를 얻는다는 것을 알게 되었다.

- 적극적 경청(active listening)을 포함하여 서로의 말에 귀를 기울이는 방식
- 나-메시지(I-messages)를 쓰는 것을 포함하여 의사소통하는 방식
- 효과적인 학급회의
- 갈등해소

지면상의 한계 때문에 이 내용을 더 상세히 다룰 수는 없지만, 우리는 다른 두 권의 저서에서 이 접근법을 자세히 설명했다(Caine & Caine, 인쇄중; Caine et. al., 2009). 실제 응용방법은 앞장에서 말한 『사우스오스트레일리아의 효과적인 학습을 위한 수업지도 기본 지침』(South Australia, 2010)에 잘 나와 있다. 이런 능력과 기타 기술의 여러 가지를 포괄적으로 다룬 문헌도 있다(Larrivee, 2009).

요점은 이것이다. 학교 전체적으로, 그리고 학생 개개인과 교육자들이 편안한 각성상태에 도달하려면, 함께 작동하는 각기 다른 수많은 요소가 상호작용해야 하고 이러한 상호작용의 결과로 편안한 각성상태가 가능해진다는 것이다. 우리는 시스템이론의 용어를 빌려서, 편안한 각성상태는 억지로 강요되거나 만들어질 수 없는 것이라고 주장하곤 했다. 강제하기보다는 오히려 새롭게 드러나는 창발적(創發的) 현상으로서, 편안한 각성상태는 수많은 다양한 요인이 모두 제대로 작용할 때 가능하다.

이 장에서는 브리지워터와 하이테크하이에서 편안한 각성상태를 이끌어

내는 데 쓰는 방법 중 몇 가지만 살펴보기로 하자.

브리지워터의 조직과 구조

브리지워터의 업무과정과 구조는 편안한 각성상태를 유지하는 네트워크를 형성한다. 이 특징들 중 몇 가지를 살펴보고 그것들이 어떻게 편안한 각성상태를 만드는지 알아보기로 하자.

본질적 질문을 통해 강화된 교육비전

이 학교의 비전은 다음과 같다. "브리지워터초등학교의 교직원과 학생은 평생학습에 전념한다. 평생학습은 학생들의 실제 삶과 관련되고 풍부한 자극과 경험의 기회가 주어지며 열정적이다. 또한 각자의 학습에너지를 최대한 끌어내 모두의 성장을 지향한다(Bridgewater Primary, 2010)."

물론 교육목표란 그저 좋게 들리는 단어들을 나열한 것에 불과할 수도 있다. 하지만 브리지워터는 그렇지 않다. 이들은 학생들에게 질문중심교수법과 지도원리를 제공한다. 학생들은 "학교의 목적은 무엇인가?" "학습공동체로서 우리는 무엇을 배울 필요가 있는가?"와 같은 질문들을 받고 이에 대한 대답을 토의하는 시간도 갖는다.

존중을 실천하다

다른 학교들과 마찬가지로 브리지워터에도 교칙이 있다. 이는 사람들이 상호작용하는 방식을 규정하고, 서로를 존중하는 태도를 갖도록 하는 일련의 규칙과 절차이다. 다른 학교와의 차이점은 무엇일까? 학생들에게 적용되는 규칙을 교직원 스스로에게도 그대로 적용한다는 것이다! 여기서 중요한 점은 모든 학교에 똑같은 규칙을 적용할 수는 없다는 것이며, 우리는 이점을 이해해야 한다. 이 학교의 교칙은 공동체의 실제 욕구를 토대로, 시간표·공간 할당·유지 관리·작업영역 할당·탁월성을 판단하는 기준들에 관해 합의를 거쳐 만들어낸 것이다.

> 우리는 두 가지의 규칙, 즉 교사를 위한 것과 학생을 위한 것이 따로 있어야 한다고 생각하지는 않는다. 양방향으로 상호존중이 이루어지지 않는다면, 어느 쪽 규칙이든 소용이 없다. 존중한다는 점을 보여주는 일은 우리 교사의 몫이다. 장벽을 허물어야 할 쪽은 바로 우리들 교사이다(Bridgewater Primary, 2010).

개인의 선택과 발달단계를 존중한다

학생과 교사는 학습이란 것이 서로가 공유하는 경험일 뿐만 아니라 개인적인 경험이기도 하다는 점을 이해한다. 학급 전체는 동일한 학습상황에 놓여있지 않다. 그들의 말을 빌리자면 "내용을 이미 알고 있는 학생도 있고, 새로운 내용을 매우 잘 받아들이는 학생도 있고, 받아들일 준비가 안 된 학생도 있다"(Bridgewater, 2010). 오히려 개인주도의 맞춤학습을 하면 학생은 배우는 내용이 자신의 삶과 관련이 깊다고 여기게 된다. 많은 선택권이 주어지고 학습속도를 자신의 발달단계나 학업준비도에 맞출 수 있기 때문이다. 그 결과 학생은 동기부여가 되어 의욕에 충만하고, 스스로 통제할 수 있는 부분이 적지 않다고 생각하게 된다. 동기부여와 통제감, 이 두 가지는 상위 경로를 유지하는 데 중요하다. 이러한 목표달성에 기여하는 과정이 적어도 두 가지 있다.

개인학습계획 – 궁극적인 개별화 교육

미국의 학제상 5학년에서 8학년에 해당되는 브리지워터의 초등학교 및 중학교 과정은 학생들에게 학습에 대한 주인의식을 심어준다. 주인의식은 안전감과 동기부여에 엄청난 기여를 하며, 이 두 가지는 상위 경로를 강화한다. 게다가 학생들은 위에 말한 세 가지 핵심 요소를 통합하는 것은 물론, 학생주도의 개인별 학습을 할 수 있다. 교사가 학습주제를 안내할 때도 있긴 하지만, 학생들이 원하는 것이면 어느 주제라도 선택할 수 있다. 여기서는 어떤 주제도 부적절한 것으로 여기지 않는다.

유도경험교수법을 구체적으로 적용함에 따라, 개인의 관심사가 촉발되고 개인적인 질문이 제기된다. 전반적인 주제 자체는 교사가 설정하는 경향이 있다. 하지만 브리지워터의 학생들은 개인적으로 관심 있는 분야를 선택하여 추구할 수 있는 기회가 많다. 그런 뒤에는 교사와 학생이 공동으로 책임을 맡도록 함으로써, 그 개인적 관심사를 사우스오스트레일리아의 기본 교육계획인 SACSA체제 혹은 성취목표와 연결 짓는다.

이것이 협력의 문화임을 기억하는 것이 중요하다. 학교 전체가 자신들을 배려하기 때문에 거의 모든 학생이 학교에 있고 싶어 한다. 그리고 학습의 대부분은 그룹프로젝트로 진행되는 협력학습이기 때문에 학생들은 또래의 지원을 받을 수 있다. 대다수의 학부모와 지역공동체도 도울 준비가 되어있다. 설령 선택권이 진짜로 있다고 할지라도 모든 학생이 모든 수업에 관심이 있는 것은 아니다. 협력하지 않거나 수학을 등한시하는 학생을 발견하면 교사가 조치를 취한다. 학생이 신청해서 들을 수 있는 소규모의 '보충수업'도 있다. 교사는 학생이 자신의 역량수준을 인식하고(메타인지), 자신이 할 수 있다는 것을 깨닫도록 격려한다.

학생들은 '새 단원 학습계획'이라는 서식을 작성한다. 이 서식은 두 가지 형태가 있다. 하나는 초급 학습자용이고 또 하나는 상급 학습자용이다. 둘 다 웹사이트에 나와 있다. 이 서식은 목표를 달성하기 위해 취해야 할 과정을 알려주는 안내자 역할을 한다(지각/행동 학습의 단계에 주목). 이 과정에는 다음과 같은 것들이 포함된다.

- 주제 선택
- 기존 지식 파악
- 질문이나 논점 제시
- 새로운 학습 시연
- 방법론과 자원 고려
- 최종 발표계획
- 성공기준 설정

이 모든 영역은 능동적 처리과정(18장 참조)을 통해 다루어지고 함양된다. 교사와 학생은 협력하여 상황을 평가하고 다양한 유형의 질문을 하며 해야 할 일을 명확히 한다.

개인별 학습과 교사의 지도 사이에 균형 잡기

브리지워터에서는 매일 아침 모둠회의시간에 학생마다 각자 일정표를 완성한다. 모둠회의시간에는 어떤 이슈라도 제기할 기회가 주어지며, 교사는 이 시간을 이용하여 국제문제 토론과 같은 것을 다른 토론그룹의 학생들에게 공지한다.

일주일 중 4일 동안은 수학과 언어능력을 습득하도록 시간표가 짜여 있지만, 학생들은 이 시간 동안에 자신이 어디에 중점을 둘지 선택할 수 있다. 체육시간도 정해져 있으며 어떤 운동을 할지 학생들이 신청한다. 수요일은 거의 전적으로 개인별 학습을 하는 날이다. 또 침묵하는 시간도 있으며 정해진 시간 안에 글쓰기를 하기도 한다.

자기관리에 초점을 맞추기

미래를 잘 준비하려면 계획과 의사결정 같은 집행기능이 발달해야 한다. 브리지워터는 이 문제를 두 가지 방식으로 다룬다. 첫째, 학습을 설계할 때 전반적으로 학습과정에 자기평가와 자기관리를 많이 포함시킨다. 이뿐만이 아니다. 브리지워터는 학습하고 계획하고 조직하는 각자의 능력에 따라서 학생들이 모둠에 배치되도록 한다. 이렇게 해서 학생들은 자신이 알고 있는 것을 분명히 보여주고 모르는 것을 발견함으로써, 자신의 학습에 대해 주인의식을 갖게 된다. 학습을 조직할 수 있는 능력은 다음과 같이 세 가지 수준으로 나뉜다.

- **초급 학습자** – 입학이나 전학으로 중학교에 새로 들어온 학생
- **중급 학습자** – 학업계획을 수립하고 학습할 수 있는 역량을 일부 습득

한 학생

- **상급 학습자** – 어른의 개입이 거의 없이도 스스로 학업계획을 수립하고 학습할 수 있는 학생. 상급 학습자는 초심자를 가르침으로써 자신의 학습을 다질 수 있다.

정기적으로 재검토를 하는 과정이 있으므로, 모든 것을 전적으로 학생 스스로 선택하는 것은 아니다. 자신의 학습을 계획하고 책임질 능력이 점점 향상되어가는 모습을 입증해보이면, 학생은 상급반으로 올라간다. 이와 마찬가지로 학습계획을 수립하는 역량 면에서 도움을 더 필요로 하는 학생은 추가지원이 제공되는 모둠으로 옮겨갈 수도 있다.

각 모둠은 학생뿐만 아니라 교사도 참여하여 현안들을 토론하는 원탁회의를 연다. 학생들은 자기 모둠에서 관리자·점심책임자·의장 같은 다양한 역할을 맡는다.

매년 초에 모든 학생은 이런 절차를 거치게 된다. 각자는 다음 질문에 답한다.

- 무엇에 유능감/자신감을 느끼는가?
- 무엇을 배우고 싶은가?

따라서 학생이 어느 정도의 기술을 습득하고 이해에 도달했는지 추적하는 게 가능하다. 예를 들어, 정보통신기술(Information and Communication Technology, ICT)을 배우는 학생은 자신의 ICT역량수준과 학습목표를 파악한다. 자신이 초급인지 중급인지 상급인지 어디에 속하는지 파악하고, 역량을 어떻게 보여줄지 사례를 제시한다(파워포인트 발표자료를 웹사이트에 올리는데, 이 자료는 수준별 단원계획서식에 작성한 내용을 어떻게 이행하고 있는지를 보여준다).

한 가지 주목할 점은 '정체성'이라는 필수 학습('필수 학습'은 사우스오스트레일리아 교과과정의 두 번째 측면을 이루며 다음 장에서 더 상세히 다룰 것이다)이 이런 학습모델에서 중요한 역할을 한다는 점이다. 교사는 그 프로그램이 개별적이기 때문에 학습자별 진전과정을 추적하기가 훨씬 쉽고, 각 학습자가 무엇을 하고 있는지를 기억하기도 더 쉽다고 한다. 한 교사는 이렇게 말했다. "나는 학생 각각의 개인별 학습상황을 자세히 설명할 수 있어요. 하지만 가장 좋은 점은 '그 정도면 됐어'라는 인식과 평범함을 수용하는 분위기를 교실에서 없앴다는 것이지요."

교사의 참여

편안한 각성상태는 학생뿐만 아니라 교직원까지 공동체 전체에 적용될 필요가 있다. 그러기 위한 한 가지 열쇠는 교직원이 그 과정에 관심을 갖고 헌신하는 것이다. 교직원 자신도 내적으로 동기부여가 되도록 말이다. 한 교사는 다음과 같이 말했다. "교사들은 준비가 되었을 때 참여해야 합니다. 스스로 선택하는 것이 중요합니다. 사람들에게 이런 식으로 생각하라고 말할 수는 없어요. 말하는 사람 자신이 실제로 그것을 믿어야만 하지요."

학생들을 지원할 때 서로를 지원하는 교사들

브리지워터에서 교육프로그램을 일정대로 운영하기 위해서는 교사 간의 의사소통이 가장 중요하다. 학생마다 각자 모둠에서 자신의 시간표를 완성하겠지만, 그 사이에 교사는 서로의 동선과 업무분담 가능성을 파악해야 한다. 예를 들어, 소집단 활동(focus groups)의 성공 여부는 교사 한 명이 중단 없이 소집단을 계속 가르칠 수 있느냐에 좌우된다. 따라서 인력과 자원의 이동문제를 담당하는 것은 물론, 다른 학생들의 학습을 촉진하고 '언제든 의논할 수 있는(touch-base)' 대상으로서의 역할을 할 수 있는 또 다른 교사가 있어야 한다.

브리지워터에서는 교장이나 다른 교직원도 연극이나 스포츠 같은 특별활동을 가르칠 수 있고, 학생 개개인을 아는 어른과 학생이 늘 접촉할 수 있도록 체계가 구축되어 있다. 브리지워터는 보조교사(대리교사)를 잘 활용하며, 그들은 이미 개인학습계획을 갖고 있는 학생들에게 '의논'상대로서의 역할을 한다. 따라서 학생의 심화학습활동을 준비하느라 시간을 쓸 필요가 없다. 그런 식의 수업은 일부 학생에게는 흥미로울지 몰라도, 모든 학생에게 해당되지는 않기 때문이다.

학교운영에 학생의 책임을 부여

학교에 대한 학생의 책임을 더 높이고 주인의식을 강화한 덕분에, 이곳의 문화는 확연히 변했다. 학생들은 전화를 받고 우편물을 처리하고 손님을 응대하고, 심지어 점심시간이나 휴식시간까지 할애해가며 '서류작업' 같은 것에 자원하는 등 학교운영에 더 적극적인 역할을 한다. 이렇게 학생의 참여는 명목상으로 이루어지는 것이 아니라 학교의 일상적인 운영에 큰 도움이 된다. 한 학생은 다음과 같이 말한다. "이 일이 밖에 나가 노는 것보다 훨씬 더 재미있어요. 삶과 책임감에 관해 많은 것을 배우거든요. 마치 대학에 다니는 기분이에요."

이것은 물론 학교가 학생들에게 탄력적인 시간표 운영을 허용해야 한다는 것을 시사한다. 쉬운 일은 아니겠지만 가능한 일이다. 왜냐 하면 학생들이 주간 단위로 시간표를 짜고, 하루일과를 시작하기 전에 매일 아침 구체적인 사항들을 확인하기 때문이다.

효과적인 행동관리

모든 학생이 학습에 적극적으로 참여하므로 해결해야 할 행동문제는 거의 없다. 행동문제로 도움이 필요한 학생들에게는 처벌수단보다는 그들이 행동을 바꾸고 더 발전하도록 격려하는 게 효과적이다. 개인적인 문제를 성찰하고, 분노관리와 같은 여러 전략을 찾게 해주는 '키즈클럽(Kids' Club)'도 운영되고 있다. 또 과제에 집중이 안 되어 학습을 잠시 중단하고 싶으면, 학생들은 '머리 식히는 시간(chill-out time)'을 당당하게 요구할 수도 있다. 이렇게 해서 부정의 문화에서 주인의식의 문화로 학교에 변화가 일어나며, 학습을 스스로 책임지는 문화가 자리 잡게 된다.

하이테크하이의 철학과 문화

하이테크하이(High Tech High, HTH)는 학습·교육·설립의 기본적인 철학을 브리지워터와 똑같이 공유한다. 비록 중점을 두는 부분이 다르긴 하지만, 하이테크하이의 설립목적은 브리지워터와 마찬가지로 심오하다. 즉, 모든 학생이 중등과정 이후에 성공적인 삶을 살 수 있도록, 학업·직장·시민으로서 지녀야 할 역량을 개발할 혁신적인 공립학교를 설립하고 지원하는 것이다. 이는 다음과 같은 구체적인 목표들을 통해 제시된다.

- 학생의 구성은 지역공동체의 인종 및 사회경제적 다양성을 반영하도록 한다.
- 첨단 기술과 인문학 양쪽으로 중등과정 이후의 교육에 대비할 수 있도록 기술교육과 인문교육을 통합한다.
- 수학과 공학 분야에서 교육 소외계층의 학생 수를 늘린다. 이들은 고등학교와 중등과정 이후의 교육을 성공적으로 해내는 학생들이다.
- 사려 깊고 참여하는 시민을 양성한다.

조직체계는 브리지워터와 비슷한 부분도 있고 다른 부분도 있다. 하지만 전반적으로 볼 때, 편안한 각성상태를 조성하고 유지하는 문화다. 이 마음상태와 분위기를 조성하는 방식의 몇 가지 측면을 살펴보자.

교사 학습공동체

하이테크하이의 기본 신념은 "학생을 위한 좋은 학습환경을 구축하고 싶다면, 그곳은 어른이 학습하기에도 좋은 곳이어야 한다"는 것이다(http://www.hightechhigh.org/). 딱 맞는 말이다. 이 책에서 우리가 논의한 모든 내용은 일관된 학습문화의 필요성을 시사한다. 이러한 문화일 때, 학생은 학습에 도움이 되는 삶의 방식에 깊이 빠져들게 된다. 이 방식은 교직원에게 제공되는 지원으로까지 확대된다. 예를 들어, 대부분의 학교에서 효과적인 학습 및 교수문화를 구축하는 데 가장 큰 장애물 중 하나는 교직원들이 함께 계획하고 협력할 시간이 없다는 것이다. 하이테크하이에서는 교사들이 팀을 이뤄 통합과제, 평가를 위한 루브릭(rubric, 채점기준표 – 옮긴이), 모든 학생이 졸업할 때까지 학습과 진도를 보여줄 수 있는 공통양식을 충분한 시간을 두고 짠다. 이 시간을 확보하기 위해 학교는 오전 7시가 아니라 8시30분에 시작한다(연구에 따르면 이때가 청소년의 신체기능이 최고로 발휘되는 시간이라고 한다).

> "학생들이 등교하기 전에 교사들은 매일 학교에서 한 시간 동안 모임을 갖는다. 이때 학생들이 작업한 것들을 살펴보면서, 무엇이 좋고 어떻게 하면 더 개선될 수 있을지를 논의한다. 모든 교사는 두 명씩 조를 짜서 함께 작업하며, 조마다 학생 50명을 책임진다. 그들은 일주일에 두 차례 모임을 갖고, 아이들과 업무에 관해 함께 논의하면서 계획을 짠다(벤 데일리 교장, Wagner, 2008, p. 224에서 인용)."

여기서 주목할 점은 브리지워터에서와 마찬가지로 학생들을 돕기 위해 교사들이 협력한다는 점이다. 이러한 협력을 지원하는 다양한 방안들이 있으며 다음과 같다.

개인화

하이테크하이의 핵심적인 설계원리 중 하나는 '개인화(personalization)'다. 학생마다 조언을 해줄 교직원이 배정되어 있고, 조언자는 학생의 개인적인 발달 및 학문적인 발달상황을 점검하고, 학생의 가족과 만나는 접점 역할을 한다. 특별한 지원이 필요한 학생은 완전 통합교육에 맞추어 수업을 따라갈 수 있도록 개별적인 관심과 지원을 받는다. 무선으로 연결되는 노트북·여러 가지 체험활동을 하는 프로젝트교실·개인작품의 전시실 등 학교설비는 개인학습과 소집단학습에 맞추어져 있다.

물리적 공간

물리적 공간은 팀티칭(team teaching), 통합 교육과정(integrated curriculum, 범교과 통합수업을 강조 – 옮긴이), 프로젝트중심 학습 같은 교육의 핵심 요소들을 뒷받침하도록 설계되어 있다. 전체적인 색상에 신경을 쓰고 공간적으로 여유 있으면서도 유용한 공간, 편안한 가구, 공식적 및 비공식적 회의 공간, 투명성이라는 설계원칙이 드러나도록 창문을 많이 배치한 점이 돋보인다. 이곳의 공간 접근법을 가장 잘 보여주는 것은 핵심 공간이라고 부르는 곳들이다. 학생모임과 공동체회의가 이루어지는 중앙의 회의실(Commons Room)이 그렇고, 세미나실, 방송실, 교무실이 모여 있는 지도영역별 교사진(Teaching Clusters), 강의실로도 사용될 수 있도록 설계된 다목적 세미나실, 창작실, 실험실, 야외학습 공간이 대표적이다. 하이테크하이가 일정 정도의 보조금을 지원받아왔지만, 캘리포니아의 모든 차터스쿨이 받는 학생 1인당 보조금과 비슷한 수준이라는 점에도 유념하자.

학생의 동기부여

편안한 각성상태의 핵심은 낮은 수준의 위협과 높은 수준의 도전의식 또는 내적 동기부여의 조합이다. 이 책에서 내내 지적해왔다시피, 이 말은 지각/행동 학습을 추진하는 열쇠가 학생의 관심이며, 심리적으로 안전한 방식으로 새로운 학습에 도전하도록 교사가 동기부여를 하고 학습활동을 안내한다는 의미다. 하이테크하이는 다양한 탐구주제들의 복잡성을 처리하는 동시에 학생의 관심사에 맞추어 그것들을 조직함으로써, 학생들의 참여와 흥미를 자극하는 과제들을 잘 활용한다(웹사이트 참조, http://www.hightechhigh.org/projects/). 우리가 보기에는 브리지워터 쪽이 실제로 학생들에게 더 높은 수준의 자율성과 선택권을 부여하는 것 같다. 학생들은 과제선정뿐만 아니라 평가기준인 루브릭 설계에도 더 많이 참여한다. 하지만 우리가 하이테크하이의 학생들과 설립자를 만나 대화를 나누다보니 학생의 자율성이라는 개념은 이곳에서도 대단히 중요하게 여겨지고 있었다.

해설

전체적으로 편안한 각성상태의 분위기를 조성해주는 요인들을 일일이 열거하기란 불가능하다. 어떤 요소들이 관여하는지 전반적인 감을 잡을 수 있도록 우리는 그 중 일부만을 설명했을 뿐이다. 유도경험교수법의 세 가지 요소가 삼중 나선처럼 서로 얽혀있다는 점에 유념하자. 따라서 다음 장에서 다루게 될 잘 설계된 몰입과 능동적 처리과정도 편안한 각성상태에 기여함은 물론이다.

핵심은 교육자들이 이점을 '깨닫는' 데 있다. 특히, 이 모든 것이 서로 연결되어 있다는 것과 이 방식이 전면적으로 채택될 때 발휘하게 될 엄청난 힘과 가능성을 깨달아야 한다. 그러나 아무리 잘 설명해도 이들 간의 상호연관성을 이해하지 못하는 사람들도 있다. 이것은 교육의 실천방향을 가리키는 하나의 교육철학이지, 조리법처럼 그대로 따라 하기만 하면 되는 교수법이 아니다.

17장

잘 설계된 몰입

능동적 학습은 전달/직접교수(TDI)밈의 주입식 교육관을 기반으로 한 환경과 문화권의 학생에게는 시행하기 어려운 학습방식일 수 있다. 설령 자신의 생각과 관심이 반영되어 있다 하더라도 말이다.

경험으로 보건대, 먼저 편안한 각성상태의 문화가 조성되지 않는다면 복잡한 경험에의 잘 설계된 몰입(Orchestrated Immersion in Complex Experience)은 기대할 수도 없다. 거듭 말하지만 유도경험교수법은 상호존중, 집단적 이해, 나-메시지에서 갈등해소에 이르기까지의 적절한 의사소통기법에 의존한다. 고립감이나 자신감부족을 느끼는 학생이나 교사는 자율적인 개개인이 하는 것과 똑같은 식의 참여를 절대로 하지 않을 것이다. 유도경험교수법은 억지로 시킬 수 있는 것이 아니다. 그것은 이 접근법에 믿음을 갖고 헌신하는 개개인의 힘겨운 노력과 협력에서 나온다.

교육과정의 성취기준

학습자는 '성취기준이 내재된' 교육경험을 통해서 배울 때 몰입한다. 이 사실이 우리의 출발점이다. 학생들은 미래사회에 참여할 준비를 하는 단계에 있다. 이런 준비는 더 큰 단위의 공동체에 의해서 결정될 수 있고 또 마땅히 그렇게 되어야 할 것이다. 이런 역할을 교육이 맡고 있는 것이다.

브리지워터

브리지워터(Bridgewater)는 사우스오스트레일리아 교육과정 성취기준 및 책무성(South Australian Curriculum Standards and Accountability, SACSA)의 기본 틀에 따라 교육을 시행한다. 이 기본 틀은 비교적 복잡하게 편제되어 있다. 4장에서 짧게 다루었듯이, 한편으로는 영어·수학·과학 등을 포함하는 전통적인 '학습영역들'을 다루고, 또 한편으로는 '필수 학습요소(essential learnings, 이해·역량·성향이라는 개인적, 지적 요소 – 옮긴이)'라는 것을 다룬다(South Australia, 2001). 이는 시스템이론, 미래사회요구역량, 정체성 및 상호의존성 개념, 서로 연결된 세계에서 사람들이 생각하고 의사소통하는 방식의 전반적인 이해를 포함한다.

모든 교사는 교육과정뿐만 아니라 핵심 교과영역들을 잘 알아야 한다. 게다가 '학생들'에게도 SACSA기본 틀과 다양한 세부사항들을 알라고 장려한다. 브리지워터는 여기서 한 단계 더 나아간다. "우리는 기본 틀의 핵심 개념(Key Ideas)과 성과(Outcomes)라는 섹션에 실린 내용을 검토하여 우리 상황에 맞게 적용한다"(http://www.hightechhigh.org/).

하이테크하이

하이테크하이(High Tech High)도 비슷한 두 갈래 접근법을 활용한다. 이곳에서는 표준화시험에서 좋은 성적을 받도록 공부시키는 일은 결코 하지 않는다. 가르치는 내용은 대부분 범교과적 지식이지만, 교과과정은 대체로 인문학·수학/물리학·생물학·영어·화학 같은 쉽게 알 수 있는 대분류 교과 영역들로 구성되어 있다. 하지만 이곳의 철학은 우리가 학교생활을 관통하는 제2의 교육과정이라고 부르곤 했던 것과 얽혀있다. 이 철학은 각기 다른 몇 가지 방식으로 표현된다. 한 예가 높은 지적 수준을 추구하는 엄밀함이다. 교직원의 직위 중에 '엄밀함의 제왕(Emperor of Rigor)'이 있다는 말은 익살스럽게 들리지만 농담이 아니다. 이 직위는 학습과 교수의 엄밀함을 확보하는 데 도움을 주는 대단히 실력이 있는 사람이 맡는다. 또 한 예는 교수 설계 원칙의 일부에 표현되어있는데, 여기에는 개인화 및 어른세계와의 연계가 포함된다. 건강하고 유능한 시민을 양성한다는 목표와 학업을 통합하자는 것이 근본 취지다.

학습 단계들

비록 사용하는 용어는 서로 다르지만, 하이테크하이와 브리지워터 둘 다 본질적으로 유도경험교수법을 쓴다. 여기에 제시한 목록은 유도경험교수법을 위한 잘 설계된 몰입의 핵심 요소만을 적은 것이다. (이 단계들은 다음 장에서 상세히 설명할 것이다.) 여기서 핵심은 각 요소의 본질과 기본 개념을 이해한 뒤 그것들을 적절히 조합하는 것이다.

│ **다중감각 몰입경험** │ 배워야 할 새로운 교과목이나 내용에 학생들을 노출시키는 직접적인 현실세계의 경험을 말한다.

│ **감각처리** │ 세부사항과 이전의 경험에까지 인식을 확대하고 더 큰 관심을 촉발한다.

│ **행위자(학생) 중심의 적응적 질문** │ 이런 질문은 학생의 진정한 관심사를 토대로 하며 어떤 식으로든 자신의 삶을 다룰 것을 요한다.

│ **계획하기·조직하기·조사하기·능력개발** │ 이 단계에서 주제의 진정한 탐구가 시작된다. 학생의 조사, 그룹탐구와 개인탐구, 교사주도의 수업·설명·이따금 이루어지는 직접교수를 결합한 것이다. 학생이 읽고 쓰고 조사하고 더 깊이 이해하려 하고 더 많은 정보처리과정을 거치면서 역량개발이 이루어진다.

│ **새롭게 학습한 것을 활용해야만 하는 결과물 창작** │ 새롭게 배운 기술과 이해한 것이 응용되는 단계다. 현실에 응용함으로써 정확성을 높이고, 이해한 내용이나 숙달한 기술을 입증하는 것이 핵심이다.

│ **지속적인 능동적 처리과정과 결합된 형성평가 및 총괄평가** │ 능동적 처리과정은 본질적인 것이며 결코 포기할 수 없는 것이다. 학생주도의 학습이라는 과정이 이루어지는 내내, 교사는 학생의 생각·표현된 가정·개념 숙달·정확성을 확인하는 질문을 계속해서 던진다.

| 공식 피드백 | 공식 피드백이 이루어지려면 최종 결과물이 반드시 있어야 한다. 최종 결과물은 공개적인 설명·발표·모형·보고서 작성 등 다양한 형태를 취할 수 있다. 어휘의 적절한 이용에서 전문가나 초급자의 즉석 질문에 대답하는 능력에 이르기까지 다양한 쟁점에 주의를 기울인다.

| 전(全) 과정에 걸친 기술의 융합 | 의사소통도구와 연구자원에서부터 최종 과제물의 창작과 발표에 이르기까지 기술은 모든 단계에서 쓰일 수 있다.

| 뇌 집행기능의 자연스러운 통합 | 이 접근법을 이행하는 과정에서 개인과 집단 양쪽에서 지속적인 의사결정·계획·협상·성찰이 이루어진다.

확장된 유도경험교수법

바로 위 섹션에서 유도경험교수법을 위한 잘 설계된 몰입의 핵심 요소들을 열거했다. 뒤에서 설명하겠지만 각 단계는 상당한 수준의 깊이를 지닌다. 하이테크하이와 브리지워터 양쪽을 자유롭게 참조하면서 단계별로 설명하기로 하자.

다중감각 몰입경험: 무대 설정

학교에서 이루어지는 학습의 상당수는 추상적인 것이며, 현실세계에서 일어나는 일처럼 감각기관들을 동원하지는 않는다. 브리지워터는 다중감각 몰입경험을 '의식 전면에 띄우기(Front Loading)'라고 하고, 코발리크와 올젠(Kovalic and Olsen, 1994)은 '개인의 직접적 현장경험(Being There)'이라고 부른다. 뭐라고 부르든지 간에 그것은 여러 감각이 동원되고 교과내용이 의미 있는 방식으로 구성되는 복잡한 사건을 가리킨다. 학생들은 실시간이나 현실세계에서 일이 어떻게 진행되는지 알지 못하는 경우가 있는데, 다중감각 몰입경험은 바로 거기에서 시작된다.

일반적으로, 새로운 주제는 7장과 9장에서 묘사한 다중감각 몰입경험(Multisensory Immersive Experience, MIE)으로 시작해야 한다. 다중감각 몰입경험의 목적이 학생의 질문, 즉 더 배우고자 하는 동기에서 나오는 질문을 촉발하는 것임에 유념하자. 따라서 다중감각 몰입경험을 학생의 관심과 질문을 이끌어내는 엔진으로 여기는 것은 좋은 생각이다. 하지만 그 과정이 비선형임을 다시 한 번 강조하지 않을 수 없다. 이 말은 다중감각 몰입경험이 교과에 대한 첫 번째 노출일 필요는 없다는 뜻이다. 한 예로 하이테크하이 교육과정의 핵심 요소 중 하나는 고등학교 2학년 때 비영리기관이나 지역기업에서 10주 동안 인턴생활을 하는 것이다. 또 하나는 복잡한 연구과제를 다방면으로 활용하는 것이다. 교사인 안젤라 게레로(Angela Guerrero)가 웹사이트에 올린 다음 글을 인용해보자(http://www.hightechhigh.org/unboxed/issue3/where_do_projects_come_from/).

그렇다면 연구과제는 어디에서 나올까? 대답은 이렇다. 연구과제는 우리가 즐겨 방문하는 곳, 즐겨 보는 것, 정신없이 푹 빠져서 하는 일로부터 나온다. 연구과제는 우리의 흥미를 자극하는 무엇이다. 보고서를 쓰고 도표를 그릴 만한 가치가 있다고 생각하는 것이다. 연구과제는 무언가에 매료되어 그것을 학생들과 공유하기로 결심한 교사에게서 나온다.

하지만 그러한 불꽃을 일으키는 것은 학생의 관심이다. 따라서 연구과제와 조사를 시작하는 또 한 가지 방법이 여기에 있는 셈이다. "우리는 연구과제를 계획할 때 학생들의 말에 귀를 기울인다. 한 학생이 '파도타기를 배우고 싶어요'라고 말한다면, 우리는 파도타기 배우기를 학습프로젝트로 구성할 방법을 찾고자 노력한다"(Wagner, 2008, p. 221).

기술은 교육을 바꿀 수 있는 새로운 방식을 제공한다. 이런 주요 방식들 중 하나가 바로 다중감각 몰입경험을 구축할 기회를 아주 다양하게 제공하는 것이다.

| 간단한 다중감각 몰입경험 | 다중감각 몰입경험은 다양한 형태와 규모로 펼쳐질 수 있다. 지극히 예술적인 형태를 취할 수도 있는데, 상상력을 촉발하거나 경이감을 일으키고 가능성을 엿보게 하는 것이 가장 좋다. 교육자는 기술을 활용해 학생에게 복잡한 경험을 제공할 수 있다. 비디오게임을 생각해보라. 정교한 비디오게임은 경이로운 다중감각 몰입경험을 줄 수 있다. 또 어떤 식으로든 현실생활을 도입한다면, 다중감각 몰입경험을 구체적이고 체계적으로 만들 수 있다. 우리는 특정한 추상적인 개념에 초점을 맞추면서 그것을 더 현실적이고 생생하게 만들기 위해 유투브 동영상을 자주 이용한다. 또 '전문성'이나 '인생의 가치' 같은 추상적인 개념을 설명하기 위해 영화의 한 대목도 활용한다.

| 포괄적인 다중감각 몰입경험 | 포괄적인 다중감각 몰입경험은 긴 시간에 걸쳐 일어난다. 예를 들어, 브리지워터와 미국의 몇몇 학교는 학생들을 데리고 1박 캠핑여행을 다닌다. 하이테크하이의 인턴과정도 이런 프로그램에 속한다. 이런 형태의 경험을 통해 수질·날씨변동·기후변화가 동식물에 미치는 영향에 대한 과학적 연구 등을 조사하게 될 수 있다. 우리는 남북전쟁

에 초점을 맞춘 다소 깊이 있는 다중감각 몰입경험을 개발해왔다. 정서적 충격을 섬세하게 배려하기만 한다면(여기에는 약간의 훈련이 필요할 때가 많다), 전쟁과 이별에 관련된 쟁점들을 전반적으로 소개할 수 있다(과학에서의 다중감각 몰입경험 사례를 들자면, 브리지워터의 한 학생은 암에 걸린 어머니 때문에 유방암을 열심히 조사했다).

감각처리

다중감각 몰입경험은 단지 첫 단계일 뿐이다. 세밀한 감각을 처리하면 주의와 초점이 강화된다. 그 결과 학생은 경험을 더 생생하게 만드는 쪽으로 인도된다. 교사는 학생에게 이런 식으로 질문할 수도 있다. "무엇을 알아차렸나요?" "무슨 색깔을 보았지요?" "크기나 거리가 얼마나 되는지, 얼마나 가까이 있는지 알아차렸나요?" "익숙한 것이 있었나요?" "새로운 것은요?" 더 세밀한 감각관찰을 통해 학생은 자신이 이미 알고 있는 것과 첫 연결을 지을 수도 있다.

행위자(학생) 중심의 상황에 따른 적응적 질문

감각처리 과정에 이어서, 교사는 학생들과 함께 학생이 개인적으로 또 집단적으로 무엇에 관심을 갖는지 파악한다. 이 단계는 브레인스토밍 과정과 아주 비슷하게 다루어진다. 교사는 다음과 같이 질문할 수 있다. "여러분은 무엇에 호기심이 있나요?" "여러분이 본 것 중에 인상적인 것은 무엇인가요?" "여러분이 더 알고 싶은 것은 뭐지요?" 전자칠판에 질문을 올리면서 학생들은 어느 측면을 조사하고 싶은지 결정할 수 있다. 또한 질문을 개별적으로 조사할지, 둘이 짝을 짓거나 소집단을 이루어서 조사할지도 결정할 수 있다. 그럼으로써 주제를 개인적인 관심사와 연관 지을 수 있게 된다. 숙달할 핵심 기술과 지식으로 이어지기만 한다면, 개인의 선택은 동기부여와 지각/행동 학습을 추구하는 데 핵심적인 역할을 한다.

예를 들어 9장에서 소화수업을 이야기할 때, 우리는 그 과정에서 발생하는 현안들을 학생들이 자유롭게 선택했다고 말했다. 학생들은 다음과 같은 것들을 선택할 수 있었다.

- 자신에게 식단문제나 당뇨병 또는 비만문제가 있음을 아는 개개인처럼, 개인적인 현안에 초점을 맞춘다.
- 가난한 사람이 사먹을 수 있는 음식 및 값싼 음식이 소화와 건강에 미치는 영향에 초점을 맞춘다.
- 각기 다른 민족 특유의 식단과 한 문화에서 다른 문화로 옮겨가는 것이 소화에 어떤 영향을 미칠 수 있는지를 조사한다.
- 제3세계 나라로 여행할 때 소화에 관해 알아야 할 것이 무엇인지를 조사한다.

질문이 즉시 나오지 않으면, 교사가 이용할 수 있는 대안들이 있다는 점에도 주목하자. 교사는 스스로 주제를 도입하고, 자신에게 개인적으로 중요한 현실적인 질문을 제기하며, 학생들에게 집단적으로 와 닿는 질문이 혹시라도 있는지 알아본다. 개인적으로 관련 있는 질문을 현재 다루고 있는 학습주제 및 교과과정과 연관시킬 방안을 찾아내는 것도 어느 정도 교사의 역량에 속한다.

계획하기·조직하기·조사하기·능력개발

일단 처음에 조사할 질문들이 확정되면 학생들은 비교적 자유롭게 조사할 수 있다. 혼자 하든지, 짝을 지어 하든지, 모둠을 꾸려서 하든지 어느 것이든 선택할 수 있다. 학생들은 인터넷이나 참조용 웹사이트를 이용한다거나, 웹 또는 이메일을 통해 공동체의 실제 전문가나 전문자료와 접촉해야 하므로 여기서 기술은 또 다시 필수적인 게 된다. 특히 웹을 통해 조사(위키피디아 같은)를 한다면, 정보가 허접하거나 부정확한 경우가 있으므로 사실에 대한 확인이 필요하다. 학생과 교사는 믿을 만한 웹사이트를 만들고 싶어 할 수도 있다. 학교에 자체 서버가 있다면, 학생들은 믿을 만한 정보가 담겨 있고 학생과 교직원이 함께 검토할 수 있는 위키피디아를 자체적으로 만들 수도 있다. 참고자료를 찾아서 읽고 다양한 자원을 이용할 수도 있다.

학생들이 핵심적인 사실자료를 모으거나, 실생활의 사례를 더 많이 접하거나, 기술을 사용하면서 개념과 현안을 파악하기 시작하면, 학생과 교사는 서로 존중하면서 자료와 개념을 처리하고 논의한다. 이 모든 과정에서 교사는 학생들이 비판적 사고력을 개발하고, 주제와 관련된 핵심 개념을 요약할 수 있도록 돕는다. 하이테크하이의 한 학생은 생물학 프로젝트를 연구해서 샌디에이고만의 동물종(種)에 관한 책을 쓰는 일을 도왔다(그 책은 현재 자연사박물관에서 판매되고 있다).

그는 흰물떼새, 즉 그 새의 서식지·생명활동·개체군의 증감·멸종위기 상황을 연구했다. [그는 계속했다] "지금까지는 책에 실을 원고를 쓴 적이 한 번도 없었어요. 일반적인 연구논문을 쓰는 것과는 달리, 글을 재미있게 쓴다는 것은 힘든 일이었어요. 또 환경이 매우 중요하다는 점도 깨달았어요. 하나의 생물이 대단히 중요할 수 있다는 것을 전에는 깨닫지 못했거든요. 흰물떼새는 날벌레의 유생을 먹어요. 흰물떼새가 사라진다면, 우리 해안은 날벌레로 가득해질 거예요."(Wagner, 2008, p. 227)

직접적으로 또 간접적으로, 교사는 학생들이 새로운 어휘를 쓸 때 그들을 이끌어줄 것이다. 학생들이 스스로 찾아낸 것을 이야기할 때, 정보와 추측한 내용을 생생하게 교환하는 일이 일어난다. 학생의 연구를 통해 핵심적인 사실들과 현안들이 나오면 기록한다(칠판이나 전자칠판에 적는다). 학생들은 자신이 발견한 것을 토론하고 설명하고 가능한 함의 및 모순과 결론을 논의한다. 여기서 모든 학습이 발달적이라는 점을 상기할 필요가 있다. 학생들이 처리할 수 있는 것을 처리하면서 발달상의 문제점이 자기들끼리 해결될 때도 있고, 더러는 교사의 지도가 더 필요한 상황도 있다. 가르치는 것을 교수기술이라고 하는 것은 바로 이런 이유에서다.

무언가를 창조하거나 설계하기

학생들은 새롭게 이해한 것을 어떻게 상세히 기록할 것인지 그 방법을 정해야 한다. 그들은 패턴을 그래프로 그리고 무언가를 만들거나 키우고 논문을 쓰고 모형을 만들고 멀티미디어 프레젠테이션을 만드는 등의 선택을 할 수 있다. 단순하든 복잡하든 연구과제를 활용하는 것이 바로 하이테크하이 철학의 핵심이다. 그들이 선택한 방법에 상관없이, 결과물의 질을 높이고 숙련도를 보여주기 위해 세심하게 주의를 기울이는 게 필요하다. 이런 이유로 교사와 또래 학생들과 함께 프로젝트 진행기간 내내 끊임없이 개선이 이루어지도록 협업을 하는 것이다. 이 단계는 논문과 발표자료를 수정하고 또다시 수정하는 것에서부터 결과물을 재고하고 재창작하는 것에 이르기까지 다양한 과정을 포함한다. 이 과정의 묘미는 결과물이나 절차 혹은 발표 자료를 만들거나 편집하는 과정에서 추가적인 이해와 역량개발이 엄청나게 이루어진다는 점이다.

공개 발표

마지막으로 프로젝트 결과물을 또래·교사·부모·전문가에게 발표하여 그에 대한 논평을 듣는다. 이를 테면, 하이테크하이의 학습과정에는 학생의 작품을 공개하는 것이 핵심 요소로 들어 있다.

> 우리는 외부사람들을 초청하여 다함께 보는 자리에서 아이들이 자신의 작품을 다양한 방식으로 발표하게 한다. 물론, 학생의 디지털작품과 발표물을 보는 것은 부모만이 아니다. 공학과제물에는 공학자, 건축과제물에는 건축가도 초청하는데, 프로젝트를 마무리할 때뿐만 아니라 프로젝트를 진행하는 도중에도 초청한다. 그렇게 함으로써 피드백이 훨씬 더 의미를 갖게 된다.(벤 데일리 교장, Wagner, 2008, p. 223에서 인용)

학생들은 귀 기울여 듣고, 자신이 이해한 것을 보여주며, 비평에 반응하고, 본질적인 변화를 이루고, 자신이 배운 것을 설명한다.

남들로부터의 피드백은 단순할 수도 있고 복잡할 수도 있다. 그것은 결과물에 작은 '쪽지'를 붙이는 형태로 나타날 수도 있고, 장시간 집중 토의하는 형태를 취할 수도 있다. 모든 피드백은 구체적이어야 하고 상대방을 존중하는 용어를 써야 한다. 따라서 피드백을 제공하는 것도 전체 과정에 평가라는 하나의 단계를 추가하는 교육도구가 된다. 학생들은 피드백을 관찰하고 처리하면서 결과물의 수준을 판별하고, 건설적이고 존중하는 태도로 서로를 비판하는 법을 터득한다.

전반적인 의견

지금까지 말한 모든 단계는 더 큰 맥락 속에서 일어난다. 때로는 일정한 기술이나 개념(이를테면, 심화·보충수학인 수학 II나 더 좋은 발표를 준비하는 데 필요한 기술)이 선결되어야 다음 과정으로 나아갈 수 있다. 때로는 관심사와 다른 연구과제들이 뒤얽힌다. 여러 역량이 병렬적으로 발달할 것이므로(수학과 과학, 읽기와 역사 등) 언제나 여러 가지 활동의 가닥들이 있을 것이다. 때로는 보다 큰 차원에서 학교 전체의 활동이 필요할 수도 있다. 그러므로 유도경험교수법의 철학과 역동성을 잃지 않으면서 이 끊임없는 활동과 다양한 과제를 관리하거나 촉진할 필요가 있다. 예를 들면, 가끔은 직접교수를 반드시 해야 할 때도 있지만 그래도 괜찮다. 중요한 점은 항상 학생의 관심사와 통제감을 함양하고 존중하며 확대하는 것이다. 그럼으로써 상위 경로의 작동메커니즘이 유지될 수 있도록 해야 한다. 브리지워터는 그렇게 하고 있다. 아래에서 살펴보겠지만 이것은 복잡한 과정이다.

브리지워터는 유도경험교수법을 어떻게 강화할까?

설립 철학에 따라 채택되고 구체화된 많은 과정과 절차를 통해서 브리지워터는 전반적으로 유도경험교수법을 유지한다.

학습영역들이 모두 다루어지도록 한다

앞서 말했듯이 브리지워터는 교사들에게 SACSA 기본 틀과 구조를 잘 파악할 것을 요구한다. 브리지워터는 사회와 환경에서처럼 수학과 영어를 학생의 개인학습에 통합시킨다. 이러한 대다수 개인학습이 별 어려움 없이 대부분의 프로젝트에 통합될 수 있다는 것이 브리지워터의 철학이다. 그들은 어느 교육과정에서나 어느 정도까지는 거의 모든 것을 가르칠 수 있다고 생각한다. 하지만 아래와 같이 더 많은 것이 요구되곤 한다는 것도 알고 있다.

- 심화학습에 필요한 기본 역량을 학생들이 반드시 갖추도록 수학·언어·정보통신기술의 핵심 역량을 어느 정도는 명시적으로 기꺼이 가르친다.
- 개인학습에서 누락되는 학습영역들이 있을 때, 지평확대프로그램(Widening Horizons program)에서 선택과목으로 보충을 한다(뒤에서 설명함).
- 누락된 부분이 있으면 채운다. 예를 들어, 브리지워터는 학습영역 중에 과학의 비중이 적다는 점을 인식했다. 이 문제는 모든 학생이 참여하는 2주간의 과학집중탐구교실을 통해 해결되었다. 여기에는 과학 및 그 갈래 해체하기·실험을 설계하는 방법·실험절차를 기록하는 방법·이론을 검증하는 방법 등이 포함된다.
- 학생들이 집단적으로 관심을 갖는 분야를 찾는다. 그들은 학생들이 SACSA 기본 틀에 더 친숙해지도록 핵심 개념(Key Ideas) 및 성과(Outcomes)의 항목들을 주제로 삼아 상세히 분석하는 일도 함께 해왔다. 예를 들어, 다음과 같은 질문은 학생들에게서 매우 열정적인 반응을 이끌어냈으며, 많은 개인학습계획에 영향을 미쳤다. "여러분은 무엇을 측정할 수 있나요?"

"어떤 속성을 측정할 수 있지요?"

"측정하는 데 어떤 도구를 쓸 생각인가요?"

"발견한 것을 어떤 방법으로 발표할 생각이지요?"

개인별 일정표와 시간표

우리가 서술하는 방식으로 학교를 운영하고 가르치려면, 학교체제와 개인의 선택, 전체적인 편성과 자율편성 간의 조화가 이루어져야 한다. 가장 잘 배울 수 있는 곳이 어디인지를 놓고 다양한 선택이 가능할 때, 학교마다 무엇이 학교와 학생들에게 효과적인지를 결정해야 한다.

브리지워터에서는 매일 모둠회의 때(매일 아침에 첫 번째로 하는 일이다) 학생마다 개인별 시간표를 작성한다. 이 모둠회의시간에는 어떤 쟁점이라도 제기할 기회가 주어지며, 교사들은 다른 여러 가지 기회나 모둠회의를 학생들에게 공지할 수 있다.

일주일에 4일은 수학과 언어능력을 습득하는 데 일정한 시간이 할당되어 있다. 하지만 그 시간에 어디에 초점을 맞출 것인지는 학생들이 선택할 수 있다. 스포츠와 피트니스에도 시간이 할당되어 있는데 학생들은 자신이 선택한 종목에 등록한다. 수요일은 거의 전적으로 개인학습에 할당되어 있다고 앞서 언급한 바 있다. 침묵시간도 있는데 이 시간은 집중적인 글쓰기를 하는 데 쓰이곤 한다.

개인적인 일정표를 작성하는 것 이외에 학생들은 지평확대든 집중탐구교실이든 창의적 착상교실이든 자신이 참여하는 활동의 일정표를 적는 것은 물론 컴퓨터시간과 교사와의 면담시간도 예약해야 한다.

학기가 끝날 무렵이면 매번 '초급자' 모둠의 학생들(16장에서 조직화능력을 다른 부분 참조)은 다음 학기에 사용할, 지울 수 있는 대형 학급일정표를 작성한다. 이 일정표는 학기 내내 각 모둠이 관리하며, 모둠회의를 하는 동안 날짜가 확정된다. 일정표에는 그날 또는 그 주에 걸쳐 이루어질 일들이 적혀 있으며, 따라서 학생들은 그것들을 개인일정표에 추가할 수 있고, 제공받는 것들을 언제 어디에서 접할 수 있는지를 알 수 있다. 또 교사는 학급일정표를 보고서 학생들이 합창 같은 추가활동들을 언제 하는지 그 시간을 알 수 있다.

이동기록장

학생들은 많은 개인학습을 하기 때문에 학교의 여러 공간을 자원으로 활용할 수도 있다. 이동기록장을 사용함으로써 이에 대한 관리를 하는데, 학생들은 멀티미디어실 같은 공간의 사용 허가를 얻기 위해 이동기록장을 쓴다. 이런 공간은 교사가 있거나 교실 밖 활동을 할 때에만 이용이 가능할 수도 있다.

분명한 것은 공간선택의 여지가 많기 때문에 체계적으로 관리되어야 한다는 것이다. 따라서 교직원도 학생들이 있는 곳이나 특정한 활동을 하러 갈 곳을 기록할 수 있는 전자칠판을 써서 학생들의 이동상황을 계속 추적할 방법을 마련한다.

그 밖의 실행

유도경험교수법은 무언가를 하기 위한 더 포괄적인 접근법의 일부다. 브리지워터의 몇 가지를 실행 예로 들어서 이 포괄적인 접근법을 설명해보자.

- 개인학습계획의 활용(16장 참조)
- 계획하고 조직하는 능력에 따라 학생모둠을 구성
- 멘토와의 만남
- 집중학습 모둠

| 집중학습 모둠 | 적절할 때에는 다소 명시적인 직접교수도 더 큰 규모의 유도경험교수법에 통합될 수 있다는 것을 보여주기 위해, 우리는 여기서 집중학습 모둠의 사용을 강조하고자 한다. 학생들 스스로 집중학습 모둠에 참가하겠다고 신청할 수도 있고, 교사가 필요한 대상자를 파악할 수도 있다. 집중학습 모둠은 분수를 더 잘 이해하거나 허구적 인물이 등장하는 글을 더 재미있게 쓰는 법을 배우는 등 명시적 학습의 기회를 제공한다. 집중학습 모둠은 아주 짧게 이루어진다. 약 6~10명의 학생으로 구성되고, 즉각적이고 구체적인 욕구를 충족시키고자 여는 것이므로, 가끔씩은 10분이면 끝나기도 한다. 구체적인 내용에 초점을 맞추며, 대개 선택된 주제를 놓고 2~3차례 모임을 갖고, 교사 한 명이 중단 없이 명시적으로 가르친다. 먼저 신청서에 신문기사를 쓰는 법처럼 집중학습 모둠에서 배우고 싶은 주제를 적는다. 그런 뒤 초급자들로 모둠을 구성할지 여부를 파악한다. 일단 인원이 정해지면, 모둠활동을 할 시간을 정한 뒤 학생들에게 시간과 장소를 알려준다.

심화수업과 확장수업

SACSA의 기본 틀은 중요하지만 그것이 전부는 아니다. 브리지워터는 이해와 역량을 확장하고 심화시켜야 한다는 점을 늘 염두에 둔다. 사실, 목표는 우리가 7장에서 설명한 풍부한 지식망을 지속적으로 확장시키는 것이다. 그러기 위해 그들은 적어도 다음과 같은 두 가지 방식을 추가로 활용한다.

| **지평확대** | 지평확대(Widening Horizons)는 학습을 심화시키기 위한 방안이다. 지평확대는 교사나 부모나 외부전문가 같은 어른들이 SACSA 기본틀에 들어맞고, 열정을 이끌어낼 수 있는 교육프로그램과 단원을 제공하는 것이다. 관심이 있는 학생들은 신청서를 작성한다. 신청서에는 주제·담당자·시간·장소·활동기간이 적혀 있다. 최근에는 지평확대프로그램에 미술·스퀘어댄싱·비디오카메라·창의적 요리까지도 포함되었다.

| **창의적 사고** | 창의적 사고(Creative Ideas)는 지평확대와 비슷한 방식이지만, 학생이 다른 학생에게 제공하는 것이다. 창의적 사고프로그램을 운영하고 싶은 학생은 다음과 같은 사항들을 작성하여 제출한다.

- 활동의 세부내용
- 운영하는 데 필요한 인원
- 필요한 자원
- 어른의 도움이 필요한지 여부
- 활동장소

이 기준들을 충족시키고 교사의 승인을 받는다면, 어떤 주제든 골라서 창의적 사고프로그램을 운영할 수 있다. 최근에는 컴퓨터게임·모노폴리(부동산 취득게임)·식물 기르기·정물화 그리기 같은 주제들도 등장했다.

평가

학생과 교사는 활동상황을 계속 기록해야 한다. 기록을 보면 진척상황·향상·전문성 획득을 생생하게 알 수 있다. 이런 사항들은 작문샘플·프로젝트·기타 전시물 같은 증거를 통해서도 입증되고 검토된다. 유도경험교수법에서 강조하는 것은 더 많은 것을 하거나 보여주려는 유능감·자신감·동기부여에 초점을 맞추고 역동적 지식과 고등사고력을 포함하기 때문에, 우리는 학생들이 온갖 종류의 경연대회를 통해 많은 것을 배울 수 있다고 본다. 경연대회는 학교·지역·국가·국제적인 수준에서 이루어질 수 있고, 동영상·웹사이트·멀티미디어를 활용할 수도 있다. 그런 경연대회에서 입상함으로써 자신의 성취를 입증할 수 있다.

학부모에게 통지

부모는 학생별 학습진도가 담긴 소책자를 통해 계속 정보를 받는다. 소책자에는 개인학습프로젝트 및 수학·문학·정보통신기술 학습에 대한 피드백, 교사와 학생이 작성한 성찰내용도 담긴다. 소책자는 매주 가정으로 발송되므로 부모는 학습상황을 계속 알 수 있다.

기술을 추가로 활용할 여지가 있다

우리가 경험한 바에 따르면 다른 많은 선진국보다 대체로 미국이 기술이용을 훨씬 더 심하게 제한하고 있다. 하지만 기술을 활용할 수 있는 여지는 많다(학생들이 배려하고 일관성을 지닌 학습공동체의 일부일 때).

- 학생들은 개인적으로 또 모둠별로 웹사이트와 블로그를 만들 수 있다.
- 학생들은 조사할 때 전 세계의 학생들과 폭넓게 협력할 수 있다.
- 학생들은 학교에서 노트북·스마트폰·태블릿 등을 통해 통신 및 네트워크에 접속하여 다양한 목적의 활동을 할 수 있다.
- 다른 유형의 기술도 활용하고 복잡한 관계도 형성할 수 있다. 미시간의 매컴아카데미(McComb Academy)와 모토롤라의 협력이 그 한 예다. 그곳에서는 학생들이 실제로 공장의 장비를 검사하고 제조자에게 결과를 제시할 기회를 준다.

18장 능동적 처리과정

능동적 처리과정(Active Processing)은 행해지는 모든 것에 생명력·역동성·
실체를 주며, 이것은 편안한 각성상태 및 복잡한 경험에의 잘 설계된 몰입
못지않게 중요하다. 이것은 형성평가와 총괄평가가 둘 다 작동하는 '그 순
간의' 생각과 행동에 관여하는 질문을 통해 이루어진다. 능동적 처리과정
은 지속적이고 역동적이며, 깊이·폭·도전적인 높은 수준의 학습(learning
rigor)을 확보하는 열쇠다. 교사가 중요한 쟁점사항을 강조하고 고등사고력
을 작동시키고, 학생들이 진행 중인 결론과 이해를 공유하는 것은 바로 이
능동적 처리과정을 통해서다.

능동적 처리과정은 주의와 초점을 강화하며, 다양한 학습영역과 교과를
통합하고, 집행기능이 강조되고 확장되는 창문이 된다. 일반적으로, 능동
적 처리과정을 활용하는 교사는 강의 대신 질문을 사용하고, 미리 정해진
답 대신에 도전과제를 제시한다. 또한 학습자를 도와 무엇이 불분명한지 찾

고 이를 발견할 때까지 기다려준다.

능동적 처리과정의 기본 철학

능동적 처리과정은 한 세트의 교수학습 전략 그 이상이다. 능동적 처리과정이 기여하는 보다 큰 철학이 있는데, 바로 여기에서 뇌의 학습방식에 기반한 새로운 교육철학이 나온다. 본질적으로, 학습은 현재진행형이라는 것이 핵심이다. 그 길에는 돌출부도 있고 정점이나 고원도 있다. 학생과 교직원은 끊임없이 진행되는 학습의 본질적 특성을 이해할 필요가 있다. 완성된 목표와 성취를 축하하기 위해 잠시 쉴 때도 있겠지만, 이런 때조차도 학습의 본질을 잊지 말고 집요하게 계속 학습해야 한다.

　이 철학을 제대로 이해하려면, 교직원은 학생들에게만이 아니라 스스로에게도 이것을 적용할 필요가 있다. 거울뉴런에 관한 이론과 연구를 통해 우리는 학생들이 모델링(modeling, 사회인지학습이론의 핵심 요소로서, 모델을 관찰함으로써 나타나는 행동적·인지적·정의적 변화를 가리키는 용어. 모방보다 더 포괄적인 개념 – 편집자)으로부터는 물론, 간접적으로도 아주 많은 것을 배운다는 사실을 알게 되었다. 교직원이 학습을 하고 그들 스스로 능동적 처리과정에 참여하는 것이 학생들 눈에 보일 때, 학생들은 능동적 처리과정을 정상적인 과정, 즉 학습이 본래 그런 식으로 이루어지는 것이라고 여기게 된다. 그 결과 질문에 저항하던 태도는 수용적인 태도로 바뀌고, 능동적 처리과정에서 더 깊이 이해하고 더 능숙한 사람으로 발전하는 기쁨을 종종 누리기도 한다.

　첨단 비디오테크 세계에서는 전부 그렇지는 않다고 해도 그런 일이 상당히 많이 일어난다. 많은 게이머들은 더 많이 배우고 더 잘하고 스스로 시험해보고 의견을 교환하고 더 나아가 자신의 수행능력을 전반적으로 지켜보고 싶어 한다. 그러므로 우리가 도입하고자 하는 것은 교육에 이질적인 것이 아니다. 오히려 우리는 지금 밝혀진 내용을 가장 필요로 하는 곳, 즉 교육 분야에서 활용할 것을 요구하고 있는 것이다.

마지막으로, 능동적 처리과정이 집행기능을 얼마나 많이 활용하고 강화하는지에 주목하자. 교육의 근본적인 목표 중 하나는 학생들이 직업을 가질 준비가 되고, 지식시대를 살아갈 준비가 된 상태로 그들을 졸업시키는 것이다. 이 일은 우연히 이루어지는 게 아니다. 그렇기는커녕 대개 학교 바깥의 세계에서 평생 학습하는 삶을 살아갈 때 지녀야 할 기술과 과정은 학생들이 어린 시절 내내 경험하는 기술과 과정에 의해 결정된다. 학생들은 늘 경험의 바다에 빠져 살게 될 것이다. 그러한 경험을 처리하고 그로부터 충분한 혜택을 얻는 능력이 아마도 학교라는 양육환경을 떠날 때 지닐 수 있는 가장 큰 재능일 것이다.

브리지워터와 하이테크하이에서는 능동적 처리과정이 어디에서든 지속적으로 이루어진다. 예를 들어, 하이테크하이의 설립자인 래리 로젠스톡 (Larry Rosenstock)은 이 일반적인 목표에 접근하는 방식의 한 가지 측면을 다음과 같이 설명한다.

우리는 자신이 어떤 존재인지 인식하고, 열정을 갖고 목표를 추구하며, 필요한 역량을 갖춘 미래의 지도자─시민사회, 비영리 분야 및 영리 분야에서─를 양성하고자 한다. 우리는 그들이 사고력을 갖추고, 단체 속에서 협력할 수 있고, 독자적으로 일할 수 있는 사람으로 자라기를 바란다. 그들이 데보라 메이어(Deborah Meier)가…'마음습관'이라고 한, 지적인 행동을 갖추길 바란다. 이것이 왜 중요한가 하는 의미, 어떤 시각에서 볼 것인가 하는 관점, 자신이 어떻게 아는가 하는 증거, 어떻게 적용할까 하는 연결, 만약 달랐다면 어떨까 하는 가정을 생각할 수 있는 태도가 바로 그것이다. 이런 마음습관들은 사실 질문을 하는 습관이라고 할 수 있다. 질문의 핵심에는 당혹스럽게 만드는 무언가가 있다. 문제해결보다 문제제기가 더 중요하다.(Wagner, 2008, p. 214에서 인용)

능동적 처리과정은 유도경험교수법에 살을 붙이고 활기를 불어넣는다

이 섹션에서는 유도경험교수법의 단계들을 따라가면서 각 단계에 능동적 처리과정을 포함시켜보자. 한 학급의 학생들이 지금까지 다중감각 몰입경험을 해왔고, 이제 자신이 관심 있는 것을 처음으로 탐구하고 처리하기 시작한다고 상상해보자. 교사가 할 일은 학생들이 그 경험을 처리하고 더 깊이 파고들도록 돕는 것이다.

감각요소의 처리

세부적인 감각정보를 처리하기 위해서는 집중해서 주의를 기울이는 것이 필요하다. 또한, 뉴런들이 서로 연결되고 신경망이 형성되거나 확장되려면, 이때도 주의집중이 필요하다. 능동적 처리과정의 언어로 표현할 때, 감각처리과정은 더 정교해질 수 있다. 왜냐하면, 이 과정에서 학생들이 자신의 감각경험이 어떻게 강화되고 다듬어지는지 그 방법을 탐구하기 때문이다.

공장을 견학하거나 강줄기를 따라 여행하거나 동물원에 가는 등의 '현장

경험(지금 거기)'을 할 때, 나중에 떠올릴 수 있는 실제 사건들과 세부사항들도 많이 접하게 될 것이다. 확립된 관계 및 편안한 각성상태의 여러 측면이 어떤 상태에 있느냐에 따라, 교사가 처음에 토의를 주도할 수도 있겠지만 결국에는 학생들이 스스로 주도할 수 있게 된다. 학생들은 함께 논의를 하거나, 일의 순서를 정하거나, 자신이 관찰한 항목들을 체계적으로 정리하거나, 같은 경험을 할 기회가 있다면 어떻게 할지를 놓고 이런저런 의견을 내면서 토론할 수 있다.

질문은 다음과 같은 기본적인 것에서 시작할 수도 있다. "그것의 높이나 폭이 얼마나 되지요?" "색깔이 어떻게 달라 보여요?" "크기가 얼마나 될까요?" 그런 뒤에는 가령 "다른 것들과 어떤 점이 비슷하고 어떤 점이 다를까요?" 하는 식으로 질문이 점점 복잡해진다.

학생들은 남들이 인지하고 관찰한 내용을 이용할 수도 있다. 이런 내용은 인용표시를 해서 정리될 수 있다. 이 모든 일을 진행하면서 교사는 더 깊이 있는 질문을 하거나 때로 요약을 하기도 하고 학생들 자신이 이미 알고 있는 것에 열정을 갖도록 전반적으로 자극한다.

어느 정도는 전에 배웠던 것과의 연결이 자동적으로 이루어질 것이다. 뇌가 본래 그런 식으로 작동하기 때문이다. 하지만 이 연결을 의식의 표면으로 끌어올려서 명확히 표현하고 확장시키는 것은 대단히 중요하다. 여기서도 그 일을 하는 주된 방식은 일련의 질문을 통하는 것이며, 이에 따라 질문은 점점 더 정교하게 다듬어진다. 예를 들면, "이것을 전에 어디에서 보았거나 경험한 적이 있나요?" "그것을 보니 여러분은 무엇이 떠오르나요?" "다른 것과 얼마나 비슷한가요?" 같은 질문들이 그렇다.

다중질문방식을 이용한 계획하기·조직하기·조사하기·능력개발

학생들이 스스로 조사하고 탐구할 때, 교사들은 다양한 방식으로 그들을 지도하고 지원한다. 교사(그리고 때로 학생들)는 이 목적을 위해 다양한 질문양식을 활용할 수 있다. 이런 질문들은 몇 가지 목적을 수행한다.

조사에 엄밀함과 깊이를 더하고 전문지식을 동원해 반영한다 "그 밖에 살펴볼 곳이나 달리 질문할 사람이 있나요?" "이 현안에 관한 많은 자료를 읽었을 때, 여러분은 …라는 현안을 해결했나요?" "전문가는 뭐라고 제안할까요?" "여러분에게 도움이 될 수 있는 이용 가능한 사례들이 있나요?" "누가 여러분에게 이 일에 대한 모델이 될 수 있을까요?"

선택된 자료에 의문을 제기한다 "이 웹사이트의 정보가 정확하다고 말해주는 증거가 있나요?" "추가적으로 보충증거를 발견했나요?" "반박하는 증거나 정보를 찾아냈어요?"

정답과 오답에 초점을 맞춘다 "차이점은 무엇일까요?" "구글에서 정답을 찾을 수 있을까요?" "공식은 무엇일까요?"

학습자 중심의 적응적 질문을 이끌어낸다 "가장 시급하다고 보는 것은 무엇인가요?" "시간이 얼마나 걸릴까요?" "가능한 해결책은 무엇일까요?"

자료와 출처를 분석한다 "이것을 뒷받침할 증거는 무엇일까요?" "그래프로 그리면 무엇이 드러날까요?" "우리가 놓쳤을 법한 자료가 있을까요?"

학교에서 다루는 학습내용은 대부분 역량기반이다. 읽기와 쓰기처럼 역량은 학습내용의 일부일 수도 있다. 혹은 공개발표를 준비할 때처럼 역량은 지원하는 역할을 할 수도 있다. 각 사례에서 교사는 학생의 연습을 지원하고 인도한다. 다음과 같은 일반적인 질문들을 통할 수도 있다. "여러분은 음악작품을 어떻게 연습할 거예요?" "부모님에게는 어떻게 발표할 건가요?" "여러분이 알고 있고 이제까지 해온 것을 어떻게 보여줄 건가요?" 직접교수를 통할 수도 있는데, 이때 교사와 학생은 무엇이 작동하고 작동하지 않는지를 평가하고, 개선할 단계들을 설계하는 데 함께 참여한다. 그리고 자기평가를 통할 수도 있다. 예를 들어, 브리지워터에서 학생들은 자신들이 얼마나 잘하는지를 대체로 스스로 책임지고 판단한다.

새로 배운 내용을 반영해 결과물로 만드는 과정

앞에서 살펴본 바와 같이, 지각/행동 학습은 배운 내용을 실제로 적용해봄으로써 가능하다. 따라서 학생들은 새로 숙달한 지식과 기능을 포함하는 결과물을 만들기 위해 노력한다. 학생이 결과물에 관해 결정을 내리도록 돕기 위해, 교사는 다음과 같은 질문을 할 수도 있다. "지금까지 배운 것을 어떻게 하면 가장 잘 보여줄 수 있을까요?" "여러분 자신이 조사한 내용을 토대로 새로운 지식이나 기술을 어떻게 보여줄 건가요?" "여러분 자신이 알고 있는 것을 다중감각 몰입경험 속에서 포착할 수 있나요?" "여러분 자신이 배운 것을 보여주는 데(자신이 가진) 어떤 재능이나 역량을 활용할 건가요?"

결과물이 만들어짐에 따라서 그것을 처리하기 위해 교사는 이런 질문을 할 수도 있다. "여러분 자신이 만든 것은 얼마나 정확한가요?" "어떤 공식을 썼습니까?" "여러분 자신의 연구를 토대로 어떤 질문을 예견할 수 있나요?"

"더 필요한 것이 있나요?" "세부사항을 점검할 수 있었나요?"

평가와 피드백 맥락에서의 능동적 처리과정

능동적 처리과정은 양면으로 유용하다. 학생의 사고를 확장하고 심화시키는 데 사용될 수 있으면서, 교사와 학생 양쪽에게 피드백을 동시에 제공하기 때문이다. 풀란(Fullan) 연구진이 지적했듯이(2006), 피드백의 시점과 피드백에 반응하는 시점이 적절해야 하는 것은 대단히 중요하다. 이런 식으로 형성평가와 총괄평가는 대개 통합적으로 운영된다고 할 수 있다.

│ 브리지워터에서의 평가 │ 평가는 첫 평가회의 때 이루어지며, 여기에서 학생들은 교사와 또래의 평가를 받을 수 있다. 그들은 또한 자신의 연구를 스스로 평가한다. 어떤 경우에는 학생들이 자신의 연구를 전체 학생 앞에서 발표하기도 한다. 최종 평가에서는 학생이 학습단원의 다양한 측면을 엮는 능력을 판단하며 초급자도 상급 학습자 못지않게 존중받는다. 평가는 다음과 같은 것들을 보여주게 될 것이다.

- 계획하기/마인드맵 만들기
- 의문제기 및 연관성 있는 질문하기
- 문해력(Literacy skills)
- 수리력(Numeracy skills)
- 정보통신기술(ICT)
- 학습단원의 발표

사우스오스트레일리아 주가 정한 대로 이 학교의 학생들도 시험을 보는데, 그들의 성적은 주의 평균보다 훨씬 높다. 하지만 주 정부가 시행하는 이 시험을 교직원도 학생도 가장 중요한 평가기준으로 여기지 않는다.

| 하이테크하이에서의 평가 | 하이테크하이도 마찬가지로 시험에 대비한 공부를 하지 않고, 시험결과에 좌우되지 않겠다는 단호한 입장을 취한다. 이 학교의 모든 학생은 캘리포니아고등학교 졸업시험을 친다. 또 그들은 STAR(the California Standardized and Reporting Program, 캘리포니아 학력평가시험으로 주요과목의 표준학력을 통해 자녀의 학습향상 정도를 측정하는 프로그램 - 편집자) 시험도 보는데, 이것으로 학교가 평가를 받는다. 평가는 수행기반이다. 즉, 모든 학생은 과제를 개발하고, 문제를 풀고, 발견한 것을 교육위원회에 제출한다. 학생들은 장문의 페이퍼를 작성한다. 그리고 그 과정에서 개별 교직원과 학생 사이에 많은 대화가 이루어진다.

학생을 안내하는 도구로서의 능동적 처리과정

학생들이 자신의 학습을 책임지고, 자기절제(self-discipline)와 자기조절(self-regulation)을 하는 능력을 확장하도록 돕는 것이 중요하다. 앞서 살펴보았듯이, 브리지워터와 하이테크하이에서는 학생마다 교직원 멘토가 있다. 게다가 과제를 기획하는 각기 다른 방식이 몇 가지 있다. 학생들은 이야기쓰기에 참여한다. 그리고 경험을 성찰할 기회도 많이 있다. 양쪽 학교 모두 기획회의를 활용한다.

브리지워터에서 기획회의를 어떻게 활용하는지 여기서 자세히 살펴보면 도움이 될 것이다. 우리는 브리지워터에서 직접 제공한 자료를 일부 이용한다(Sheperd & Love, 2009). 이 자료는 브리지워터초등학교의 허락을 받아 인용하는 것이다.

개별학습계획을 개발하는 과정에서 브리지워터 학생들은 어른과 기획회의를 열어야 한다. 어른은 멘토의 역할을 하면서, 학습이 엄밀하고 도전적이 되도록 한다. 한편으론 학생들과 토의를 하면서, 그 결과가 학습한 것과 얼마나 연계되는지 판단을 내린다. 그들이 묻곤 하는 질문을 몇 가지 꼽으면 다음과 같다.

- 이 주제가 자신에게 왜 실질적으로 의미가 있는가/중요한가?
- 이 단원을 통해 새로 배우고자 하는 것이 무엇인가?
- 이 개인학습이 교과과정 및 이전의 개인학습이라는 맥락의 어디에 들어맞는가?
- 이 개인학습을 제대로 완수하는 데 필요한 전문지식·정보·도움을 얻을 수 있는가?

이와 유사하게 학생들은 정보수집·처리·적용이라는 세 단계를 알고 있다. 블룸의 분류법(Bloom's Taxonomy)을 적용하자면, 학생들은 자신이 어느 '이야기'를 하고 있으며 다음 이야기로의 여행이 어떻게 보일 것인지, 그리고 그것을 어떻게 달성할지를 보여준다.

기획회의에서 학습의 깊이와 폭을 확보하고, 학생들에게 자신이 선택한 학습영역을 탐구할 기회를 다양하게 제공하는 것은 어른의 책임이다. 그렇긴 해도 그것을 실제 입증해보일 책임은 학생에게 있다. 학생은 자신의 주제에 대해 더 높은 수준에 이르렀음을 시연할 수 있어야 한다. 단지 기존의 지식을 답습한 것에 머물러서는 안 된다. 학생들이 선택범위를 너무 협소하게 유지한다는 것을 발견할 때마다, 교사는 학생들이 더 넓게 탐색하도록 이끌어줘야 한다. 유념할 것은 안전문제와 하위 경로를 피해야 한다는 점이다.

> 자신이 더 작은 소규모 모둠에 속해 있고 모두가 자신과 똑같은 이유로 모둠에 속해 있기 때문에 당황할 필요가 전혀 없어요. 큰 모둠에서는 당황할 수도 있고 학급전체를 상대로 하면 꺼리게 되지만요.　　　　　－6학년 학생

기획회의는 고립을 피하게도 해준다. 다른 학생들을 포함시킬 수 있고, 다문화주의나 성별 균형 등 연관된 도전과제들을 토론에 포함시킬 수도 있다. 이런 방식을 통해 토의는 계속 활기를 띠고, 학생들은 현안과 과정을 검토할 기회를 얻게 된다. 이 과정은 학생들에게 영향을 끼쳐서 훨씬 더 큰 학습기회를 빚어낼 수도 있다.

학생들은 계획한 단원을 끝내기 위해 일정과 마감시한을 스스로 책임지고 정한다. 소풍이나 초청강연 같은 정해진 행사가 있을 때, 학생들은 그 날짜를 자신의 일정계획표와 시간표에 적는다.

19장

내일을 들여다보는 창문

브리지워터와 하이테크하이의 모든 사례가 가치 있긴 하지만 그 사례들은 가능한 것의 일부, 즉 빙산의 일각에 불과하다. 우리가 브리지워터와 하이테크하이를 사례로 든 것은 그들의 학습접근법이 이 책에서 개괄한 자연적 학습방식이기 때문이다. 브리지워터와 하이테크하이는 다양한 문화적 배경을 지니며 능력과 재능이 저마다 다른 학생들로 구성되어 있다. 브리지워터와 하이테크하이는 실제로 사람들이 독특하면서 비범한 무언가를 만들어내고자 협력할 때 어떤 일이 일어날 수 있는지를 보여주는 사례다. 브리지워터와 하이테크하이에 참여한 사람들은 자연적 학습과 유도경험교수법의 모범 사례인 학교를 만들어왔다.

여기서 우리는 이 책이 어떤 공식을 제공하는 것이 아니라는 점을 다시 한 번 강조하고 싶다. 지침이 있긴 하지만 궁극적으로는 학교마다 다른 모습을 띠게 될 것이다. 자연은 무한한 다양성을 지니며 계속 변화하고 진화한다. 자연적 학습을 실천하는 것도 마찬가지다.

중요한 것은 지각/행동 학습의 모든 단계가 활용되고, 수업지도에 그것들이 전부 반영되어야 한다는 점이다. 초기 단계에서는 다음과 같은 경험을 제공해야 한다. 학생의 관심과 주의 끌기, 학생이 질문 제기하기, 조사에 몰입하기, 모델 구축하기, 이어서 전문지식 제공하기, 배움을 증냉하는 결과물 만들기, 공개를 통해 피드백 받기 등이다.

하지만 지각/행동 학습 단계들이 기존의 교육과정 운영에 반영된다 하더라도 성공이 보장되는 것은 아니다. 편안한 각성상태가 유지되도록 지속적인 주의를 기울여야 한다. 능동적 처리과정은 고등사고능력을 수반해야 하며 또한 지속적이어야 한다. 이 전체 과정이 역동적이고 창발적이지 않다면, 통제와 기존 방법에 의존하는 양상이 다시금 전면으로 나설 것이다. 이것이 바로 우리가 유도경험교수법을 개발한 이유다. 유도경험교수법은 역동적인 학습환경에서 펼쳐지는 세 가지 요소에 의존한다. 브리지워터와 하이테크하이가 보여주는 것도 바로 그것이다.

마찬가지로 중요한 점은 교사와 교육자가 자신의 평생학습과 전문성 개발에 이와 똑같은 과정을 적용해야 한다는 것이다. 강의·하향식 지시·이차원적 학습은 나름대로 한정된 역할을 하고는 있지만, 전문성을 신장시키는 데에는 역부족이다. 계속 쏟아지는 새로운 연구결과들을 잘 알고 새로운 기술에 숙달하려면 협력·토의·탐구·실천이 필요하다. 따라서 학교 내에서의 집단학습과 연구가 필수적이다.

사실, 학교는 외부 전문가에게만 의존할 것도 아니고, 개인이나 정부기관이 지시하는 대로 그냥 따르기만 할 것도 아니며, 지속적으로 발전할 수 있는 능력을 학교 자체적으로 갖춰야 한다. 교육자는 자기주도적 학습을 해야 한다. 그것이 바로 학교와 학군에서 전문학습공동체(professional learning communities)를 발전시키려는 우리의 접근법의 취지이다. 이 전문학습공동체의 목표는 이 책에서 다룬 원리와 과정을 사용하면서 전문성 개발능력을 자체적으로 갖추는 것이다(Caine & Caine, 2010).

그렇다면 이제 우리는 어디로 나아갈까? 기술의 활용은 자체적인 생명력을 지니게 될 것이다. 한편, 교육자와 교육에 관심이 있는 이들의 도전과제는 인간정신을 고양할 그 무엇을 이끌어낼 수 있도록 돕는 일이다. 이를 위해서는 지식과 지능을 여태껏 상상하지 못했던 영역까지 확장하는 일이 중요하다. 하지만 기술이 아무리 고도화되더라도 지각/행동 현상은 여전히 자연적 학습의 토대로서 남아 있을 것이다. 2008년 6월 싱가포르의 한 소식지에 실린 같은 취지의 글을 살펴보자.

싱가포르 학교들이 내다보는 미래

몰입형 3D와 4D환경, 인공지능이 만들어내는 아바타, 가상 야외탐사, 인터넷과 컴퓨터게임을 이용하여 실시간으로 이루어지는 수업은 싱가포르의 퓨처스쿨스(FutureSchools)라는 선도학교에게는 곧 현실이 될 것이다. 비콘초등학교(Beacon Primary School), 캔버라초등학교(Canberra Primary School), 크레슨트여학교(Crescent Girls' School), 주롱중학교(Jurong Secondary School), 화총교육기관(Hwa Chong Institution)이 바로 그런 곳들이다.

크레슨트여학교에서는 이것을 아이들이 배우는 방식을 전면적으로 바꾼다는 의미로 본다. 유지니아 림(Eugenia Lim) 교장은 다음과 같이 말한다. "점점 더 복잡해지고 세계화된 경제체제 속에서 탁월한 인재가 되려면, 학생은 평생 학습에 열정을 지니고 능동적인 자기주도적 학습자가 되어야 한다. 또 학생은 협력하고, 가상공간에서 팀 프로젝트를 주도하고, 기술을 활용하여 탁월한 성과를 쉽게 이루는 능력도 습득할 필요가 있다."

크레슨트여학교는 학습을 더 참여적이고 경험적인 것으로 만들기 위해 기술을 활용하고 있을 뿐 아니라, 기술 자체를 각 학생의 학습여정에 맞게 개인화할 것이다. 기술은 핵심 개념과 역량의 평가와 학생의 학습진척상황을 추적하는 데에도 쓰일 것이다. 따라서 교사의 역할은 학습의 설계자·촉진자·관리자에 더 가까워진다('Singapore schools,' 2008).

물론 말은 쉽다. 중요한 것은 기본 정신과 철학을 이해하고 거기에 활기를 불어넣음으로써, 이 말에 의미를 부여하고 경험을 살찌우는 것이다. 미래사회는 교사와 교육의 역할에 대한 새로운 상상을 요구한다. 다행히도 우리는 그런 미래에 도달할 수 있다. 모든 아이를 위해 교육의 질을 크게 높이고자 한다면, 우리의 핵심 과제는 모두가 태어날 때부터 지닌 인종·소수민족·연령·성별·국적 등의 다양성 자원과 역량들을 활용하는 것이 될 것이다. 장소와 상관없이 말이다.

SATfEL 지침(SATfEl guide) 효과적인 학습을 위한 사우스오스트레일리아의 교육과정의 기본 틀(South Australia Teaching for Effective Learning Framework Guide, South Australia, 2010)이다.

TDI 밈(Transmission Direct Instruction meme) 전통적인 교육관을 대변하는 전달/직접교수밈이다.

감각처리(Sensory processing) 능동적 처리과정의 한 측면. 현재 경험하는 세계의 세부사항에까지 인식을 확대하고, 새로운 경험을 이전 경험과 연관 지으며 정보를 처리한다.

거울뉴런(Mirror neurons) 남의 행동과 감정표현을 지켜보는 관찰자의 뇌에서 반응하는 뉴런. 거울신경이라고도 부른다. 거울뉴런이 활성을 띤 결과, 관찰자는 자신도 모르게 남의 행동과 감정을 무의식적으로 흉내 내고 경험하고 채택하곤 한다.

경험의 능동적 처리과정(Active Processing of Experience) 학습자가 경험을 이해하는 과정에 학습자 자신이 지속적으로 참여하는 것. 이 과정에는 요약하고, 되새기고, 질문하고, 조사하고, 다른 관점에서 보고, 교사와 전문가와 또래 등으로부터 피드백을 받을 기회를 많이 갖는 게 포함된다.

고등사고능력과 상위인지기능(Higher order functioning) 전전두피질의 집행기능 중 일부인 사고기능 및 능력을 가리키는 심리학 용어. 논리적 사고과정과 도덕적 사고과정도 포함된다.

과정의 정신(Spirit of Process) 학습은 진행형이다. 비록 도중에 고개·고점·고원·계곡 등이 있어서 길이 평탄치 않을지라도, 꾸준히 진행되는 학습의 본질적 특성을 학생과 교직원은 이해해야 한다. 또한, 완성된 목표와 성취를 축하하기 위해 잠시 쉴지언정 학습을 꾸준히 계속해야 한다.

긍정 정서(Positive Affect) 흔한 일상적인 사건으로 긍정적인 감정이 얼만간 증가할 때 수반되는 마음 상태. 이러한 감정에는 만족과 기쁨의 순간이 포함되는데, 내적으로 동기부여를 하는 힘든 일을 하는 사이사이에 찾아온다(Ashby et. al., 1999).

기술/학업 지식(Technical/scholastic knowledge) 비교적 구조화된 기능과 절차를 통합하는 능력과 핵심 개념을 이해하는 능력을 포함하는 지식. 더 깊은 이해를 포함하므로 표피적지식보다 더 깊이 있다.

내적 동기(Intrinsic motivation) 개인의 내면에서 나오고 행위자 중심의 적응적 질문과 그에 따른 개인적 결정과 행동으로 이어지는 개인적 욕구와 욕망을 포함하며, 충동·설득·힘을 가리킨다. 내적 동기부여는 내면적이고, 개인적이며, 사적인 의미를 지닌다.

다중감각 몰입경험(Multisensory Immersive Experience, MIE) 학생들에게 새로운 교과나 주제, 학습 내용을 소개하거나 접하게 하는 직접적인 현실세계의 경험이다.

마음상태 연속체(Mind state continuum) 하위 경로와 상위 경로를 잇는 통로가 있다. 여기서는 생존과 관련된 두려움 및 무기력도 어느 정도 있고, 고등사고능력과 상위인지기능도 어느 정도 작동한다.

미음상태(Mind state) 마음의 상태는 어느 시점에 몸·인지·감정을 포함하는 뇌의 총체적인 활성패턴을 말하며(Siegel, 1999), 사람이 처한 조건 전체에 의해 영향을 받는다.

메타인지(Metacognition) 자신의 행동·지식·생각·행위를 성찰하는 능력. "자신이 안다는 것을 안다"라고 말할 수도 있다.

밈(Meme) 당연시되는 문화정보의 단위로서, 동일한 생각이나 행동이 여러 세대에 걸쳐 반복적으로 나타나게 한다. 밈은 자체적인 생명력을 지닌 관념으로 묘사되기도 한다.

복잡한 경험에의 잘 설계된 몰입(Orchestrated Immersion in Complex Experience) 자연적 학습을 염두에 둔 교수방식의 세 가지 핵심 요소 중 하나. 이는 교수지도의 절차로서 선택되거나 인위적으로 디자인된 실제 같은 상황·활동·사건·절차에 학생을 참여시킨다. 학습할 내용은 학습절차에 자연스럽게 포함된다.

브리지워터초등학교(Bridgewater Primary School) 교사 14명과 학생 157명으로 이루어진 작은 학교. 초등학교 고학년 과정과 중학교 과정을 결합한 형태이며, 사우스오스트레일리아의 애들레이드 근처에 있다. 작은 학교이긴 하지만, 우리가 이 책에서 주장하는 교육방식을 실천하는 모범 사례다.

비디오테크(Videotech) 텔레비전·기술·비디오게임을 포함한 첨단 대중매체의 세계다.

상위 경로(High road) 르두(LeDoux)가 말하는 뇌에 있는 두 가지 주요 경로 중 하나. 고등사고능력과 상위인지역량을 이용하고 참여시키는 경로다.(하위 경로 참조)

생물학적 성향(Biological predispositions) 출산·사회집단행동·식량 및 거처 확보 같은 생존과 관련된 욕구와 바람의 표현 형태로서, 일상세계에서 펼쳐지는 본능적인 지각과 행동의 양상들이다.

신경가소성(Neuroplasticity) 뇌가 학습과 같은 다양한 경험에 의해 스스로를 변화하고 재편하는 능력을 말한다.

역동적 지식(Dynamic knowledge) 현실세계에 적용될 수 있는 지식으로서, 계획된 상황·자연스럽게 일어나는 상황·애매한 상황 등 어떤 상황에서도 적용될 수 있는 지식을 말하며 수행지식이라고도 한다.

외적 동기(Extrinsic motivation) 대체로 개인적인 선택이나 의미와는 별개로, 개인이 어떤 식으로 행동하게 '만들'거나 '강요'하거나 '압박'하는 외부에서 부과된 동기요인이다.

자기유능감(Self-efficacy) 앨프레드 밴두러(Alfred Bandura, 1997)가 내놓은 개념으로서, 자신이 유능하다는 믿음을 가리킨다. 자신이 유능하다고 믿는 사람일수록, 행동하려는 의욕에 차있고 따라서 배우려는 동기를 더 지닌다.

자연적 학습(Natural learning) 모든 사람이 삶에서 배우도록 생물학적 및 심리학적으로 정해진 방식. 지각/행동 역학·지각/행동 사이클·지각 행동 학습으로 구성되어 있다.

지각/행동 사이클(Perception/action cycle) 모든 사람이 일상적인 문제를 인식하고 해결하는 데 자연적으로 사용하는 인지처리과정이다.

지각/행동 역학(Perception/action dynamic) 모든 사람은 지각과 행동의 상호작용에 끊임없이 참여한다. 가장 기본적인 수준에서는 의식의 문턱 아래에서 일어나며, 공중의 먼지나 밝은 빛에 반응하여 저절로 일어나는 눈 깜박임처럼 단순하다. 이런 반응은 자동적이며 몸 자체가 수행한다.

지각/행동 학습 단계들(Perception/Action Learning phases) 지각/행동 학습은 다음과 같이 여러 중요한 단계로 이루어진다. 첫 경험으로서 실제 같은 현실세계의 사건, 첫 연상관계의 탐색과 형성, 행위자 중심의 적응적 질문, 정보를 모으고 새로운 지식이나 기능을 토대로 결과물이나 수행을 내놓을 기회 등이다. 이 단계들은 피드백을 위해 제시된다.

지각/행동 학습(Perception/Action Learning, P/AL) 의도적인 학습을 말하는데 지각/행동 사이클에 바탕을 두고, 지각/행동 사이클을 이용하며, 지각/행동 사이클을 넘어선다.

지식망(Knowledge networks) 그물처럼 연결된 뇌 속의 모든 지식과 기술. 뇌에서는 그 어떤 지식이나 개념도 고립되어 있지 않고 망을 형성하고 있다.

집행기능(Executive functions) 뇌의 전전두피질(prefrontal cortex)이 담당하는 고등사고능력을 말하며, 기획·분석·논리적 사고·감정조절을 포함한다.

편안한 각성상태(Relaxed Alertness) 강력한 학습이 일어날 수 있는 최적의 마음상태. 이는 도전해보고 싶은 높은 의욕·높은 기대·개인 및 학습공동체의 낮은 위협·상대적으로 무기력하지 않은 상태 등의 조합으로 이루어진다.

표피적지식(Surface knowledge) 대개 지각/행동 학습의 다른 측면들을 거의 활성화하지 않는 암기한 사실과 절차. 겉핥기식 이해에 국한된 지식이다.

피질(Cortex) 생각·언어·의식을 담당하는 뇌의 바깥층이다.

하위 경로(Low road) 르두(LeDoux)가 말하는 뇌의 두 가지 주요 경로 중 하나. 고등사고능력과 상위인지기능을 거치지 않고 곧바로 일어나는 반사적이고 자동적인 생존반응을 가리킨다.(상위 경로 참조)

하이테크하이(High Tech High, HTH) 2000년에 샌디에이고의 기업가들과 교육자들이 뜻을 모아서 설립한 교육기관. 처음에는 차터고등학교 한 곳이었으나, 초등학교에서 고등학교에 이르는 학교들의 통합망으로 발전했고, 포괄적인 교원자격인증과정과 혁신적인 새로운 교육대학원도 갖추고 있다.

학습법 배우기(Learning to Learn) 이 책의 저자들이 국제협력자로서 참여하고 있는 사우스오스트레일리아 주의 10년 단위 첨단 교육개혁기본계획. 개별계획형태로서의 학습법 배우기는 2009년에 종료되었고, 그 이후에 사우스오스트레일리아 주 교육아동부가 내세우는 효과적인 학습을 위한 가르침(Teaching for Effective Learning)에 흡수되어 토대 역할을 하고 있다.

행위자 중심의 적응적 질문(Actor-centered adaptive questions) 행위자(학생)에게 의미가 있고 학생의 알고자 하는 욕구에서 출발하는 질문. 따라서 지각/행동 사이클이 유지된다.

참고 도서

- Alexander, C. N., & Langer, E. J. (1990). *Hi gher stages of human development: Perspectives on adult growth.* New York: Oxford University Press.
- Anderson, C. A. (2003). An update on the effects of playing violent video games. *Journal of Adolescence, 27,* 113–122. Retrieved from www.sciencedirect.com
- Anderson, C. A., Gentile, D. A., & Buckley, K. E. (2006). *Violent video game effects on children and adolescents. Oxford*: Oxford University Press.
- Annenberg Media. (2003). *The learning classroom: Theory into practice.* Retrieved from http://www.learner.org/resources/series172.html
- Arbib, M. A., Bonaiuto, J., & Rosta, E. (2006). The Mirror System Hypothesis: Linking Language to Theory of Mind. Retrieved from arbib06mirrorSystemH#30ª864.pdf
- Ardrey, R. (1996). *The territorial imperative: A personal inquiry into the animal origins of property and nations.* New York: Atheneum.
- Ariely, D. (2008). *Predictably irrational: The hidden forces that shape our decisions.* New York: Harper Collins.
- Ashby, F. G., Isen, A. M., & Turken, U. (1999). A neuropsychological theory of positive affect and its infl uence on cognition. *Psychological Review,* 106(3), 529–550.
- Bandura, A. (1997). *Self-effi cacy: The exercise of control.* New York: Freeman.
- Bandura, A. (2000). Self-effi cacy: The foundation of agency. In W. J. Perrig (Ed.), *Control of human behavior, mental processes, and consciousness* (pp. 17–33). Mahwah, NJ: Erlbaum.
- Bateson, G. (2002). Mind and nature: *A necessary unity (advances in systems theory, complexity, and the human sciences).* New York: Hampton Press.
- Begley, S. (2007). *Train your mind change your brain: How a new science reveals our extraordinary potential to transform ourselves.* New York: Ballantine Books.
- Bell, P., Lewenstein, B., Shous, A. W., & Feder, M. A. (Eds.). (2009). *Learning science in informal environments: People, places, and pursuits.* Washington, DC: The National Academies Press.
- Blackmore, S. (2000). *The meme machine.* Oxford: Oxford University Press.
- Blakelee, S. (2006, January 10). Cells that read minds. *New York Times.* p. C3.
- Bloom, B. S. (1984). *Taxonomy of educational objectives.* New York: Longman. (Original work published 1956)
- Boleyn-Fitzgerald, M. (2010). *Pictures of the mind: What the new neuroscience tells us about who we are.* Upper Saddle River, NJ: Pearson.
- Boone, K. (1999). Neuropsychological assessment of executive functions. In B. Miller & J. Cummings (Eds.), *The human frontal lobes: Functions and disorders.* New York: Guilford Press.
- Brady, M. (2007). *An any-century curriculum.* Retrieved from www.marionbrady.com/documents/AnAny-CenturyCurriculu.pdf
- Bridgewater Primary. (2010). Retrieved from http://www.sacsa.sa.edu.au/ATT/%7BAE62BB45-DD21-498D-ACA4-55114418E11C%7D/outcomes/sites/bridgewater2.html
- Brodie, R. (1996). *Virus of the mind: The new science of the meme.* Carlsbad, CA: Hay House.
- Bronson, P., & Merryman, A. (2010, July 10). The creativity crisis. *Newsweek.* Retrieved from http://www.newsweek.com/2010/07/10/the -creativity-crisis.html

- Brothers, L. (1997). *Friday's footprint: How society shapes the human mind*. New York: Oxford University Press.
- Buccino, G., Riggio, L., Melli, G., Binkofski, F., Gallese, V., & Rizzolatti, G. (2005). Listening to action-related sentences modulates the activity of the motor system: A combined TMS and behavioral study. *Cognitive Brain Research, 24*, 355–363. Retrieved from http://www.sciencedirect.com
- Caine, G., & Caine, R. N. (2001). *The brain, education and the competitive edge*. Lanham, MD: Scarecrow Press.
- Caine G., & Caine, R. N. (2010). *Strengthening and enriching your professional learning community: The art of learning together*. Alexandria, VA: Association for Supervision and Curriculum Development.
- Caine, G., & Caine, R. N. (in press). *Seeing education in a new light*. New York: Teachers College Press.
- Caine, R. N. (2008). How neuroscience informs our teaching of elementary students. In C. Block, S. Parris, & P. Affl erbach (Eds.), *Comprehension instruction* (2nd ed.). New York: Guilford Press.
- Caine, R. N., & Caine, G. (1994). *Making connections: Teaching and the human brain*. Menlo Park, CA: Addison-Wesley.
- Caine, R. N., & Caine, G. (1997a). *Education on the edge of possibility*. Alexandria, VA: Association for Supervision and Curriculum Development.
- Caine, R. N., Caine, G., McClintic, C., & Klimek, K. (2009). *12 brain/mind learning principles in action: Developing executive functions of the human brain* (2nd ed.). Thousand Oaks, CA: Corwin Press.
- California State University–San Bernardino. (2009). *Welcome to the holistic and integrative program*. Retrieved from http://www.csusb.edu/coe/programs/holistic_integ_ed/index.htm
- Cambourne, B. (1993). *The whole story: Natural learning and the acquisition of literacy in the classroom*. New York: Scholastic.
- Cameron, J., Banko, K. M., & Pierce, W. D. (2001, Spring). Pervasive negative effects of rewards on intrinsic motivation: The myth continues. *The Behavior Analyst, 24(1)*, 1–44.
- Cantell, D. (2006). Mirror neurons—A primer. *Intelligence River—RiverTown News*. Posted 2006/03/26. Retrieved from http://intelligenceriver.net/news/2006/03/26/121
- Carnagey, N. L., Anderson, C. A., & Bushman, B. J. (2007). The effect of video game violence on physiological desensitization to real-life violence. *Journal of Experimental Social Psychology, 43*, 489–496. Retrieved from www.sciencedirect.com
- Christakis, D. A., Zimmerman, F. J., DiGiuseppe, D. L., & McCarty, C. A. (2004). Early television exposure and subsequent attention problems in children. *Pediatrics: Offi cial Journal of the American Academy of Pediatrics, 113(4)*, 708–713.
- Christensen, C., Horn, M., & Johnson, C. (2008). *Disrupting class: how disruptive innovation will change the way the world learns*. New York: McGraw-Hill.
- Clark, A. S. (2006). *Detox for video game addiction?* Retrieved from http://www.cbsnews.com/stories/2006/07/03/health/webmd/main1773956.shtml
- Clark, B. (2004). Leaving children behind: Exam privatization threatens public schools. *Corp Watch*. Retrieved from http://www.corpwatch.org/article.php?id=11543
- Claxton, G. (1997). *Hare brain tortoise mind: Why intelligence increases when you think less*. London: Fourth Estate.

- Cloud, J. (2009, March 25). Kids with ADHD may learn better by fi dgeting. *Time* [Online edition]. Retrieved from http://www.time.com/time/health/article/0,8599,1887486,00.html
- Cole, K. C. (1999, October 13). Nobel prizes go to Caltech chemist, Dutch physicists. *Los Angeles Times*, pp. 1, 15.
- Collins, A., & Halverson, R. (2009). *Rethinking education in the age of technology: The digital revolution and schooling in America*. New York: Teachers College Press.
- Combs, A., & Snygg, D. (1959). *Individual behavior*. New York: Harper & Row.
- Combs, A. W. (1999). *Being and becoming: A fi eld approach to psychology*. New York: Springer.
- Common Core States Standards Initiatve (CCSSI). (2010, March 10). Draft K–12 Common Core state standards available for comment.. Retrieved from http://www.corestandards.org
- Conlan, R. (Ed.). (1999). *States of mind: New discoveries about how our brains make us who we are*. New York: Wiley.
- Cory, G. A., Jr., & Gardner, R., Jr. (Eds.). (2002). *The evolutionary neurothology of Paul MacLean*. Westport, CT: Praeger.
- Costa, A. L., & Kallick, B. (Eds.). (2008). *Learning and leading with habits of mind: 16 essential characteristics for success*. Alexandria, VA: Association for Supervision and Curriculum Development.
- Covey, S. R. (1990). *The 7 habits of highly effective people: Powerful lessons in personal change*. New York: Fireside.
- Cozolino, L. (2006). *The neuroscience of human relationships: Attachment and the developing social brain*. New York: W. W. Norton.
- Craik, F. J. M., & Lockhart, R. S. (1972). Levels of processing: A framework for memory research. *Journal of Verbal Learning and Verbal Behavior*, 11, 671–684.
- Csikszentmihalyi, M. (2008). *Flow: The psychology of optimal experience*. New York: Harper Perennial. (Original work published 1990)
- Damasio, A. R. (1994). *Descartes' error: Emotion, reason and the human brain*. New York: Avon Books.
- Damasio, A. R. (1999). *The feeling of what happens: Body and emotion in the making of consciousness*. New York: Harcourt Brace.
- Damasio, A. R. (2003). *Looking for Spinoza: Joy, sorrow, and the feeling brain*. New York: Harcourt.
- Dawkins, R. (1976). *The selfi sh gene*. Oxford: Oxford University Press.
- Decety, J., & Jackson, P. L. (2004). The functional architecture of human empathy. *Behavioral and Cognitive Neurscience Reviews*, 3, 71–100.
- Deci, E. L., Koestner, R., & Ryan, R. M. (1999). A meta-analytic review of experiments examining the effects of extrinsic rewards on intrinsic motivation. Psychological Bulletin: *American Psychological Association*, 125(6), 627–668.
- Denkla, M. B. (1999). A theory and model of executive function: A neuropsychological perspective. In G. Lyon & N. Krasnegor (Eds.), *Attention, memory, and executive function* (pp. 263–278). Baltimore, MD: Brookes.
- Dewey, J. (1980). *The need for social psychology*. In J. A. Boydston (Ed.), *John Dewey: The middle works, 1899–1924*, (Vol. 10, pp. 53–63). Carbondale, IL: Southern Illinois University. (Original work published 1916)

- Dewey, J. (1997). *Experience and education*. New York: Macmillan. (Original work published 1938)
- Dewey, J. (2010). *Democracy and education: An introduction to the philosophy of education*. Retrieved from http://www.forgottenbooks.org/read.php?a=144004497X (Original work published 1916)
- Diamond, M. C., & Hobson, J. (1998). *Magic trees of the mind*. New York: Penguin Putnam.
- Doidge, N. (2007). *The brain that changes itself*. New York: Penguin Group.
- Dretzin, R. (Producer). (2010, February). Digital nation [Television series episode]. In *Frontline*. Washington, DC: Public Broadcasting Service. Retrieved from http://www.pbs.org/wgbh/pages/frontline/digitalnation/view/
- Dugandzic, R., Dodds, L., Stieb, D., & Smith-Doiron, M. (2006). The association between low level exposures to ambient air pollution and term low birth weight: a retrospective cohort study. *Environ Health*, (5)3.
- Dunlosky, J., & Metcalfe, J. (2009). *Metacognition*. Thousand Oaks, CA: Sage Publications.
- Dweck, C. S. (2000). *Self-theories: Their role in motivation, personality, and development*. Essays in Social Psychology. Philadelphia: Psychology Press.
- Dweck, C. S. (2006). *Mindset: The new psychology of success*. New York: Ballantine Books.
- Eisler, R. (1994). *The chalice and the blade: our history, our future*. Gloucester, MA: P. Smith.
- Engel, A. (2009). *Seeds of tomorrow*. Boulder, CO: Paradigm.
- Entertainment Software Association. (2010). *Sales & genre data*. Retrieved from http://www.theesa.com/facts/salesandgenre.asp
- Ericsson, K. A. (2006). The infl uence of expertise and deliberate practice on the development of superior expert performance. In K. A. Ericsson, N. Charness, P. J. Feltovich, & R. R. Hoffman (Eds.), *Cambridge handbook of expertise and expert performance* (pp. 683–703). Cambridge: Cambridge University Press.
- Falck-Ytter, T., Gredeback, G., & Hofsten, C. von. (2006). Infants predict other people's action goals. *Nature Neuroscience, 9*, 878–879.
- Farrace-Di Zinno, A. M., Douglas, G., Houghton, S., Lawrence, V., West J., & Whiting, K., (2001). Body movements of boys with attention defi cit hyperactivity disorder (ADHD) during computer video game play. *British Journal of Educational Technology, 32*(5), 607–618.
- Federation of American Scientists. (2006). *Study recommends fi x to digital disconnect in us education and workforce training: Features of video and computer games teach skills in demand by present-day employers*. Retrieved December 8, 2010, from http://www.fas.org/press/news/2006/2006oct_digitaldisconnect.html
- Fogassi L., Ferrari, P. F., Gesierich, B., Rozzi, S., Chersi, F., & Rizzolatti, G. (2005). Parietal lobe: From action organization to intention understanding. *Science*, Vol. 302, 662–667.
- Fredrickson, B. L. (2009). *Positivity: Groundbreaking research reveals how to embrace the hidden strength of positive emotions, overcome negativity, and thrive*. New York: Crown.
- Freire, P. (2000). *Pedagogy of the oppressed* (30th anniversary ed.; M. B. Ramos, Trans.). New York: Continuum. (Original work published in English 1970)
- Fullan, M., Hill, P., & Coevola, C. (2006). *Breakthrough*. Thousand Oaks, CA: Corwin Press.
- Fuster, J. M. (2003). *Cortex and mind: Unifying cognition*. New York: Oxford University Press.
- Garan, E. M. (2004). *In defense of our children: When politics, profi t, and education collide*. Portsmouth, NH: Heinemann.

- Gardner, H. (2006). *Multiple intelligences: New horizons* (Rev. ed.). New York: Basic Books.
- Gazzaniga, M. (1988). *Mind matters: How mind and brain interact to create our conscious lives*. Boston, MA: Houghton Miffl in.
- Gee, J. P. (2007). *What video games have to teach us about learning and literacy*. New York: Palgrave Macmillan.
- Gibbs, R. W. (2007). *Embodiment and cognitive science*. New York: Cambridge University Press.
- Gillham, J. E. (2000). *The science of optimism and hope: Research essays in honor of Martin E .P. Seligman*. Radnor, PA: Templeton Foundation Press.
- Goldberg, E. (2001). *The executive brain: Frontal lobes and the civilized mind*. New York: Oxford University Press.
- Goleman, D. (2006). *Social intelligence: The new science of human relationships*. New York: Bantam Books.
- Goodman, K. (2005). *What's whole in whole language* (20th anniversary ed.). Muskegon, MI: RDR Books.
- Gopnik, A., & Meltzoff, A. N. (1997). *Words, thoughts and theories*. Cambridge: MIT Press.
- Gopnik, A., Meltsoff, A. N., & Kuhl, P. (1999). *The scientist in the crib: Minds, brains, and how children learn*. New York: William Morrow.
- Gordon, T. (1975). *P.E.T. parent effectiveness training*. New York: New American Library.
- Greene, A. J. (2010, July/August). Making connections: The essence of memory is linking one thought to another. *Scientifi c American Mind, 21*, 22–29.
- Greenfi eld, S. (2008). Society hard-wired for a fall. *The Australian*. Retrieved from http://www.theaustralian.news.com.au/story/O,25197,23858718-28737,00.html
- Haines, L. (2005). Violent video games do not cause aggression. *The Register*. Retrieved from http://www.theregister.co.uk/2005/08/15/video_games_and_aggression/
- Harste, J. C. (1989). *New policy guidelines for reading: Connecting research and practice*. Urbana, IL: National Council of Teachers of English and the ERIC Clearinghouse on Reading and Communication Skills.
- Hart, L. A. (1983). *Human brain and human learning*. White Plains, NY: Longman.
- Hayward, M. (1998). *Embodied cognition and the percept/concept distinction*. Retrieved from http://hci.uscd.edu/lab/publications/1995-1999.htm
- Healy, J. M. (1990). *Endangered minds: Why our children don't think*. New York: Simon & Schuster.
- Healy, J. M. (1998). *Failure to connect: How computers affect our children's minds—for better and worse*. New York: Simon & Schuster.
- Herr, N. (2007). *Television & health*. Retrieved from http://www.csun.edu/science/health/does/tv&health.html
- High Tech High. (2005). *Perspectives of San Diego Bay—A fi eld guide*. Providence, RI: The Next Generation Press.
- High Tech High. (2010). *San Diego Bay: A call for conservation*. San Diego, CA: The California Sea Grant College Program of the University of California.
- Hillman, J. (1996). *The soul's code: In search of character and calling*. New York: Warner Books.
- Hirshberg, C. (1999), September). How good are our schools? *LIFE Magazine, 40*, 43.
- Hirst, P. H., & Peters, R. S. (1970). *The logic of education*. New York: Routledge. Houghton, S., Mil-

ner, N., West, J., Douglas, G., Lawrence, V., Whiting, K., et al. (2004). Motor control and sequencing of boys with attention-defi cit/hyperactivity disorder (ADHD) during computer game play. *British Journal of Educational Technology, 35*(1), 21–34.

- Hunt, J. B. (1998). Organizing for learning: The view from the governor's offi ce. *American Association of Higher Education.* Retrieved from http://www.highereducation.org/reports/learning/learning3.shtml

- Hurley, S. L. (2006). Bypassing conscious control: Media violence, unconscious imitation, and freedom of speech. In S. Pockett, W. Banks, S. Gallagher (Eds.), *Does consciousness cause behavior? An investigation of the nature of volition.* Cambridge, MA: MIT Press.

- Hurley, S. L. (2006). Active perception and perceiving action: The shared circuits model. In T. S. Gendler & J. Hawthorne (Eds.), *Perceptual experience.* Oxford: Oxford University Press.

- Huttenlocher, P. R. (2002). *Neural plasticity; The effects of environment on the development of the cerebral cortex.* Perspectives in Cognitive Neuroscience. Cambridge, MA: Harvard University Press.

- Iacoboni, M. (2008). *Mirroring people: The new science of how we connect with others.* New York: Farrar, Straus & Gitroux.

- Iacoboni, M., Molnar-Szakacs, I., Gallese, V., Buccino, G., Mazziotta, J. C., & Rizzolatti, G. (2005, March). Grasping the intentions of others with one's own mirror neuron system. *PLoS Biology, 3*(3), Retrieved from www.plosbiology.org/article/info:doi/10.1371/journal.pbio.0030079

- Iacoboni, M., Woods, R. P., Brass, M., Bekkering, H., Mazziotta, J. C., & Rizzolatti, G. (1999). Cortical mechanisms of human imitation. *Science, 286,* 2526–2528.

- Iiyoshi, T., & Kumar, M. S. V. (Eds.). (2008). *Opening up education: The collective advancement of education through open technology, open content, and openknowledge.* Cambridge, MA: MIT Press. Retrieved from mitpress.mit.edu/books/chapters/0262033712chapt25.pdf

- Jenkins, D. (2006). NPD data claims younger gamers still dominant. *Gamasutra: Industry News.* Retrieved from http://www.gamasutra.com/php-bin/news_index.php/news_index.php?story=10923

- Jukes, I., & Walker Tilesto, D. (2009). *Understanding digital kids: Teaching and learning in the new digital landscape.* Thousand Oaks, CA: Corwin Press.

- Kelly, F. S., McCain, T., & Jukes, I. (2009). *Teaching the digital generation: No more cookiecutter high schools.* Thousand Oaks, CA: Corwin Press.

- Kihlstrom, J. F. (2007). *The rediscovery of the unconscious.* Retrieved from http://socrates.berkeley.edu/~kihlstrm/rediscovery.htm

- King, B. (2003). Educators turn to games for help. *Wired.com.* Retrieved from http://www.wired.com/gaming/gamingreviews?news/2003/08/59855

- King, M. L., Jr. (1947). The purpose of education. *Morehouse College Student Paper, The Maroon Tiger.* Retrieved from http://www.drmartinlutherkingjr.com/thepurposeofeducation.htm

- Kohlberg, L. (1984). *The psychology of moral development: The nature and validity of moral stages.* San Francisco: Harper & Row.

- Kohn, A. (2000a). *The case against standardized testing.* Portsmouth, NH: Heinemann.

- Kohn, A. (2002). The 500-pound gorilla: The corporate role in the high-stakes testing obsession and other methods of turning education into business. *Reclaim Democracy.*

- Retrieved from http://reclaimdemocracy.org/weekly_article/corporate_infl uence_education_kohn.html

- Kovalik, S. J., & Olsen, K. D. (1994). *ITI model: Integrated Thematic Instruction* (3rd ed.). Kent, WA: Books for Educators.
- Krasnegor, N. A., Lyon, G. R., & Goldman-Rakic, P. S. (Eds.). (1997). *Development of the prefrontal cortex: Evolution, neurobiology, and behavior*. Baltimore: Paul H. Brookes.
- Lakoff, G. (1987). *Women, fi re, and dangerous things: What categories reveal about the mind*. Chicago: University of Chicago Press.
- Lakoff, G., & Johnson, M. (1999). *Philosophy in the fl esh: The embodied mind and its challenge to Western thought*. New York: Basic Books.
- Lakoff, G., & Johnson, M. (2003). *Metaphors we live by*. Chicago: University of Chicago Press.
- Langer, E. J. (1997). *The power of mindful learning*. New York: Pereus Book Group.
- Langford, N. J. & Ferner, R. E. (1999). Toxicity of mercury. *Journal of Human Hypertension*. Retrieved from: http://www.nature.com/jhh/journal/v13/n10/abs/1000896a.html
- Larrivee, B. (2009). *Authentic classroom management: Creating a learning community and building refl ective practic* (3rd ed.). Columbus, OH: Pearson.
- Lave, J., & Wenger, E. (1991). *Situated learning: Legitimate peripheral participation*. New York: Cambridge University Press.
- Lawrence, V., Houghton, S., Tannock, R., Douglas, G., Durkin, K., & Whiting, K. (2004). *ADHD outside the laboratory: Boys' executive function performance on tasks in videogame play and on a visit to the zoo*. Retrieved from http://www.eric.ed.gov/ERICWebPortal/Home.portal;jsessionid;HhzSwDc-1sPMS
- Lazarus, R. S. (1999). *Stress and emotion: A new synthesis*. New York: Springer.
- LeDoux, J. E. (1994, June). Emotion, memory and the brain. *Scientifi c American, 270*(6), 50–57.
- LeDoux, J. E. (1996). *The emotional brain*. New York: Simon & Schuster.
- LeDoux, J. E. (2002). *The synaptic self: How our brains become who we are*. New York: Penguin Group.
- Leonard, D., & Swap, W. (2005). *Deep smarts: How to cultivate and transfer enduring business wisdom*. Boston: Harvard Business School Press.
- Lingnau, A., Gesierich, B., & Caramazza, A. (2009). A symmetric fMRI adaptation reveals no evidence for mirror neurons in humans. *PNAS, 106*(24), 9925–9930.
- Lozanov, G. (1978). *Suggestology and outlines of suggestopedy*. New York: Gordon & Breach.
- Lyon, G. R., & Krasnegor, N. A. (Eds.). (1996). *Attention, memory, and executive function*. Baltimore: Brookes.
- MacLean, P. D. (1978). A mind of three minds: Educating the triune brain. In J. Chall & A. Mirsky (Eds.), *Education and the brain* (pp. 308–342). Chicago: University of Chicago Press.
- Martin, A. J., & Dowson, M. (2009). Interpersonal relationships, motivation, engagement, and achievement: Yields for theory, current issues, and educational practice. *Review of Educational Research, 79*(1), 327–365.
- Maslow, A. H. (1954). *Motivation and personality*. New York: Harper.
- Maslow, A. H. (1968). *Towards a psychology of being* (3rd ed.). New York: Wiley.
- Masullo, M., & Ruiz, A. (2000). People are the only thing that matter. *New Horizons*. Retrieved from http://www.newhorizons.org/strategies/technology/masullo.htm
- Maturana, H. R., Varela, F. J., & Paolucci, R. (1998). *The tree of knowledge: The biological roots of*

human understanding. Boston: Shambhala Publications.

- McCain, T., & Jukes, I. (2001). *Windows on the Future: Education in the Age of Technology*. Thousand Oaks, CA: Corwin Press.

- McCombs, B. L., & Miller, L. (2008). *The school leader's guide to learner-centered education: From complexity to simplicity*. Thousand Oaks, CA: Corwin Press.

- McNeil, M. (2009, June 8). Duncan to states: Test scores and teacher evaluations do mix. *Edweek*. Retrieved from http://blogs.edweek.org/edweek/campaign-k-12/2009/06/duncan_to_states_dont_bar.html

- Meier, D. (2000). *Will standards save public education?* Boston, MA: Beacon Press.

- Meltzoff, A. N., & Gopnik, A. (1993). The role of imitation in understanding persons and developing theories of mind. In S. Baron-Cohent & H. Tager-Flusberg (Eds.), *Understanding other mind: Perspectives from autism*. Oxford: Oxford Univesity Press.

- Meltzoff, A. N., Kuhl, P. K., Movellan, J., & Sejnowski, T. J. (2009, July 17). Foundations for a new science of learning, *Science, 325*(5938), 284–288. Retrieved from http://www.sciencemag.org/cgi/content/full/325/5938/284?ijkey=/.hRjgiY2QsOs&keytype=ref&siteid=sci

- Mieg, H. (2006). Social and sociological factors in the development of expertise. In K. A. Ericsson, N. Charness, P. J. Feltovich, & R. R. Hoffman (Eds.), *The Cambridge handbook of expertise and expert performance*. Cambridge: Cambridge University Press.

- Miller, B. L., & Cummings, J. L. (1999). *The human frontal lobes*. New York: Guilford Press.

- Miller, E. K., & Cohen, J. D. (2001). An integrative theory of prefrontal cortex function. *Annual Review of Neuroscience, 24*, 167–202.

- Miller, Hon. George Chairman (2009). *High school dropout crisis threatens U.S. economic growth and competiveness, witnesses tell house panel*. Committee on Education and Labor. Retrieved from http://edlabor.house.gov/newsroom/2009/05/high-school-dropoutcrisis-thr.shtrnl

- National Center on Education and the Economy. (2007). *Tough choices or tough times: The report of the new commission on the skills of the American workforce*. San Francisco: Wiley.

- National Commission on Excellence in Education. (1983). *A nation at risk: An imperative for education reform*. Retrieved from http://www2.ed.gov/pubs/NatAtRisk/index.html

- No Child Left Behind Act of 2001 (NCLB), Pub. L. No. 107-110 (2002). Retrieved from http://www.ed.gov/policy/elsec/leg/esea02/index.html

- Noe, A. (2004). *Action in perception*. Cambridge, MA: MIT Press.

- Olsen, B., & Sexton, D. (2008, July 29). Threat rigidity, school reform, and how teachers view their work inside current education policy contexts. *American Educational Research Journal*. Retrieved from http://aer.sagepub.com/content/46/1/9.full

- Ormrod, J. E. (2007). *Human learning* (5th ed.). Upper Saddle River, NJ: Prentice Hall

- Ormrod, J. E. (2010). *Educational psychology: Developing learners* (7th ed.). Upper Saddle River, NJ: Prentice Hall.

- Panksepp, J. (1998). *Affective neuroscience*. New York: Oxford University Press.

- Patton, P. (2008, December). One world, many minds: Intelligence in the animal kingdom. *Scientific American*. Retrieved from http://www.sciam.com/article.cfm?id=one-worldmany-minds

- Pearce, J. C. (2002). *The biology of transcendence: A blueprint of the human spirit*. South Paris, ME: Park Street Press.

- Pennington, B., Vennetto, L., McAleer, O., & Roberts, R., Jr. (1999). Executive functions and working memory: Theoretical and measurement issues. In G. Lyon & N. Krasnegor (Eds.), *Attention, memory, and executive function* (pp. 327–348). Baltimore: Brookes.
- Perfect, T. J., & Schwartz, B. L. (Eds.). (2002). *Applied metacognition*. New York: Cambridge University Press.
- Perry, B. D. (2000). The neuropsychological impact of childhood trauma. In I. Schultz & D. Brady (Eds.), *Handbook of psychological injuries: Evaluation, treatment, and compensable damages*. Chicago: American Bar Association.
- Perry, B. D. (2003, October 8). Workshop at the Second Annual Southwest Family Violence Conference presented by the Alternatives to Domestic Violence and Prevent Child Abuse Council of Southwest Riverside County, CA.
- Perry, B. D., Pollard, R. A., Blakley, T. L., Baker, W. L., & Vigilante, D. (1995). Childhood trauma, the neurobiology of adaptation and the use-dependent development of the brain: How states become traits. *Infant Mental Health Journal, 16*(4), 271–291.
- Pert, C. B. (1997). *Molecules of emotion*. New York: Scribner.
- Pessoa, L. (2008, February). Opinion: On the Relationship between emotion and cognition. *Nature Reviews Neuroscience, 9*, 148–158.
- Petri, H. L., & Govern, J. M. (2003). *Motivation: Theory, research, and applications* (5th ed.). Florence, KY: Wadsworth Publishing.
- Phillips, H. (2007, April 19). Mind-altering media. *New Scientist*, No. 2600. Retrieved from http://www.newscientist.com/article/mg19426001.900-mindaltering-media.html
- Piaget, J. (1976). *To understand is to invent: The future of education*. New York: Penguin.
- Piaget, J. (1977). *The development of thought: Equilibrium of cognitive structures*. New York: Viking Press.
- Porter, T. (2005, February 12). Reading the vanishing newspaper, 6. Readability. *First Draft by Tim Porter: Newspapering, Readership & Relevance in a Digital Age* [Blog]. Retrieved from http://timporter.com/fi rstdraft/archives/000418.html
- Prensky, M. (2001a, October). Digital natives, digital immigrants. *On the Horizon, 9*(5), 1–6. Retrieved from http://www.marcprensky.com/writing/Prensky%20-%20Digital%20Natives,%20Digital%20Immigrants%20-%20Part2.pdf
- Prensky, M. (200lb, December). Digital natives, digital immigrants, part 2: Do they really think differently? *On the Horizon, 9*(6), 1–6. Retrieved from http://www.marcprensky.com/writing/Prensky%20-%20Digital%20Natives,%20Digital%20Immigrants%20-%20Part2.pdf
- Prensky, M. (2006). *Don't bother me, mom—I'm learning*. St. Paul, MN: Paragon House.
- Prensky, M. (2009). *Marc Prensky's essential 21st century skills*. Retrieved from http://portfolio.jblearning.com/learning-technology/2009/7/8/marc-prenskys-essentialskills-for-the-21st-century.html
- Preston, S. D., & de Waal, F. B. M. (2002). Empathy: Its ultimate and proximate bases. *Behavioral and Brain Sciences, 25*, 1–72.
- Ravitch, D. (2010). *The death and life of the great American school system: How testing and choice are undermining education*. New York: Basic Books.
- Ready, T., Edley, C., Jr., & Snow, C. (Eds.). (2002). *Achieving high educational standards for all*. Wash-

ington, DC: National Academies Press.

- Resnick, L. B. (2010, April). Nested learning systems for the thinking curriculum. *Educational Researcher*, 39(3), 183–197.
- Restak, R. M. (2001). *The secret life of the brain*. Washington, DC: Joseph Henry Press. Richards, A. (Ed.). (In press). *Matters of consequence: Selected writings of Arthur W. Combs, PhD*. Carrollton, GA: The Field Psych Trust.
- Rideout, V., Foehr, U. G., & Roberts, D. F. (2010). Generation M2: Media in the lives of 8–18 year-olds. *Kaiser Family FoundationvStudy*. Retrieved from http://www.kff.org/entmedia/7251.cfm
- Rizzolatti, G., & Arbib, M. A. (1998). Language within our grasp. *Trends in Neuroscience*, 21(5), 188–194.
- Rizzolatti, G., & Sinigaglia, C. (2006). *Mirrors in the brain: How our minds share actions and emotions*. Oxford: Oxford University Press.
- Roald, T. (2007). *Cognition in emotion: An investigation through experiences with art*. New York: Rodopi.
- Rogers, C. R. (1969). *Freedom to learn: A view of what education might become*. Columbus, OH: Charles Merill.
- Rose, C. (1998). *Accelerated learning for the 21st century: The six-step plan to unlock your mastermind*. New York: Dell Press.
- Rowe, A. (2009). Mirror neurons fi re better at close range. Wired. Retrieved from http://www.wired.com/wiredscience/2009/04/mirrormirror/
- Sapolsky, R. (1998). *Why zebras don't get ulcers: An updated guide to stress, stress-related diseases, and coping*. New York: W. H. Freeman.
- Saxon, J. N. (2004). *Saxon math*. Boston: Houghton Miffl in Harcourt. Retrieved from http://www.hmhco.com/about-us.html
- Schank, R. (1992, December). *Goal-based scenarios* (Tech. Rep. No. 36). Evanston, IL: Institute for the Learning Sciences, Northwest University. Retrieved from http://cogprints.org/624/1/V11ANSEK.html
- Schlimme, M. (2002). *Video games: A source of benefi ts or addictions?* Retrieved from http://serendip.brynmawr.edu/bb/neuro/neuro02/web3/mschlimme.html
- Seligman, M. E. P. (1990). *Learned optimism*. New York: Knopf.
- Selye, H. (1956). *The stress of life*. New York: McGraw-Hill.
- Selye, H. (1974). *Stress without distress*. New York: Lippincott.
- Shaffer, D. W. (2006). *How computer games help children learn*. New York: Palgrave Macmillan.
- Shaffer, D. W., Squire, K., & Gee, J. (2004). *Video games and the future of learning*. University of Wisconsin–Madison and Academic Advanced Distributed Learning Co-Laboratory Retrieved from http://www.discoverproject.net/italy/images/gappspaper.pdf
- Shepard, R., & Love, I. (2009). Bridgewater Primary School Personal Learning Plans.
- Siegel, D. J. (1999). *The developing mind: Toward a neurobiology of interpersonal experience*. New York: Guilford Press.
- Siegel, D. J. (2001). *The developing mind: How relationships and the brain interact to shape who we are*. New York: Guilford Press.
- Singapore schools look to the future. (2008, June 1). *iN-SG [Newsletter]*. Retrieved from http://www.

ida.gov.sg/insg/post/Singapore-schools-look-to-the-future.aspx

- Skinner, B. F. (1976). *Walden Two*. New York: Macmillan. (Original work published 1948)
- Skinner, B. F. (2002). *Beyond freedom and dignity*. Indianapolis: Hakett. (Original work published 1971)
- Small, G., & Vorgan, G. (2009). *iBrain: Surviving the technological alteration of the modern mind*. New York: Harper Books.
- Smith, D. L. (2007). *Why we lie: The evolutionary roots of deception and the unconscious mind*. New York: St. Martin's Griffi n.
- South Australia Department of Education and Children's Services. (2001). *South Australian curriculum, standards, and accountability (SACSA) framework*. Retrieved from www. sacsa.sa.edu. au/South Australia. Department of Education and Children's Services. (2010). *South Australian teaching for effective learning framework guide*. Camden Park, South Australia: Lane Print & Post.
- Stansbury, M. (2009). Survey shows barriers to Web 2.0 in schools. *eSchool News*. Retrieved from http://www.eschoolnews.com/2009/04/16/survey-shows-barriers-to-web-2-0-in-schools/
- Sternberg, R., & Grigorenko, E. (2001). *Environmental effects on cognitive abilities*. Mahwah, NJ: Erlbaum.
- Stoddard, L., & Dallman-Jones, A. (2010). *Educating for human greatness* (2nd ed.). Sarasota, FL: Peppertree Press.
- Strommen, E. F., & Lincoln, B. (1992). Constructivism, technology, and the future of classroom learning. *Education and Urban Society, 24*(4), 466–76. Retrieved from www.playfulefforts.com/ar-chives/papers/EUS-1992.pdf
- Sylwester, R. (2002). *A biological brain in a cultural classroom* (2nd ed.). Thousand Oaks, CA: Corwin Press.
- Sylwester, R. (2007). *The adolescent brain: Reaching for autonomy*. Thousand Oaks, CA: Corwin Press.
- Temple, C. (1997). *Developmental cognitive neuropsychology*. East Sussex, UK: Psychology Press.
- Tettamanti, M., Buccino, G., Succuman, M. C., Gallese, V., Danna, M., Scifo, P., et al.(2005). Listening to action-related sentences acivates fronto-parietal motor circuits. *Journal of Cognitive Neuroscience*, 17(2), 273–281.
- Thompson, E. (2007). *Mind in life: biology, phenomenology, and the science of mind*. Boston: Belknap Press of Harvard University Press.
- Vallerand, R. J., Fortier, M. S., & Guay, F. (1997). Self-determination and persistence in a real-life setting: Toward a motivational model of high school dropout. *Journal of Personality and Social Psychology, 72*(5), 1161–1176.
- Vandewater, E., Shim, M., & Caplovitz, A. (2004). Linking obesity and activity level with children's television and video game use. *Journal of Adolescence, 27*, 71–85. Retrieved from http://www.arasite.org/kcobesity.html
- Vanhaeren, M., d'Errico, F., Stringer, C., James, L. J., Todd, J. A., & Mienis, H. K. (2006, June). Middle Palaeolithic shell beads in Israel and Algeria. *Science, 312*(5781), 1785–1788.
- Varela, F. J., Thompson, E., & Rosch, E. (1991). *The embodied mind: cognitive science and human experience*. Cambridge: MIT Press.
- Velmans, M. & Schneider, S. (Eds.) (2007). *The Blackwell Companion to Consciousness*. Malden,

MA: Blackwell.

- Vygotsky, L. S. (1993). *The collected works of L. S. Vygotsky* (R. W. Rieber & A. S. Carton, Eds.). New York: Plenum Press.

- Wagner, T. (2008). *The global achievement gap*. New York: Basic Books.

- Walsh, D., Gentile, D., Walsh, E., & Bennett, N. (2006). *11th annual MediaWise video game report card*. Minneapolis, MN: National Institute on Media and the Family. Retrieved from http://www.mediafamily.org/research/report_vgrc_2006.shtml

- Wenger, E. (1998). *Communities of practice: Learning, meaning, and identity*. New York: Cambridge University Press.

- Wenger, E. (2008). *Communities of practice: A brief introduction*. Retrieved from http://www.ewenger.com/theory/index.htm

- Wenger, E., McDermott, R. G., & Snyder, W. M. (2002). *Cultivating communities of practice: A guide to managing knowledge*. Boston: Harvard Business School Press.

- What's with the newspapers? (2005). *Plain-language newsletter. Impact information plainlanguage services*. Retrieved from http://www.impact-information.com/impactinfo/newsletter/plwork15.htm

- Wheatley, M. (1999). *Leadership and the new science: Discovering order in a chaotic world* (2nd ed.). San Francisco, CA: Berrett-Koehler.

- Whitehead, A. N. (1929). *The aims of education and other essays*. New York: Free Press.

- Wiedermann, J. (2004). Building a bridge between mirror neurons and theory of embodied cognition. In P. Boas, J. Pokorny, M. Bielikova, & J. Stuller (Eds.), *SOFSEM 2004: Theory and practice of computer science* (pp. 159–68). Lecture Notes in Computer

- Science (Vol. 2932). Berlin: Springer. Retrieved from http://www.springerlink.com/content/fe3h9u-xa3vr7wwkp/

- Wilber, K. (2001). *Sex, ecology, spirituality* (2nd ed.). Boston: Shambhala Publications.

- Wilber, K., Engler, J., & Brown, D. P. (1986). *Transformations of consciousness: Conventional and contemplative perspectives on development*. Boston: Shambhala Publications.

- Winerman, L. (2005). The mind's mirror. *Monitor of Psychology, 36*(9). Retrieved from http://www.apa.org/monitor/oct05/mirror.html

- Wright, W. (2006, April). Dream machines. *Wired Magazine* (Issue 14.04). Retrieved from http://www.wired.com/wired/archive/14.04/wright.html

- Youth crime in N.C. linked to media violence. (1992, Fall). *The New Citizen, 1*(2). Retrieved from http://www.main.nc.us/cml/new_citizen/v1n2/fall92b.html

- Zelazo, P. D., Carter, A., Reznick, J. S., & Frye, D. (1997). Early development of executive function: A problem-solving framework. *Review of General Psychology*, 1(2), 198–226.

- Zimmerman, B. J., Bandura, A., & Martinez-Pons, M. (1992). Self-motivation for academic attainment: The role of self-effi cacy beliefs and personal goal setting. *American Educational Research Journal, 29*(3), 663–676.

- Zsambok, C. E., & Klein, G. (1997). *Naturalistic decision making*. Mahwah, NJ: Erlbaum.

- Zuckerman, M., Porac, J., Lathin, D., Smith, R., & Deci, E. L. (1978). On the importance of self-determination for intrinsically motivated behavior. *Personality and Social Psychology Bulletin, 41*(3), 443–446.

Links

- Apple. Challenge Based Learning: http://ali.apple.com/cbl/
- Bridgewater Primary School, Rosslyn Shepherd Principal: http://www.bridgeps.sa.edu.au
- Common Core State Standards Initiative (CCSSI): http://www.corestandards.org/
- Convergence Education Foundation: http://www.cef-tree.org/Home.html
- Creative Learning Plaza: http://www.creativelearningsystems.com/prod/clp.asp
- Educating for Human Greatness: http://defi negreat.ning.com
- George Lucas Foundation. Retrieved from Edutopia: http://www.globalschoolnet.org/gsnprojects/GLEF/indes.cfm
- Institute for Habits of Mind: http://www.instituteforhabitsofmind.com/what-are-habitsmind
- Linda Darling-Hammond: http://www.learner.org/courses/learningclassroom
- Monticello Web site: http://www.monticellocatalog.org/200168.html
- National Board for Professional Teaching Standards: http://www.nbpts.org
- Personality Theories: http://webspace.ship.edu/cgboer/snygg&combs.html
- Second Life: http://secondlife.com/
- Wikipedia: http://www.wikipedia.org/

레나트 N. 케인(Renate N. Caine) 교육학박사는 교육컨설턴트이자 연구자, 저술가이다. 케인학습센터(Caine Learning Center)의 공동연구소장 겸 자연적 학습연구소(Natural Learning Research Institute)의 연구와 교사전문성개발 소장으로 캘리포니아주립대 샌버나디노캠퍼스(CSUSB)의 교육학과 명예교수이다. 유치원교사부터 대학교수에 이르는 모든 교육자를 대상으로 강의와 협력작업을 해왔으며 교사 TV, 디스커버리 채널, PBS의 〈지혜의 마법사(Wizards of Wisdom)〉 프로그램에 출연한 바 있다.

　그녀는 뇌/마음 학습원리, 캘리포니아 아이들와일드에 있는 케인학습센터에서 자연적 학습에 대한 워크샵과 강의과정에서 가르친다. 자연적 학습을 현장에 어떻게 실천하는지에 대한 컨설팅을 전 세계적으로 하고 장기적 교육개혁에 관심이 있는 학교와 교육청을 돕는 작업을 한다. 그녀는 세계 최첨단 교육개혁프로젝트 중의 하나인 사우스오스트레일리아의 학습법 배우기(Learning to Learn)에 해외 동료로 참여하고 있다.

　조프리 케인(Geoffrey Caine) 법학석사는 학습컨설턴트, 교육과정 코치이자 작가이다. 그는 케인학습센터(Caine Learning Center)의 공동 연구소장 겸 자연적 학습연구소(Natural Learning Research Institute)의 대표이다. 그는 성인교육 분야에서 다양한 경력을 쌓았다. 오스트레일리아의 법학대학의 교수이기도 하고 국립 소프트웨어회사의 교육서비스 부장, 미국 교사전문성개발협회의 마음/뇌네트워크 국내책임자로 일한 바 있다. 그는 전세계적으로 자연적 학습을 현장에 어떻게 실천하는지에 대한 컨설팅서비스를 하면서 비영리기관, 재단, 기업뿐만 아니라 학교와 교육기관에 강연도 하고 협력작업을 수행하고 있다. 그는 세계 최첨단 교육개혁프로젝트 중의 하나인 사우스오스트레일리아의 학습법 배우기(Learning to Learn)에 해외 동료로 참여하고 있다.

케인 부부는 8권의 저서 및 학습과 교육에 관한 수많은 글을 함께 썼다. 이들의 첫 번째 저서는 『연결지어라: 인간의 뇌에 맞게 가르치기(Making Connections: Teaching and the Human Brain』(ASCD, 1991; Addison-Wesley, 1994)이다. 미국교육대학협회 이사장을 역임한 존 던워스(John Dunworth)는 이 책을 20세기 교수학습 분야에서 가장 중요한 출판물로 꼽을 수 있다고 말한 바 있다.

뇌가 배우는 대로 가르치기

2017년 6월 26일 | 초판 인쇄
2017년 6월 28일 | 초판 발행

지은이 레나트 N. 케인·조프리 케인
옮긴이 이찬승·이한음

펴낸이 이찬승
펴낸곳 교육을 바꾸는 책

출판등록 2012년 4월 10일 | 제313-2012-114호
주소 서울시 마포구 동교로 18길 20 자운빌딩 3층
전화 02-320-3641
팩스 02-320-3609
홈페이지 http://21erick.org
주이메일 kimbe@21erick.org

편집·마케팅 고명희·양국희
내용문의 02-320-3645
구입문의 02-320-3634

ISBN 978-89-966971-2-1

- 책값은 표지 뒤쪽에 적혀 있습니다.
- 잘못 만든 책은 구입하신 서점에서 바꾸어 드립니다.

〈교육을 바꾸는 책〉은 〈교육을 바꾸는 사람들〉의 출판 브랜드입니다.

이 도서의 국립중앙도서관 출판예정도서목록(CIP)은 서지정보유통지원시스템 홈페이지(http://seoji.nl.go.kr)와
국가자료공동목록시스템(http://www.nl.go.kr/kolisnet)에서 이용하실 수 있습니다.
(CIP제어번호: CIP2017014873)